W0262357

Robert Barton

Die X/Motif Umgebung

Eine Einführung
für Anwender und Systemverwalter

Mit 57 Abbildungen und 4 Tabellen

Springer-Verlag

Berlin Heidelberg New York
London Paris Tokyo
Hong Kong Barcelona
Budapest

Die Deutsche Bibliothek – CIP-Einheitsaufnahme
Barton, Robert: Die X/Motif-Umgebung: eine Einführung für Anwender und System-
verwalter / Robert Barton. – Berlin; Heidelberg; New York; London; Paris; Tokyo;
Hong Kong; Barcelona; Budapest: Springer, 1994

ISBN-13: 978-3-540-56827-8   e-ISBN-13: 978-3-642-78298-5
DOI: 10.1007/978-3-642-78298-5

Umschlaggestaltung: Konzept & Design, Ilvesheim
Satz: Datenkonvertierung Springer-Verlag
SPIN 10102472   33/3140 – 5 4 3 2 1 0 – Gedruckt auf säurefreiem Papier

Vorwort

Was ist die X/Motif-Umgebung?

Als X/Motif-Umgebung wird hier die Kombination der zwei Produkte X und Motif verstanden. 'X' ist eine Abkürzung für das 'X Window System', welches ursprünglich am MIT entwickelt wurde, und das die Grundlage eines vollgrafischen Fenstersystems für den Einsatz in Netzen bildet. Motif dagegen ist ein Produkt der Open Software Foundation, mit dem sich X-Programme mit einer raffinierten und einheitlichen Oberfläche leicht entwickeln lassen. Durch ihre Aufnahme in den Lieferumfang von UNIX SYS V.4 haben sich X und Motif als Industriestandard etabliert.

Womit befaßt sich dieses Buch?

In der ersten Hälfte des Buches werden die wichtigsten Aspekte der Arbeit an einem X-Arbeitsplatz erläutert, und der Leser wird in die grundlegenden Prinzipien der Umgebung eingeführt. In den folgenden Kapiteln geht es um die eigentliche Einrichtung oder Verwaltung der Umgebung. Hier erfährt man zum Beispiel, auf welche Weise die Anmeldung unter X funktioniert und wie globale sowie individuelle Anpassungen vorgenommen werden können.

Für wen ist das Buch gedacht?

Das Buch eignet sich sowohl für Anwender, die an einem X-Arbeitsplatz arbeiten und ihre Kenntnisse der Umgebung ausbauen möchten, als auch für Systemverwalter, die für die Wartung eines Systems zuständig sind.

Was setzt das Buch voraus?

Eine gewisse Vertrautheit mit dem UNIX-Betriebssystem sollte vorhanden sein, insbesondere der Umgang mit Dateien und einem Editor wie *vi*. Von Vorteil ist auch, wenn man Zugang zu einem Arbeitsplatz hat, an dem X/Motif schon installiert ist. Wo das nicht der Fall ist, dürften die zahlreichen Abbildungen einen Eindruck von der Umgebung vermitteln. Für gelegentliche Detailfragen sollte auf die technischen Referenzhandbücher zurückgegriffen werden.

Wie ist das Buch zu lesen?

Am besten chronologisch, denn die meisten Kapitel setzen Kenntnisse der vorangegangenen voraus. Zum besseren Verständnis sollte man, wenn möglich, Beispiele gleich am Arbeitsplatz ausprobieren.

Literatur

Die folgenden Bücher sind die besten Referenzhandbücher für das X Window System. Eine Motif-Dokumentation, die sich für Anwender und Systemverwalter eignet, ist leider nicht erhältlich.

V .Quercia und T. O'Reilly, X Window System User's Guide, Volume 3 (Motif Edition), O'Reilly & Associates, Inc., 1991

L. Mui und E. Pearce, X Window System Administrator's Guide, Volume 8, O'Reilly & Associates, Inc., 1992

Für Leser, die mehr Informationen zu UNIX und Shell-Programmierung suchen, sind die folgenden Bücher sehr empfehlenswert:

D. Harig, UNIX im Alleingang, Springer-Verlag, 1993

P. Termöllen, Shell-Programmierung im Alleingang, Springer-Verlag, 1993

Wer hat zum Buch beigetragen?

Bei der Produktion dieses Buches haben viele geholfen, insbesondere meine Frau Ulrike, Kirsten Balz, Martin Balz, Peter Termöllen, Haike Wirrman sowie Frau Ursula Zimpfer, Herr Jürgen Gulbins, Herr J. Hegele und Herr Dr. Barabas vom Springer-Verlag. Für ihre Unterstützung möchte ich mich herzlich bedanken.

Wem ist das Buch gewidmet?

Meiner Frau, Ulrike

Inhalt

Verzeichnisse

Tabellen

1 Überblick

1.1 Einführung

Dieses Kapitel gibt einen kurzen Überblick über die X/Motif-Umgebung und die grundlegenden Themen, die in diesem Buch behandelt werden. Nach einer historischen Einführung wird die grundsätzliche Architektur des Systems erläutert. Zum Schluß wird die Umgebung aus Anwendersicht und aus Systemsicht beschrieben. Damit bekommt man einen Eindruck von der Anwendung sowie der Verwaltung des Systems – das sind die zwei wichtigsten Bereiche, die in diesem Buch zusammengeführt werden.

1.2 Die X/Motif-Umgebung – Geschichte

Die Entwicklung von X und Motif geht auf die späten achtziger Jahre zurück. Die damaligen Programme waren meist alphanumerische Anwendungen und deren Handhabung oft schwer zu erlernen. Immer stärker wurden deshalb Anwenderforderungen nach einer verbesserten Arbeitsweise am Arbeitsplatz. Zusammen mit der Entwicklung leistungsstärkerer Hardware im grafischen Bereich, führte dies zur Entwicklung von Fenstersystemen. Die Schrittmacher waren vor allem die Firmen Xerox und Apple (Macintosh), aber inzwischen dürfte auch Microsoft-Windows bekannt sein. Die Fenstersysteme sind ein deutlicher Fortschritt in der Entwicklung hin zu einer anwenderfreundlichen Schnittstelle zwischen Mensch und Maschine. Auch ein unerfahrener Anwender kann jetzt den sonst fremden Rechner auf natürliche Weise bedienen.

Die erwähnten Fenstersysteme weisen allerdings mehrere Schwächen auf. Erstens sind sie proprietär, d.h. sie sind von der Entwicklungsfirma abhängig. Zweitens sind sie oft geräteabhängig, zum Beispiel sind für diverse Bildschirmtypen unterschiedliche Versionen von einem Programm erforderlich. Vor diesem Hintergrund wurde das sogenannte Athena Projekt am Massachusetts Institute of Technology (MIT) in Zusammenarbeit mit der Digital Equipment Corporation (DEC) begonnen. Das Ergebnis war das X Window System.

Der Vorteil des X Window Systems besteht darin, daß man weitgehend unabhängig von Herstellern und Ausgabegeräten ist. Zudem eignet sich X hervorragend für den Einsatz in Netzen von Arbeitsplätzen. Diese Faktoren haben beträchtlich zum Erfolg von X beigetragen. Der allgemeine Durchbruch von X kam aber erst nach der Veröffentlichung des Systems als Public-Domain-Software 1985. Damit steht X jedem *kostenlos* zur Verfügung. Mittlerweile haben sich etwa dreißig führende Firmen, darunter IBM, Sun und Hewlett Packard, zum 'X-Konsortium' zusammengeschlossen, um X weiter zu entwickeln und als Industriestandard zu etablieren. Der gegenwärtige Stand der Entwicklung ist die Version X11 Release 5 oder kurz X11R5. (Wie auch X, werden diese Namen oft als Synonym für das X Window System verwendet.)

Um die Funktion von Motif darzustellen, muß etwas weiter ausgeholt werden. X unterscheidet sich von anderen Fenstersystemen noch in einer weiteren Hinsicht – X hält die Form der Oberfläche am Bildschirm offen. Was das heißt, soll ein Vergleich zeigen: Startet man verschiedene Programme auf einem PC unter Microsoft-Windows, so haben alle das gleiche 'Microsoft-Windows' Aussehen. An einem X-Arbeitsplatz ist dagegen eine charakteristische Oberfläche nicht implizit durch X vorgegeben, und das Aussehen eines X-Programms hängt nur davon ab, wie es programmiert wurde. Trotzdem sollte jedes Programm eine durchdachte und, falls möglich, mit anderen Programmen abgestimmte Oberfläche haben. In diesem Sinne entwickelten verschiedene Firmen Oberflächenbausteine auf X-Basis, die von Programmierern verwendet werden können, um X-Programme mit einer bestimmten Oberfläche zusammenzustellen. Diese Bausteine werden von den Programmierern *Widgets* genannt, dürften aber dem Anwender als die Standardelemente eines Fensterprogramms (Menüoptionen, Knöpfe, Scrollbalken, usw.) bekannt sein. Wegen seines Umfangs und seiner Entwicklungsreife hat sich inzwischen ein Satz von Oberflächenbausteinen namens *Motif* von der Open Software Foundation als Standard durchgesetzt. Alle X-Programme, die auf der Basis von Motif zusammengestellt werden, haben damit eine ausgereifte und einheitliche Oberfläche.

Die vielen Vorteile des netzweiten X-Fenstersystems in Verbindung mit der intuitiven Motif-Oberfläche haben zur Aufnahme von beiden Komponenten in den Lieferumfang von UNIX SYSV.4 geführt. Damit ist die Verbreitung und Weiterentwicklung von X und Motif sichergestellt.

1.3 Die X/Motif-Umgebung – Architektur

Die X/Motif-Umgebung ist kein eigenes Betriebssystem, sondern besteht aus einem Satz von normalen Programmen, die auf herkömmliche Weise ablaufen. Es gibt zum Beispiel Textverarbeitungsprogramme, Tabellenkalkulationsprogramme und andere. Wird nun ein Programm gestartet, erhält man die verschiedenen Fenster des jeweiligen Programms am Bildschirm, wie das auch bei anderen Fenstersystemen der Fall ist. Eines dieser Programme unterscheidet sich jedoch von den anderen, es hat eine ganz spezifische Funktion. Dieses Programm ist der *X-Server*. Er läuft immer im Hintergrund und übernimmt die eigentliche Grafikausgabe am Bildschirm für die übrigen Programme, die *X-Clients* genannt werden. Deswegen wird die Architektur des X Window Systems als *Client-Server-Architektur* bezeichnet. Das Interessante dabei ist, daß X-Client und X-Server nicht nur direkt, sondern auch über ein Netzwerk miteinander kommunizieren können. Als unmittelbare Folge davon kann man einen X-Client auf einem Rechner laufen lassen, ihn aber an einem anderen Rechner, auf dem ein X-Server läuft, bedienen. Diese Eigenschaft wird *Umlenkung* genannt.

Welche Betriebssysteme unterstützen nun diese Umgebung? Um die Frage zu beantworten, müssen die zwei Arten von Programmen, X-Client und X-Server, getrennt behandelt werden. Zunächst zu den X-Clients: Obwohl das X Window System selbst grundsätzlich unabhängig vom jeweiligen Betriebssystem ist, ist die Verfügbarkeit von Motif oder ähnlichen Bibliotheken für die Entwicklung von X-Clients weitgehend auf UNIX beschränkt. Daher laufen die meisten X-Clients unter UNIX, und in der Regel ist ein UNIX-Rechner eine Voraussetzung für den X-Betrieb.

Der X-Server dagegen ist auf allen wichtigen Plattformen, darunter UNIX, VMS, DOS, Macintosh, usw., verfügbar. Zum Beispiel kann man auf einem PC zwischen dem Normalbetrieb unter Microsoft-Windows und X-Betrieb leicht umschalten, manche Ausführungen lassen sogar den gleichzeitigen Betrieb von X und Microsoft-Windows zu. Aber was nützt ein PC-X-Server ohne PC-X-Clients? Der aufmerksame Leser wird diese Frage schnell beantworten können: Durch die Client-Server-Architektur müssen die X-Clients nicht unbedingt lokal ablaufen, sie können ebenso auf einem anderen UNIX-Rechner, der mit dem PC vernetzt ist, ablaufen. Ihre Bedienung wird lediglich über das Netzwerk zum X-Server am PC umgelenkt.

Das hat eine weitreichende Flexibilität bei der Zusammenstellung von X/Motif-Arbeitsplätzen zur Folge. Am einfachsten ist eine isolierte UNIX-Workstation (zum Beispiel eine Sun-Workstation), dort laufen X-Server und X-Clients ohne weiteres auf dem gleichen Rechner. Als nächstes kann man mehrere UNIX-Workstations miteinander vernetzen. Dann kann sich jeder nicht nur der eigenen, sondern auch noch der X-Clients der übrigen Rechner bedienen. Hat man einen PC oder Macintosh, kann dieser ebenfalls ans Netz angeschlossen werden. In diesem Fall läuft nur der X-Server lokal am Arbeitsplatz – die X-Clients dagegen laufen auf den UNIX-Rechnern. Als letzte und weit verbreitete Arbeitsplatzvariante gibt es sogenannte X-Terminals. Das sind spezielle Rechner, die ausschließlich für den Betrieb als X-Satellit eines anderen Hostrechners konzipiert sind. Wie beim PC läuft nur der X-Server direkt auf einem X-Terminal, alle X-Clients laufen weiterhin auf UNIX-Rechnern und durch Umlenkung lassen sie sich am Arbeitsplatz bedienen.

Gerade in solchen heterogenen Netzen kommt die Stärke von X zur Geltung – denn mit welchem anderen Fenstersystem lassen sich die gleichen Programme an so vielen verschiedenen Arbeitsplätzen bedienen?

1.4 Die X/Motif-Umgebung – aus Anwendersicht

Die Möglichkeiten für Hardwarekonfigurationen sind vielfältig und komplex, die Arbeit an einem eingerichteten Arbeitsplatz dagegen ist überraschend einfach. Die

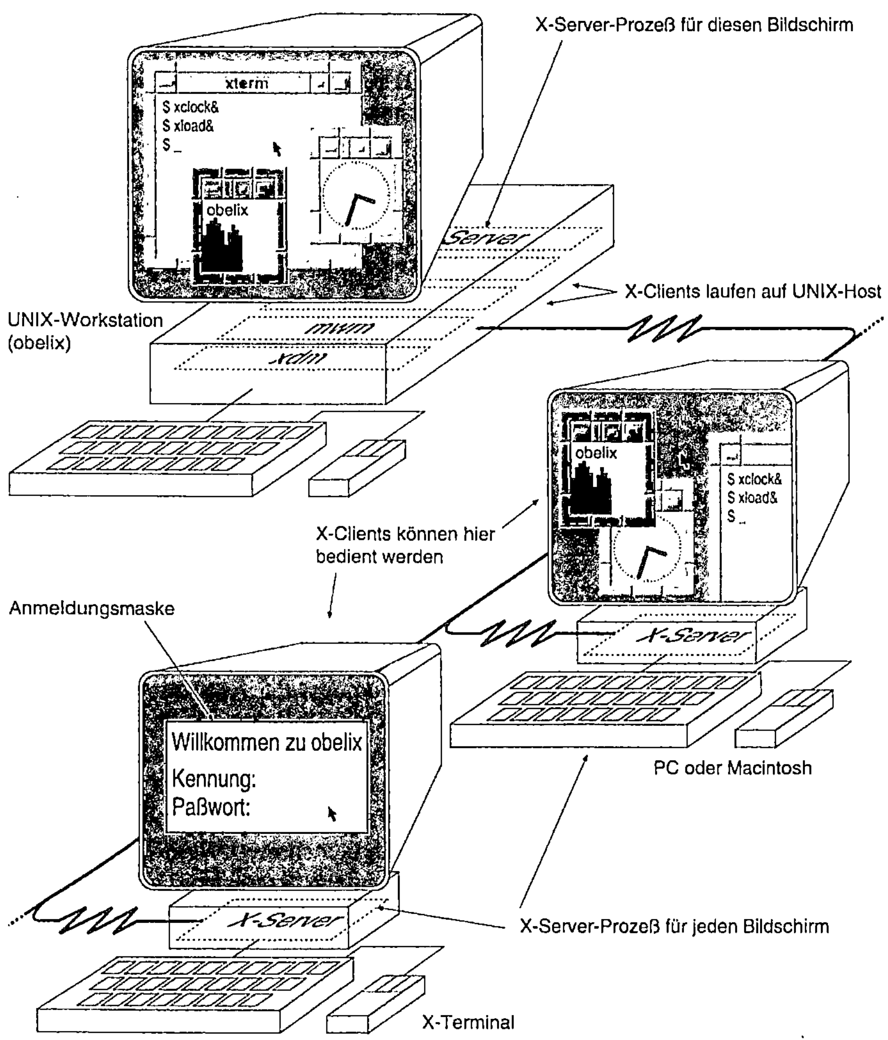

Abb. 1.1 Die X/Motif-Umgebung aus Anwendersicht. Die Abbildung zeigt ein heterogenes System von vernetzten X/Motif-Arbeitsplätzen. Durch Umlenkung können X-Clients, die auf den UNIX-Rechnern laufen, ebenfalls am X-Terminal, Macintosh oder PC verwendet werden.

grundsätzliche Bedienung erfolgt mit Tastatur und Maus und unterscheidet sich kaum von anderen Fenstersystemen wie Microsoft-Windows oder Macintosh. Sie alle haben die gleiche grundlegende Philosophie, daß die Arbeit mit einem Fenstersystem dem Gebrauch eines gewöhnlichen Büroschreibtisches ähnlich sein soll: Auf dem Bildschirm findet man also die üblichen Gegenstände eines Schreibtisches, z.B. Dokumente, Uhr, Taschenrechner usw., und man kann diese ebenso nach den anstehenden Aufgaben ordnen, damit die wichtigsten Unterlagen immer sichtbar sind.

Der Arbeitsablauf in der X/Motif-Umgebung ist folgender: Nach Einschalten des Arbeitsplatzes erscheint eine Anmeldungsmaske, die man mit Kennung und Paßwort ausfüllen muß, um in die Arbeitsumgebung zu gelangen. Füllt man die Maske korrekt aus, verschwindet sie wieder und an ihrer Stelle erscheinen die verschiedenen Elemente der Arbeitsumgebung. Zur Beendigung der Arbeit meldet man sich durch Auswahl einer Menüoption 'Abmelden' oder durch Schließen eines bestimmten Fensters wieder ab. Dann verschwindet der 'Schreibtisch' und die Anmeldungsmaske taucht erneut am Bildschirm auf. Der Zeitraum zwischen Anmeldung und Abmeldung wird eine *Sitzung* oder *Session* genannt.

Während einer Sitzung kommt es in der Regel vor, daß man weitere Programme oder X-Clients starten möchte. Auf welche Weise das Starten von X-Clients erfolgt, hängt von der jeweiligen Ausführung des Systems ab. In der Grundausführung gibt es dafür zwei Möglichkeiten: Am einfachsten ist, man wählt eine entsprechende Menüoption. Falls eine passende Option für den erwünschten X-Client fehlt, verwendet man den sogenannten *Terminalemulator*. Was ist der Terminalemulator? Zuerst einmal ist er ein normaler X-Client und wird in der Regel beim Eintritt in eine Sitzung automatisch gestartet. Er besteht aus einem einfachen Fenster, welches eine herkömmliche UNIX-Shell enthält – hier können UNIX-Befehle wie *ls* oder *cd* eingegeben werden. Aber wie zuvor erwähnt, sind X-Clients auch normale Programme und können daher ebenfalls mit UNIX-Befehlen gestartet werden. Um einen neuen X-Client zu starten, gibt man dann den entsprechenden Startbefehl in die Shell des Emulators ein.

Nachdem die allgemeine Arbeitsumgebung umrissen wurde, soll jetzt etwas näher auf Motif eingegangen werden. Zur Erinnerung: Motif ist in erster Linie eine Bibliothek, die Programmierer verwenden, um X-Clients zu entwickeln. Solche *Motif-Clients* sind durch ihre markante Oberfläche erkennbar, aber sie haben ein weiteres Leistungsmerkmal, das für Anwender von Interesse ist: Motif-Clients sind konfigurierbar. Das heißt, Aussehen und Handhabung von jedem Motif-Client lassen sich den eigenen Bedürfnissen anpassen. Durch einfaches Editieren einer Datei kann man zum Beispiel die Farben und Schriften, die in den verschiedenen Elementen der Oberfläche verwendet werden, umstellen. Die Einstellungen, die in der Datei hinterlegt sind, werden *Ressourcen* genannt. Das eigentliche Verfahren ist ganz allgemein und ein Anwender kann damit viele Eigenschaften seiner Arbeitsumgebung nach seinen eigenen Wünschen ändern.

Das Editieren von Ressourcendateien, um die eigene Arbeitsumgebung zu verbessern, ist im Grunde ein erster Schritt von der reinen Anwendung des Systems hin zur Systemverwaltung. Das setzt jedoch voraus, daß man zunehmend versucht, die X/Motif-Umgebung aus der Sicht des Systems zu betrachten:

1.5 Die X/Motif-Umgebung – aus Systemsicht

Eines der wichtigsten Merkmale von X ist seine Unabhängigkeit von irgendeinem Betriebssystem. Nur durch seine Flexibilität sind Konstellationen von unterschiedlichen Arbeitsplätzen wie in Abb. 1.1 überhaupt möglich. Diese

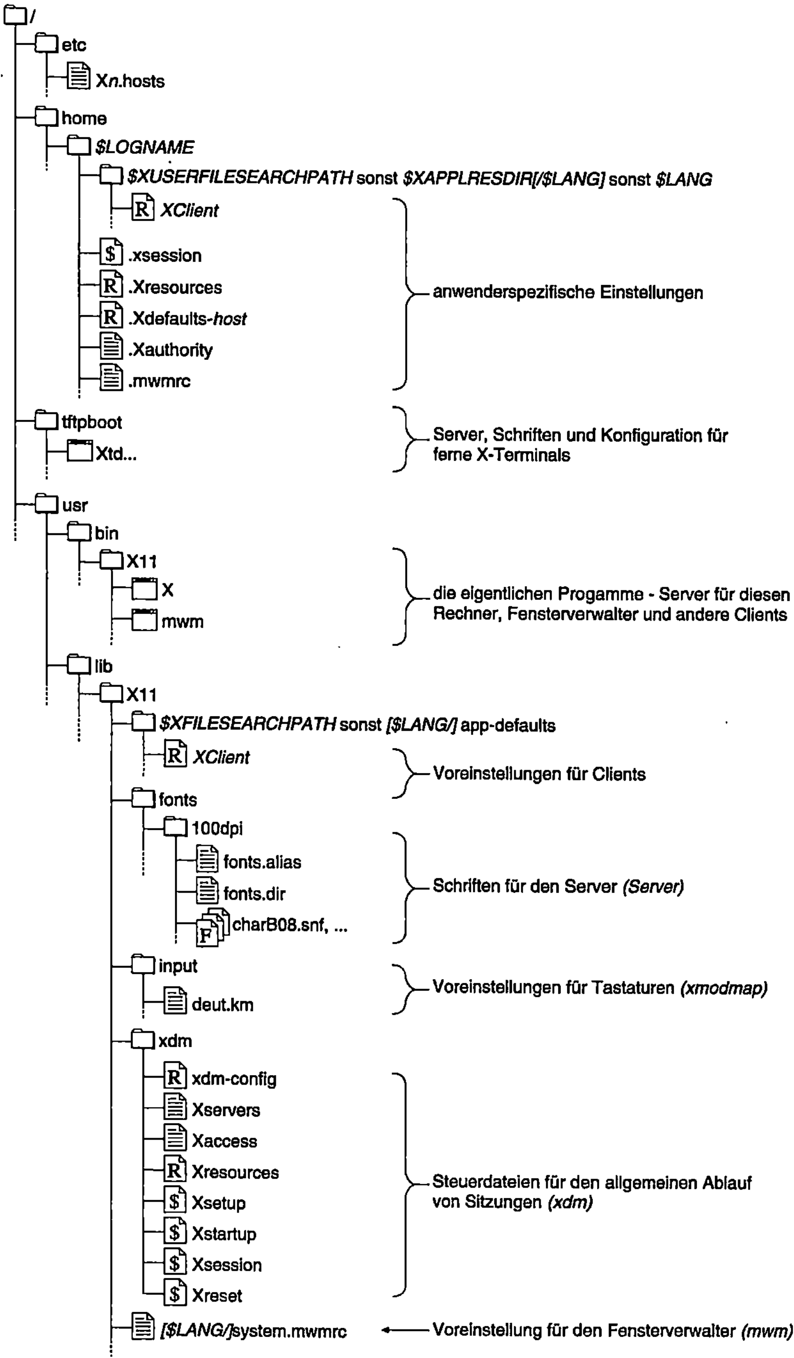

Abb. 1.2 Die X/Motif-Umgebung aus Systemsicht. Gezeigt sind die Ablageorte der wichtigsten X-Clients sowie deren Steuerdateien. Im wesentlichen befinden sich allgemeine Steuerdateien in Unterordnern von */usr/lib/X11*, anwenderspezifische Steuerdateien befinden sich dagegen in dem Heimatverzeichnis des jeweiligen Anwenders.

Flexibilität hat jedoch eine Schattenseite: Der Verwaltungsaufwand für die Zusammenstellung eines solchen Systems ist relativ hoch, denn man muß dabei viele Faktoren berücksichtigen. In einem Netz müssen die X-Server an den Arbeitsplätzen *und* die X-Clients an den Hostrechnern gepflegt werden. Der Hauptaufwand liegt jedoch bei den X-Clients, da man sie nicht nur für die Darstellung einer Uhr oder eines Taschenrechners verwendet, sondern auch für die Anmeldungsmaske und die allgemeine Verwaltung von Fenstern am Bildschirm. Der *gesamte* Arbeitsvorgang, von Anmeldung über Sitzung zur Abmeldung, wird in jeder Phase durch X-Clients gesteuert.

Bevor auf die Verwaltung der X-Clients eingegangen wird, noch ein Wort zum X-Server. Die Verwaltung des X-Servers ist etwas kompliziert, da er auf vielen verschiedenen Betriebssystemen läuft. Je nach Betriebssystem gibt es eine bestimmte Version vom X-Server und ein besonderes Verfahren, um ihn zu starten. Dieses Buch beschränkt sich darauf, das Starten des X-Servers auf UNIX-Rechnern und X-Terminals zu beschreiben. Aber seine Behandlung auf anderen Betriebssystemen ist in der Regel unproblematisch, sie hängt allerdings vom jeweiligen System ab.

Der meiste Verwaltungsaufwand steckt in der Steuerung der X-Clients, die zusammen die Arbeitsumgebung eines Anwenders bilden. X-Clients laufen aber fast ausschließlich auf UNIX-Rechnern (auch in heterogenen Netzen), also erfolgt die Verwaltung ebenfalls auf UNIX-Rechnern. Bevor die eigentliche Verwaltung beschrieben wird, sollte man einen Eindruck von den zur Verfügung stehenden Möglichkeiten haben. Man kann beispielsweise in Netzen festlegen, welche Anmeldungsmasken an welchen Arbeitsplätzen erscheinen. Das ist eine Voraussetzung für den Erfolg von Systemen wie in Abb. 1.1. Ebenso kann man entscheiden, welche X-Clients für einen bestimmten Anwender gestartet werden, nachdem er sich an einem Arbeitsplatz erfolgreich angemeldet hat. Die Umgebung ist äußerst flexibel und läßt sich in fast jeder Hinsicht den gegenwärtigen Bedürfnissen anpassen.

Die verschiedenen Einstellungen werden alle in den diversen Steuerdateien der X-Clients hinterlegt – davon gibt es so viele, daß es für einen Systemverwalter oft schwierig ist, sie alle zu überblicken. Darunter befinden sich zum Beispiel Shell-Skripte, Ressourcen und Tastatureinstellungen. Die Verwaltung der Umgebung besteht weitgehend darin, diese Dateien anzulegen und zu pflegen. Die zweite Hälfte dieses Buch befaßt sich speziell mit zwei besonderen X-Clients und ihren Steuerdateien: *xdm* und *mwm*. Sie spielen die wichtigsten Rollen in der X/Motif-Umgebung. Der X-Client *xdm* regelt den Zugang zu einem Rechner mit seiner Anmeldungsmaske und den allgemeinen Ablauf einer Sitzung. Der X-Client *mwm* verwaltet dagegen die Fenster während einer Sitzung. Mit ihm lassen sich zum Beispiel Fenster verschieben, verkleinern oder vergrößern und neue X-Clients starten.

Hauptziel dieses Buches ist, die X/Motif-Umgebung aus Anwender- sowie Systemsicht vorzustellen und den Zusammenhang zwischen beiden Perspektiven sichtbar zu machen.

2 Architektur

2.1 Einführung

Das folgende Kapitel gibt einen grundlegenden Einblick in das System und die Architektur von Programmen unter X/Motif. Dabei werden die verschiedenen Aufgaben von X und Motif erklärt. Der schlagwortartige Aufbau soll die Einarbeitung in die vorerst trockene Materie erleichtern.

2.2 Die Client-Server-Aufteilung

Aufgabenteilung

Normalerweise besitzt ein Programm eine Oberfläche zur Erfassung und Ausgabe von Daten, die es auf irgendeine Weise bearbeitet. Zur Verwaltung der Oberfläche gehört die Steuerung der Tastatur und des Bildschirms, die in einem herkömmlichen Programm zusammen mit der Datenverarbeitung in einem Prozeß bewältigt wird. In der X-Welt dagegen wird die Steuerung in einen getrennten Prozeß verlagert, welcher alle Anwendereingaben an der Tastatur und grafische Ausgaben am Bildschirm für das Programm übernimmt. Er wird der "X-Server" (Diener) genannt, da er diese Dienste zur Verfügung stellt. Das Programm, ein zweiter, unabhängiger Prozeß, erhält den Namen "X-Client" (Kunde), da es die Dienste des X-Servers in Anspruch nimmt. Das Programm selbst greift also nicht mehr direkt auf den Bildschirm oder die Tastatur zu, sondern überläßt dies dem X-Server.

Als Beispiel kann man sich ein Programm vorstellen, das einen Taschenrechner am Bildschirm nachbildet. Der X-Client (Taschenrechner) gibt dem X-Server Anweisungen, die Schaltflächen eines Taschenrechners zu zeichnen und ihn zu benachrichtigen, wenn sie mit der Maus angeklickt werden oder die Tastatur betätigt wird. Wenn dies geschieht, benachrichtigt der X-Server den X-Client. Darauf kann der X-Client zum Beispiel mit einer Berechnung reagieren und die Zahlen anschließend vom X-Server im Ausgabefeld des Taschenrechners ausgeben lassen.

Das Zeichnen am Bildschirm sowie der Empfang von Tastatureingaben werden nach Client-Anweisungen vom X-Server durchgeführt. Der X-Server ergreift keine eigene Initiative.

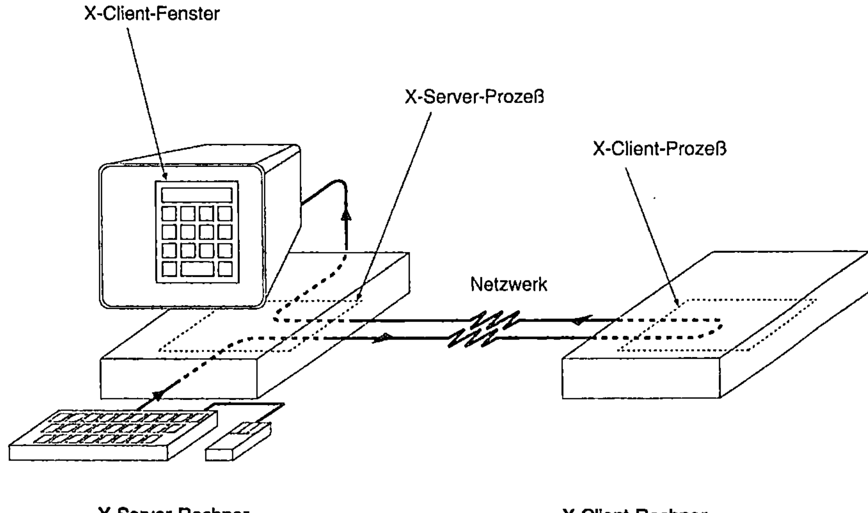

Abb. 2.1 Die Client-Server-Aufteilung unter X. Der X-Server-Prozeß verwaltet die Tastatur und den Bildschirm lokal. Der X-Client-Prozeß kann auf einem anderen Rechner laufen, wie abgebildet. Die beiden Prozesse kommunizieren miteinander über das Netzwerk.

Protokoll

Die Kommunikation zwischen dem X-Server und dem X-Client erfolgt über einen ständigen Datenfluß zwischen den beiden Prozessen. In diesem Fluß werden die kodierten Anweisungen des X-Clients zum X-Server und die kodierten Ereignisse des X-Servers zum X-Client übertragen. Das X-Protokoll legt hierbei fest, wie sie kodiert werden. Man kann dieses Protokoll als die Definition einer gemeinsamen Sprache zwischen den zwei Prozessen betrachten. In diese Sprache können alle Anweisungen des X-Clients und alle Ereignisse des X-Servers ausgedrückt werden.

Übertragungsmedium

Der Datenfluß zwischen dem X-Server und dem X-Client wird von einem Kommunikationskanal getragen. Für diesen Kanal können verschiedene technische Varianten verwendet werden, insbesondere kann er anhand von Netzwerkverbindungen (TCP/IP oder DECnet) über Rechnergrenzen hinausgehen. Um den Vergleich mit der gemeinsamen Sprache weiterzuführen: Zwei Menschen können genausogut miteinander am Telefon reden wie im gleichen Raum, vorausgesetzt sie bekommen eine Leitung und sprechen die gleiche Sprache.

Der X-Server läuft immer auf dem Rechner, an dem Bildschirm und Tastatur angeschlossen sind, zusammen bilden sie einen Arbeitsplatz. Der X-Client kann sich aber auch auf einem anderen Rechner befinden, der mit dem Arbeitsplatz vernetzt ist. Die Ausgabe des X-Clients wird auf den Arbeitsplatz umgelenkt, und der Anwender hat den Eindruck, als ob der X-Client auf seinem Arbeitsplatz läuft.

Mehrere X-Clients

Eine wichtige Eigenschaft des X-Servers ist die Fähigkeit, gleichzeitig mehrere X-Clients zu bedienen. Dadurch wird der Arbeitsplatz nicht von einem einzigen X-Client monopolisiert. Zum Beispiel kann der Anwender gleichzeitig eine Tabellenkalkulation und einen Taschenrechner am Arbeitsplatz laufen lassen.

Vorteile

Durch die Standardisierung des Protokolls und die rechnerübergreifende Verbindung zwischen X-Server und X-Client ergeben sich viele Vorteile für den Anwender. Ein X-Client, der nur auf einem Rechner ablauffähig ist, kann auf anderen Arbeitsplätzen eingesetzt werden, indem die grafische Ausgabe auf die anderen X-Server umgelenkt wird. Umgekehrt können X-Clients, die auf verschiedenen Rechnern laufen, alle über einen Arbeitsplatz gesteuert werden.

2.3 Das X-Protokoll

Das X-Protokoll ist ein Dokument, das die elementaren Aufgaben, die ein X-Server für einen X-Client abwickeln kann, und deren Kodierung im Datenfluß schriftlich festlegt. Das Protokoll kann in zwei grobe Bereiche aufgeteilt werden. Der erste Bereich besteht aus kodierten Anweisungen zur Ausgabe von Fenstern und deren Inhalt, die der X-Client zum X-Server überträgt. Der X-Server dekodiert sie und führt sie aus. Der zweite Bereich enthält Anworten auf gestellte Fragen oder kodierte Ereignisse, z.B. Texteingabe oder Mausklick, die der X-Server zum X-Client überträgt. Der X-Client dekodiert sie, und reagiert entsprechend darauf.

Hardware

Der X-Client bleibt durch das Protokoll von den Hardwarevarianten der Arbeitsplätze unabhängig. Die Umsetzung von hardwarespezifischen Unterschieden in eine standardisierte Form für den X-Client ist eine wichtige Aufgabe des X-Servers. Auf diese Weise kann ein X-Client an unterschiedlichen Arbeitsplätzen eingesetzt werden.

Fenster

Die Hauptelemente im Protokoll sind die X-Fenster. In seiner Grundform ist ein X-Fenster nur durch seinen rechteckigen Umriß und seine Farbe zu erkennen. Sie können beliebig auf dem Bildschirm positioniert werden, auch wenn sie bestehende Fenster überlappen oder völlig abdecken. Weitere Eigenschaften eines Fensters werden meistens vom X-Client hinzugefügt.

Die X-Fenster werden hierarchisch angeordnet, indem jedes neue X-Fenster in ein bestehendes eingebettet wird. Der Bildschirm selbst wird als höchstes X-Fenster der Hierarchie betrachtet. Wenn ein übergeordnetes Fenster in diesem Schema ver-

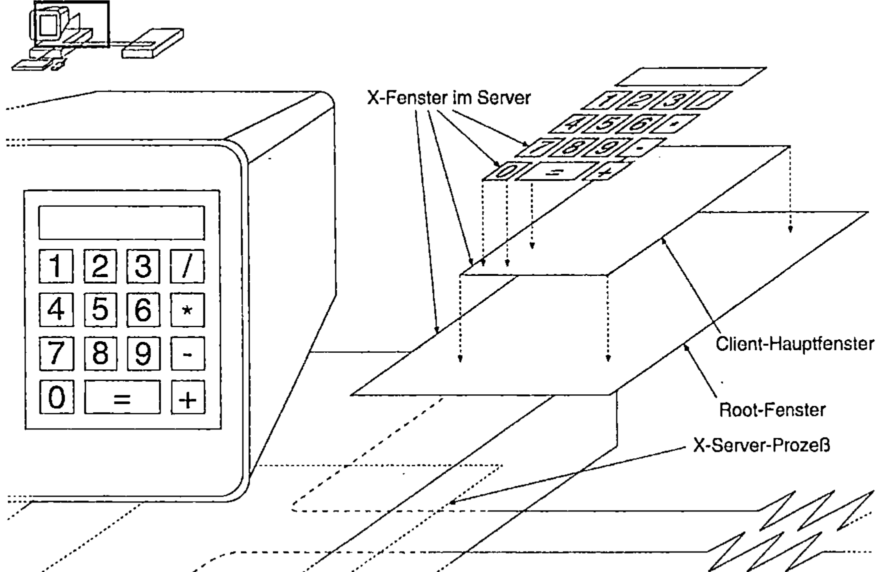

Abb. 2.2   Die hierarchische Anordnung von X-Fenstern im X-Server. Die einzelnen Elemente eines X-Clients werden mit eigenen X-Fenstern repräsentiert. Sie sind im Hauptfenster des X-Clients eingebettet. Alle Hauptfenster liegen im Hintergrund oder Root-Fenster.

schoben wird, werden die untergeordneten vom X-Server mitgeschoben. Nur die Teile eines Fensters sind sichtbar, die sich innerhalb des übergeordneten Fensters befinden. Im Protokoll ist der X-Server für die Führung dieser X-Fenster-Hierarchie zuständig.

Wie die X-Fenster zum Aufbau einer Oberfläche eingesetzt werden, bestimmt der X-Client – die meisten X-Clients verwenden X-Fenster nicht nur für ihr Hauptfenster, sondern auch für die einzelnen Bedienelemente (z.B. Knöpfe), die darin erscheinen. Oft werden die kleinsten Elemente eines X-Clients mit eigenen X-Fenstern repräsentiert.

Fensterinhalt

Die Gestaltung des X-Fensterinhalts wird vom Protokoll völlig freigehalten und dem X-Client überlassen, dieser kann mit einer Vielzahl von Anweisungen innerhalb eines Fensters grafisch zeichnen. Auf dieser Ebene gibt es aber keine Begriffe wie Scrollbalken oder Textfelder, sie müßten explizit vom X-Client mit einfacheren Elementen zusammengestellt werden. Der X-Client kann zum Beispiel Schattierungen und Text verwenden, um einem X-Fenster das Aussehen eines Knopfes zu geben.

Ereignisse

Im zweiten Bereich des Protokolls benachrichtigt der X-Server die X-Clients bei bestimmten Ereignissen am Arbeitsplatz. Ein X-Client erfährt dadurch nicht nur von Tasten- oder Mausklicken, sondern auch von Ereignissen subtilerer Art, zum Beispiel, wenn ein X-Fenster durch Verschiebung eines anderen Fensters sichtbar wird. In diesem Fall reagiert der X-Client darauf, indem er den Inhalt des X-Fensters neu zeichnet.

2.4 X-Lib

Funktion

Die X-Lib-Bibliothek bildet für den Client-Programmierer eine Schicht über dem X-Protokoll. Dabei werden der Versand von Anweisungen und der Empfang von Ereignissen nach dem X-Protokoll als Funktionsaufrufe dem Programmierer zur Verfügung gestellt. Die Funktionen sorgen dann für die richtige Kodierung und Dekodierung von Nachrichten sowie deren physische Übertragung zwischen X-Client und X-Server. Um die Details des Protokolls braucht sich der Programmierer nicht mehr zu kümmern.

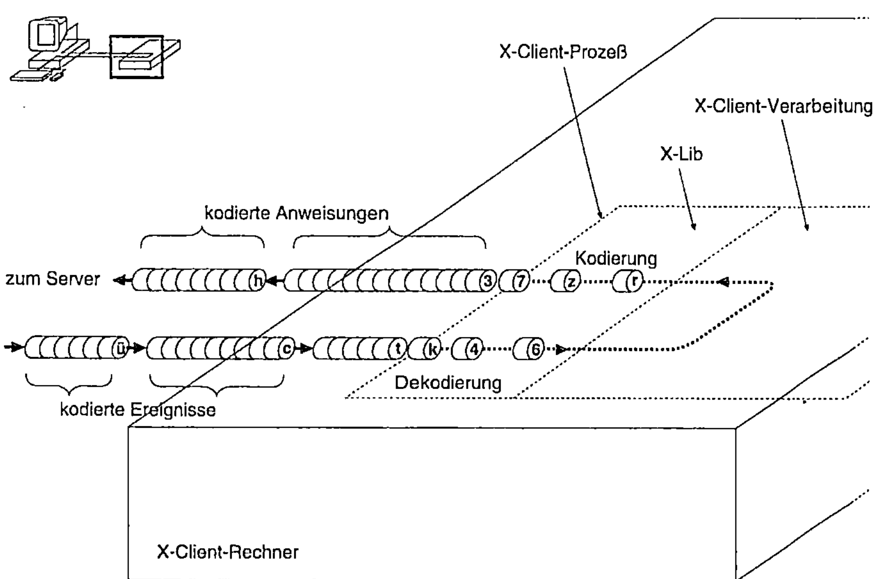

Abb. 2.3 Der Datenfluß zwischen X-Server und X-Client. Der Fluß besteht vorwiegend aus Anweisungen, die vom X-Client zum X-Server geschickt werden, und Ereignissen, die vom X-Server zum X-Client geschickt werden. Die X-Lib sorgt für deren Kodierung bzw. Dekodierung.

Probleme

Wenn X-Clients direkt auf Basis der X-Lib entwickelt werden, ergeben sich zwei Probleme. Zuerst einmal ist es für den Programmierer sehr aufwendig, die gesamte Oberfläche seines X-Clients zu gestalten, da alle Elemente explizit gezeichnet werden müssen. Unter Umständen benötigt er dafür mehr Entwicklungszeit als für die eigentliche Funktionalität des X-Clients. Das zweite Problem trifft den Anwender: Da das X-Protokoll dem Programmierer keine bestimmte Art der Oberfläche aufzwingt, macht es jeder anders. Ohne die Vereinheitlichung der Client-Oberflächen muß sich der Anwender von X-Client zu X-Client umstellen. Zur Lösung dieser Probleme dienen das X-Toolkit und Motif, die in den nächsten Absätzen besprochen werden.

2.5 X-Toolkit

Ziel

Ein erster Schritt in Richtung Erleichterung der Client-Entwicklung und Vereinheitlichung von Oberflächen ist das X-Toolkit, das zum Lieferumfang von X für Entwickler gehört. In Zusammenarbeit mit Motif werden jedem Client-Entwickler fertige Bedienelemente (wie Scrollbalken oder Knöpfe) zur Verfügung gestellt und der Entwickler kann dann eine Oberfläche für seinen X-Client mit diesen Elementen zusammenstellen. Aussehen und Verhalten der einzelnen Elemente sind für ihn schon vorprogrammiert und von X-Client zu X-Client gleich.

Mittel zur Vereinheitlichung

Aufbauend auf dem offenen Ansatz von X, enthält das X-Toolkit selbst *keine* vorgegebenen Bedienelemente, sondern bildet einen einheitlichen Rahmen für deren Entwicklung. Aussehen und Verhalten der Bedienelemente bleiben für die Entwickler offen. Das System eignet sich besonders für die Entwicklung von Sätzen verwandter Bedienelemente. Wenn ein kompletter Satz solcher Bedienelemente einmal besteht, können die Oberflächen von mehreren X-Clients aus den benötigten Komponenten zusammengestellt werden. Obwohl die einzelnen Oberflächen unterschiedlich sind, wirken sie einheitlich, da sie die gleichen Bausteine enthalten.

Entwicklung

Bedienelemente, die mit dem X-Toolkit hergestellt werden, heißen Widgets. Dies ist ein künstliches Wort aus Window (Fenster) und Gadget (Ding). Jedes Widget im X-Client hat (mindestens) ein X-Fenster im X-Server als Gegenstück. Das Widget selbst implementiert die Funktionalität des X-Fensters. Dazu wickelt das Widget die Kommunikation mit dem X-Server intern ab, zum Beispiel, wenn durch Verschieben eines anderen Fensters ein Widget sichtbar wird und Aufdeckungsereignisse eintreffen, zeichnet sich das Widget automatisch nach. Das Laufzeitverhalten des Widgets (z.B. ein Zeichen in ein Textfeld nach Tastendruck einfügen) wird auch völlig widget-intern abgewickelt. Nur die wesentlichen Ereignisse werden an den eigentlichen X-Client weitergeleitet, z.B. müßte der X-Client nach Selektion einer Menüoption eine client-spezifische Funktion ausführen.

Um den X-Client auf diese Weise von der Gestaltung und Pflege der Oberfläche zu entlasten, ist die Entwicklung eines Satzes von abgestimmten Widgets sehr aufwendig.

Einsatz

Das X-Toolkit dient nicht nur der Entwicklung von Widgets, sondern auch zu deren Einsatz in X-Clients. Ein X-Client wird anhand von einem Satz Widgets und dem X-Toolkit aufgebaut. Eigentlich braucht der Client-Entwickler kaum noch auf die X-Lib-Bibliothek zuzugreifen, seine Kommunikation mit der Oberfläche beschränkt sich auf Interaktionen mit den Widgets oder dem X-Toolkit. Die interne Implementierung der Widgets und der Austausch von Anweisungen und Ereignissen mit dem X-Server bleiben dem Client-Entwickler weitgehend verborgen.

Obwohl sich die Widget-Sätze voneinander unterscheiden, ist eine bestimmte Grundstruktur durch die Entwicklung mit dem X-Toolkit immer vorhanden. Diese Struktur dient unter anderem der Wiederverwendbarkeit der Widgets, so daß sie den lokalen Bedürfnissen eines X-Clients oder Anwenders angepaßt werden können. Wie das geschieht, wird später erläutert, die Struktur wird aber gleich hier vorgestellt.

Vererbung

Die einzelnen Arten von Widgets, wie zum Beispiel Knopf, Scrollbalken und Textfeld, werden Klassen genannt. Um eine neue Klasse zu entwickeln, wird eine existierende, verwandte Klasse als Vorlage genommen. Den bestehenden Eigenschaften der alten Klasse werden nur noch die Erweiterungen der neuen Klasse hinzugefügt. Man nennt das Vererbung. Man stelle sich zum Beispiel eine Klasse vor, die einen eingerahmten Text darstellt. Um eine neue Klasse zu definieren, die einen beschrifteten Knopf darstellt, wird die erste Klasse als Vorlage genommen und die Schattierung der Widgetfläche bei Maustastenbetätigung hinzugefügt.

Die Basisklassen für den Aufbau eines Widget-Satzes sind schon im X-Toolkit enthalten. Dazu wird meistens ein kostenloser Satz von Widgets namens Athena geliefert, der als einfaches Beispiel für die Entwicklung eines Widget-Satzes dient. Aus diesem Grund sind viele Demo-Clients mit Athena zusammengestellt worden.

Eigenschaften

Jede Klasse von Widgets hat bestimmte Eigenschaften, die sich vor allem auf das Aussehen der Widgets beziehen, z.B. die Farbe des Hintergrunds oder den Text in einem Textfeld. Diese Eigenschaften lassen sich bei den einzelnen Instanzen der Klasse vom X-Client oder Anwender einstellen. Bei der Menge der Eigenschaften spielt die Vererbung eine Rolle, da sie sich aus den Eigenschaften der einzelnen

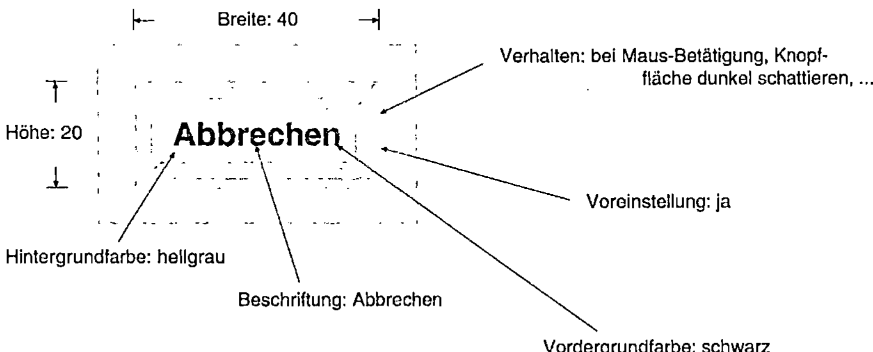

Abb. 2.4 Widget-Eigenschaften. Eine kleine Untermenge der Eigenschaften des Motif-Knopfes wird hier abgebildet. Manche entstammen der Knopf-Klasse selbst, andere den ererbten Klassen, auf deren Basis der Knopf entwickelt wurde. Sie können alle beliebig gesetzt werden, um das Aussehen und das Verhalten des Knopfes einzustellen.

Klassen im Vererbungspfad zusammensetzt. Beim vorigen Beispiel der Klasse für einen beschrifteten Knopf summieren sich die Eigenschaften der Klasse für den eingerahmten Text (z.B. die Zeichenkette selbst) mit den neuen, die hinzugefügt werden (z.B. die Farbe der Schattierung). In der Motif-Hierarchie hat jede Klasse eine Vielzahl von Eigenschaften, die eingestellt werden können.

Verhalten

Die meisten Klassen von Widgets haben ein bestimmtes Laufzeitverhalten. Wenn man ein Widget irgendwie betätigt, reagiert das Widget dementsprechend. Drückt man zum Beispiel mit der linken Maustaste auf einen Knopf, so wird die Knopffläche schattiert. Das Drücken der linken Maustaste bildet ein Ereignis, das vom Widget empfangen wird. Die Schattierung des Knopfes wird als Aktion bezeichnet, die vom Widget anschließend ausgeführt wird.

Jedes Widget (das man betätigen kann) hat eine Zahl von Aktionen, die es durchführen kann. Sein Verhalten wird durch die Zuordnung von Ereignissen zu Aktionen bestimmt. Diese Zuordnung wird in einer sogenannten Translationstabelle im Widget gehalten und kann den Bedürfnissen eines X-Clients oder Anwenders angepaßt werden. Es ist zum Beispiel möglich festzulegen, daß der Knopf nur mit der rechten Maustaste zu betätigen ist.

Zusammenstellung

Wie vorhin ausgeführt, hat jedes Widget ein X-Fenster im X-Server als Gegenstück. So wie die X-Fenster im X-Server hierarchisch angeordnet sind, werden die Widgets im X-Client hierarchisch zu einer Oberfläche zusammengestellt – um dies zu erreichen, bilden manche Klassen von Widgets Behälter für andere. Wenn der Taschenrechner mit Widgets abgebildet wird, werden die Knöpfe und das Ausgabefeld in ein übergeordnetes Widget eingesetzt, das für die Ausrichtung der Knöpfe sorgt. Diese räumliche Anordnung von Widgets ist nicht mit der Vererbungshierarchie von verwandten Widgets zu verwechseln.

Jede Instanz eines Widgets in der Hierarchie erhält einen eigenen Namen, der vom X-Client oder Anwender verwendet werden kann, um das Widget zu identifizieren.

2.6 Motif

In erster Linie ist Motif ein kompletter Satz von Widgets oder Bedienelementen, die auf Basis des X-Toolkits aufgebaut sind. Der Satz wird Client-Entwicklern als Bibliothek zur Verfügung gestellt und wird im Zusammenhang mit dem X-Toolkit verwendet, um einen Motif-Client aufzubauen. Dabei werden die ursprünglichen Ziele erreicht, die Client-Entwicklung zu erleichtern und die Client-Oberflächen zu vereinheitlichen.

Parallel zum Entwicklersystem bildet der Motif-Windowmanager das Laufzeitsystem von Motif. Er ist ein fertiger Motif-Client, der für die allgemeine Verwaltung von allen Client-Fenstern am Arbeitsplatz zuständig ist.

Bedienelemente

Die Motif-Widgets zeichnen sich für den Anwender durch ihr dreidimensionales Aussehen und ihre intuitive Bedienung aus. Diese Funktionalität ist für den Entwickler schon in der Motif-Bibliothek vorprogrammiert. Um die gleichen Bedienelemente unter verschiedenen Umständen einsetzen zu können, haben sie viele Eigenschaften, die man anpassen kann, ohne deren Aussehen und Bedienung stark zu beeinträchtigen.

Die gesamte Hierarchie von Widgets kann grob in die Familien Kontrollen, Felder, Menüs und Dialoge unterteilt werden. Die meisten Vorgänge zur Betätigung der Widgets können sowohl mit der Tastatur als auch der Maus vorgenommen werden, um ein ständiges Wechseln zwischen Tastatur und Maus zu vermeiden. Manche Widgets bilden nicht nur einzelne Bedienelemente, sondern fertige Dialoge, die aus mehreren Bedienelementen bestehen. Solche Widgets werden *Komposit-Widgets* genannt. Dadurch werden bestimmte Vorgänge, die in den meisten X-Clients vorkommen, z.B. die Auswahl einer Datei oder eine Fragestellung, ebenfalls vereinheitlicht.

Zu diesem Satz von Widgets gehört ein weiteres Werkzeug für Entwickler namens *uil*, das die Aufbereitung von Motif-Dialogen außerhalb des eigentlichen X-Clients ermöglicht. Da der Anwender normalerweise wenig Kontakt mit *uil* hat, wird das Werkzeug hier nicht weiter besprochen.

Clients

Motif-Widgets sind so aufeinander abgestimmt, daß eine Oberfläche, die damit zusammengestellt wird, einen sehr geschlossenen Eindruck auf den Anwender

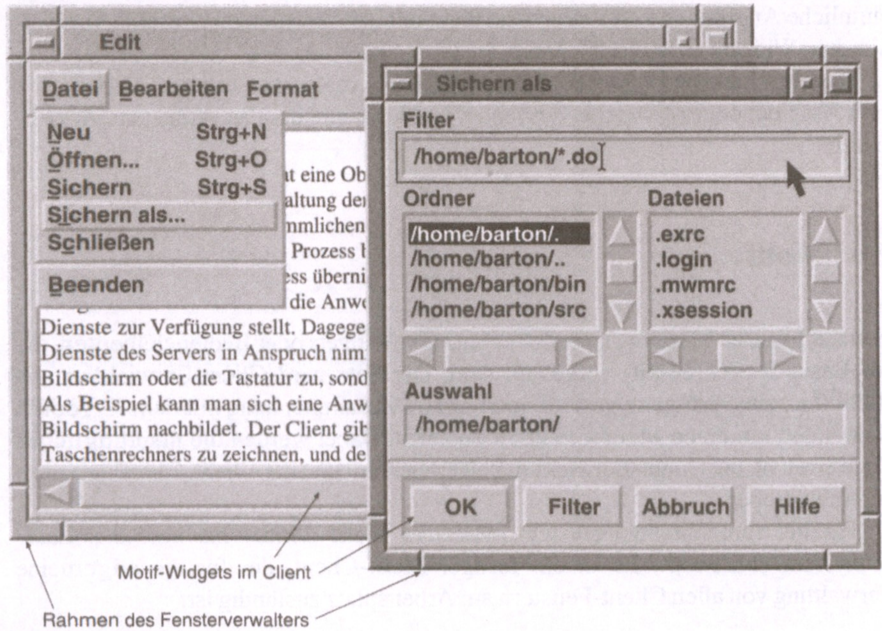

Abb. 2.5 Ein typischer Motif-Client. Ein Dialog zur Sicherung als Datei wurde gerade ausgegeben. Das Hauptfenster und der Dialog werden im Motif-Client von Motif-Bedienelementen zusammengestellt. Die Fensterrahmen werden von dem Motif-Fensterverwalter hinzugefügt.

macht. Immerhin bestimmt der Entwickler die räumliche Gestaltung und den zeitlichen Ablauf – die Ergonomie eines X-Clients. Um Abweichungen zwischen X-Clients zu vermindern, wurde ein Satz Regeln ("Motif Style Guide") verfaßt, den der Entwickler einhalten sollte.

Fensterverwaltung

Bis jetzt wurde die Entwicklung des Aussehens und des Verhaltens von einzelnen X-Clients beschrieben. Die Positionierung der X-Clients am Monitor ist eine zusätzliche Aufgabe, die jeden X-Client betrifft. Um dies von X-Client zu X-Client einheitlich zu halten, wird die Aufgabe einem getrennten X-Client überlassen, der die Fensterverwaltung für alle X-Clients an einem Arbeitsplatz übernimmt. Es gibt mehrere solche Fensterverwalter am Markt, die auf unterschiedliche Weise funktionieren.

Der Motif-Fensterverwalter fügt jedem X-Client einen Rahmen hinzu, der vom Anwender mit der Maus betätigt werden kann, um den X-Client zu verschieben oder dessen Größe zu verändern. Dieser Rahmen hat auch das dreidimensionale Aussehen der Motif-Widgets und wirkt wie ein fester Bestandteil jedes Motif-Clients.

Die Funktionen des Motif-Fensterverwalters gehen sogar noch weiter. Er kann nicht nur laufende X-Clients herumschieben, sondern auch weitere X-Clients starten und laufende beenden. Dies wäre sonst ein Problem, da es kein übergeordnetes System (oft Desktop genannt) als Bestandteil von X gibt, das für das Starten und Beenden von X-Clients zuständig ist.

Der Motif-Fensterverwalter hat einen ausgeprägten Einfluß auf den allgemeinen Arbeitsverlauf am Monitor. Auf seinen Leistungsumfang und seine Konfigurierbarkeit wird in späteren Kapiteln detailliert eingegangen.

2.7 Zusammenfassung

Der Grundsatz der X-Architektur besteht darin, daß ein Prozeß, der X-Server, die grafische Ausgabe und Tastatureingabe für alle Programme an einem Arbeitsplatz übernimmt. Die eigentlichen Programme oder X-Clients kommunizieren mit dem X-Server mittels dem X-Protokoll.

Dieses Protokoll läßt die Form der Oberfläche völlig offen. Das X-Toolkit ermöglicht die Entwicklung von wiederverwendbaren Bedienelementen für den standardisierten Aufbau von X-Client-Oberflächen. Diese vorprogrammierten Widgets werden dann Bestandteil der X-Clients.

Motif ist ein kompletter Satz von Bedienelementen, mit denen die meisten X-Clients zusammengestellt werden können. X-Clients, die mit Motif entwickelt werden, haben alle ein einheitliches Aussehen und Verhalten.

3 Arbeiten in der X/Motif-Umgebung

3.1 Einführung

Dieses Kapitel beschreibt die verschiedenen Möglichkeiten des Eintritts in die X/Motif-Umgebung und stellt den X-Server und die wichtigsten X-Clients einer typischen Umgebung vor, mit denen der Anwender ständig arbeitet. Der Erklärung der Bedienung der einzelnen Komponenten folgt jeweils eine kurze Beschreibung der Funktionsweise, um einen konkreten Bezug zur X/Motif-Architektur hervorzuheben. Je nach Konfiguration könnten andere (nicht standardisierte) X-Clients im Einsatz sein, die Prinzipien bleiben aber gleich und können analog angewandt werden.

3.2 Eintritt in die X/Motif-Umgebung

Es gibt zwei Standard-Szenarien für den Eintritt in die X/Motif-Umgebung, je nachdem wie das System konfiguriert ist. Die erste Form, auf Basis des X-Clients *xdm*, ersetzt den herkömmlichen UNIX-Anmeldevorgang durch eine vollgrafische Oberfläche unter X, die automatisch von *xdm* aufgebaut und verwaltet wird. In der zweiten Form, auf Basis des X-Clients *xinit*, wird dem Anwender die Bereitstellung der X/Motif-Umgebung nach einer üblichen Anmeldung überlassen. Im folgenden werden beide Formen genauer vorgestellt.

xdm

Ein Arbeitsplatz kann so eingerichtet werden, daß die Anmeldung und die Arbeit ausschließlich in der X-Umgebung erfolgen. In diesem Fall wird eine Anmeldungsmaske nach dem Hochfahren des Rechners ausgegeben, die einen Begrüßungstext und Felder für die Erfassung der Kennung und des Paßworts des Anwenders enthält. Wenn man die Felder mit einer gültigen Kennung ausfüllt, verschwindet die Maske wieder, und das eingerahmte Fenster eines Terminalemulators erscheint am Monitor, in dem der Prompt einer UNIX-Shell zu erkennen ist.

Anhand des Emulators können weitere X-Clients gestartet und die Arbeit fortgesetzt werden. Seine Benutzung und der Umgang mit Fenstern werden unten genauer beschrieben. Um die Arbeit abzuschließen, kann die Shell des Emulators jederzeit mit *Ctrl-D* oder *exit* beendet werden. Dabei verschwinden alle geöffneten

Fenster, und die Anmeldungsmaske erscheint wieder, um einen neuen Arbeitsgang zu erlauben.

Diesem Verfahren liegt ein wichtiger X-Client namens *xdm* (X-Display-Manager) zugrunde, der für die Verwaltung des Arbeitsablaufes unter X zuständig ist. Er wird schon beim Hochfahren des Rechners aufgerufen und startet den X-Server sofort am Arbeitsplatz. Anschließend zeigt er die Anmeldungsmaske am Monitor an und überprüft eintreffende Anwenderangaben. Wenn die Maske korrekt ausgefüllt wurde, läßt er sie wieder verschwinden und startet ein Skript für den Anwender, das *mwm* (den Fensterverwalter) und *xterm* (den Terminalemulator) aufruft. *xdm* wartet dann auf den Abschluß des Skripts. Dies geschieht wenn *xterm* vom Anwender geschlossen wird. Anschließend initialisiert *xdm* den X-Server erneut, was die Beendigung aller übriggebliebenen X-Clients zur Folge hat, und stellt seine Anmeldungsmaske wieder dar. So läßt *xdm* das ganze Anmeldungsverfahren im Kreis laufen, bis der Rechner runtergefahren wird.

xinit

Das zweite Verfahren wird bevorzugt eingesetzt, wenn mehrere Fenstersysteme am Arbeitsplatz unterstützt werden. In diesem Fall erfolgt die Anmeldung und die Arbeit eines Anwenders in der herkömmlichen (nicht-grafischen) Umgebung, und es wird nur nach Bedarf in die X/Motif-Umgebung eingetreten. Dazu sollte das Programm *xinit* entweder im Anmeldungsprofil (*.profile* bzw. *.login*) oder explizit in der Loginshell mit dem folgenden Befehl aufgerufen werden:

$ /usr/bin/X11/xinit

Der Bildschirm wird sofort mit einem grauen Hintergrund überzogen, das Fenster eines Terminalemulators erscheint oben links und die Maus wird aktiv. Normalerweise wird kein Fensterverwalter durch *xinit* gestartet, daher hat das Fenster des Emulators keinen zusätzlichen Rahmen und kann nicht positioniert werden. Um ihn zu starten, sollte die Maus in das Fenster des Emulators bewegt und der folgende Befehl eingegeben werden:

$ /usr/bin/X11/mwm&

Der Monitor sollte sich jetzt in dem gleichen Zustand befinden, der sofort nach der Anmeldung mittels *xdm* erreicht wird. Die Arbeit kann dann auf gleiche Weise fortgesetzt und beendet werden. Bei *xinit* verschwinden jedoch alle Fenster samt Hintergrund bei Beendigung des Emulators, und man befindet sich wieder in der Loginshell.

xinit funktioniert auf einfachere Weise als *xdm*. Er startet den X-Server und *xterm* (den Terminalemulator) und wartet auf den Abschluß von *xterm*. Dann beendet er den X-Server, statt ihn erneut zu initialisieren, und der Anwender kehrt zur Loginshell zurück.

Häufig werden Skripts, z.B. */usr/etc/startx*, vom Systemadministrator zur Verfügung gestellt, die den Bedürfnissen des Systems angepaßt sind und etwas mehr für den Anwender leisten. Sie können anstelle von *xinit* aufgerufen werden, dadurch könnte der explizite Aufruf vom Fensterverwalter vermieden werden. Man sollte sich aber immer vor dem direkten Aufruf des X-Servers in der Loginshell hüten, da

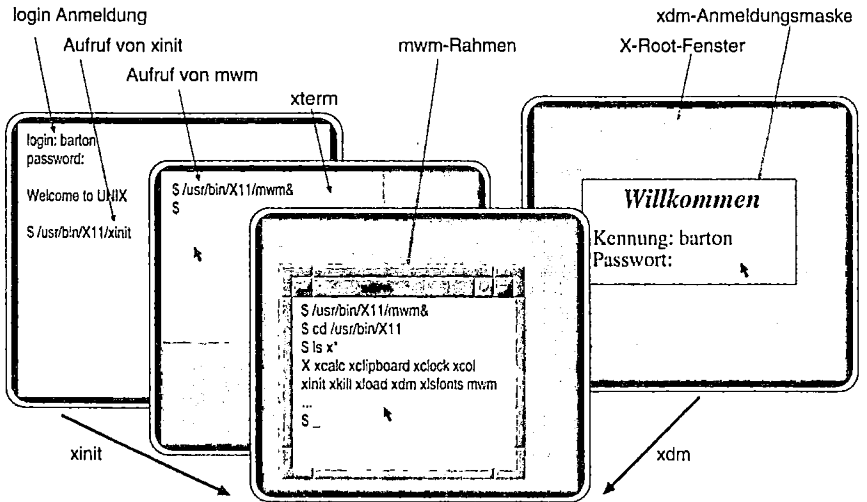

Abb. 3.1 Der Eintritt in die X/Motif-Umgebung. Wenn ein Arbeitsplatz mittels *xdm* verwaltet wird, füllt man nur die Anmeldungsmaske (rechts) aus, dann werden *xterm* und *mwm* automatisch gestartet. Ansonsten müssen *xinit* und *mwm* explizit aufgerufen werden (links).

anschließend kaum Möglichkeiten zur Verfügung stehen, X-Clients zu starten oder den X-Server zu beenden.

Anhand von *xdm* oder *xinit* hat der Anwender wenigstens die Möglichkeit, den X-Server und einen Terminalemulator zu starten. Da *xdm* und *xinit* in hohem Maß konfigurierbar sind, kann der Bildschirmaufbau nach einer erfolgreichen Anmeldung von der Beschreibung in diesem Kapitel etwas abweichen. Beispielsweise lassen sich zusätzliche X-Clients durch das Anmeldungsprofil automatisch starten. Dies dürfte aber in dieser Phase nicht sonderlich stören – solange man einen Terminalemulator erhält, ist man in der Lage beliebige Änderungen in der eigenen Umgebung vorzunehmen.

3.3 Der Terminalemulator

Der Terminalemulator spielt aus zwei Gründen eine wichtige Rolle für den Anwender. Zum einen ermöglicht er den direkten Zugriff auf das zugrundeliegende Betriebssystem mit einer normalen UNIX-Shell und zum anderen können alle Programme (z.B. der Texteditor *vi*), die eigentlich für herkömmliche alphanumerische Bildschirme entwickelt wurden, in dem Emulator laufen.

Der ständige Umgang mit dem Emulator und der Shell ist in der Anfangsphase kaum vermeidbar, denn obwohl die X/Motif-Arbeitsumgebung grafisch ist, erfolgt deren Einrichtung weitgehend auf der Shell-Ebene. Im folgenden werden Bedienung, Funktionsweise und einige wichtige Eigenschaften und Optionen des Emulators besprochen.

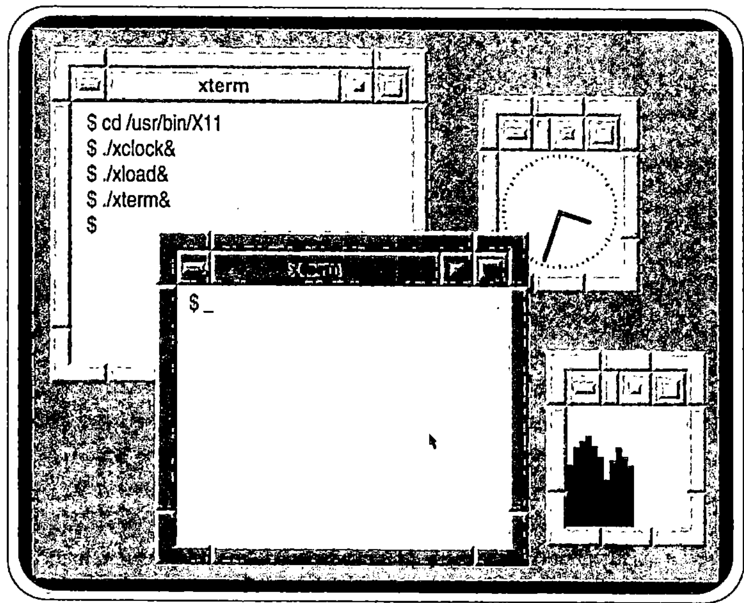

Abb. 3.2   Der Terminalemulator. Nach einer erfolgreichen Anmeldung kann der Terminalemulator (*xterm*) verwendet werden, um normale UNIX-Befehle einzugeben – damit können weitere X-Clients gestartet werden.

Bedienung

Um mit dem Emulator arbeiten zu können, müssen zuerst alle Tastatureingaben seinem Fenster zugeordnet werden. Dies erreicht man dadurch, indem man die Maus darauf positioniert und (nur bei Anwesenheit des Fensterverwalters) die linke Maustaste betätigt. Dann wird der Cursor im Fenster aktiv, und UNIX-Befehle wie *ls, cd, ps, vi* usw. können eingetippt werden. Die Ausgabe dieser Befehle erscheint auch im Fenster des Emulators.

Da X-Clients normale Programme sind, können sie auch mit der Shell des Emulators aufgerufen werden. Ein Blick in den Ordner */usr/bin/X11* zeigt die aktuelle Auswahl an X-Clients. Die meisten von ihnen stellen selbst Fenster dar, und es ist von Vorteil, sie im Hintergrund zu starten, da die Shell des Emulators sonst bis zur Beendigung des X-Clients blockiert bleibt. Mehrere X-Clients, z.B. *xclock, xload* oder *xeyes* lassen sich gefahrlos ausprobieren. Da der Terminalemulator selbst ein normaler X-Client ist (*xterm*), kann er auch erneut gestartet werden. Auf diese Weise können mehrere Terminalemulatoren gleichzeitig am Monitor laufen.

Normalerweise können X-Clients mit einer Option auf der zugehörigen Menüleiste o.ä. beendet werden. Falls sich dies als problematisch erweist, kann die Beendigung notfalls mit dem UNIX-Befehl *kill* oder dem X-Client */usr/bin/X11/xkill* erreicht werden. Um *kill* zu verwenden, muß der X-ClientProzeß erst mit *ps* identifiziert und *kill* als Parameter übergeben werden. Dagegen ist *xkill* handlicher, da man nach dessen Aufruf nur das Fenster des zu beendenden X-Clients anklicken muß (Vorsicht!).

Funktionsweise

Der Terminalemulator *xterm* befindet sich mit den anderen X-Clients im Ordner */usr/bin/X11*. Beim Aufruf verwendet *xterm* ein *xterm*-spezifisches Widget für sein Fenster und läßt es vom X-Server am Monitor darstellen. Gleichzeitig startet *xterm* eine UNIX-Shell und leitet ihr Tastatureingaben, die vom X-Server empfangen werden, weiter. Anschließende Ausgaben der Shell und der von ihr gestarteten Programme werden von *xterm* abgefangen und im Fenster dargestellt.

Programme, die die ganze Fläche des Emulators verwenden, fügen Sonderzeichen in die Ausgabe ein, um bestimmte grafische Effekte zu erreichen, z.B. die Positionierung des Cursors. Um sicher zu gehen, daß die Programme die passenden Sonderzeichen für den Emulator verwenden, sollte die Umgebungsvariable TERM auf vt100 mit dem folgenden Befehl (ksh) im Emulator gesetzt werden, falls dies nicht schon der Fall ist:

```
$ export TERM=vt100
```

Weitere Eigenschaften

Um den Umgang mit der Shell zu erleichtern, bietet *xterm* weitere Funktionalitäten an, vor allem das Textkopieren mit der Maus und das Blättern des Fensterinhalts: Um einen beliebigen Text zur aktuellen Cursorstelle zu kopieren, wird der Text zuerst mit der linken Maustaste selektiert und dann wird die mittlere Maustaste gedrückt. Doppel- oder Dreifachklicken der linken Maustaste selektiert ganze Worte bzw. Zeilen. Dieser Vorgang kann auch zwischen verschiedenen *xterms* verwendet werden.

Das Blättern der Fensterinhalte ist normalerweise nicht möglich, aber wenn die Option "-sb" beim Aufruf von *xterm* angegeben wird, stellt *xterm* einen Scrollbalken aus dem Athena-Widget-Satz zur Verfügung. Die maximale Anzahl der Zeilen, die damit zurückgescrollt werden können, kann mit der Option "-sl *zahl*" erhöht werden:

```
$ xterm -sb -sl 1000 &
```

Optionen

xterm besitzt eine Unzahl von Optionen, z.B. Zeichensatz und Farbe, auf die hier im einzelnen nicht weiter eingegangen wird. Es genügt die verschiedenen Verfahren zu deren Einstellung zu kennen. Die genauen Einstellungsmöglichkeiten sind in der Systemliteratur beschrieben.

Die Einstellungen für *xterm*-Optionen können vor dem Aufruf in Ressourcendateien festgelegt werden. Es ist zum Beispiel möglich eine bestimmte Programmierung der Funktionstasten zu bestimmen. Auf dieses Verfahren wird im Kapitel 5 detailliert eingegangen.

Bei dem Aufruf von *xterm* können weitere Optionen (z.B. Position und Größe) direkt auf der Kommandozeile angegeben werden. Falls *xterm* schon läuft, stehen drei (Athena-)Popup-Menüs mit Optionen zur Verfügung, die aktiviert werden, wenn die linke, mittlere oder rechte Maustaste im Fenster geklickt wird, während gleichzeitig die Control-Taste gedrückt ist. Auf diese Weise kann man zum Beispiel "Blättern" nachträglich einstellen.

3.4 Der Fensterverwalter

Der Anwender wird natürlich intensiv mit X-Clients und Fenstern arbeiten, deren allgemeines Verhalten der Fensterverwalter regelt. Besonders werden die Positionierung und die mögliche Überlappung von Fenstern mit dem Fensterverwalter verändert. Aber sein Aufgabengebiet erstreckt sich über die räumliche Gestaltung des Monitors hinaus auf das Starten und Beenden von X-Clients sowie die eigentliche Eingabe in Fenstern. Der allgegenwärtige Einfluß, den der Fensterverwalter ausübt, fällt so richtig erst auf, wenn er mal unbeabsichtigt beendet wird. Welches Mittel der Motif-Fensterverwalter (*mwm*) dem Anwender zur Verfügung stellt, um X-Clients, Fenster und Eingabe zu steuern, wird in den nächsten Absätzen beschrieben. Die hohe Konfigurierbarkeit *mwms*, die eventuelle Abweichungen von der Beschreibung erklärt, wird in Kapitel 10 behandelt.

Clients

mwm stellt ein sogenanntes Hintergrundmenü bereit, das erst an der Mausposition erscheint, wenn man den Hintergrund des Monitors anklickt. Welche Maustaste eigentlich gedrückt werden muß, hängt von der jeweiligen Konfiguration ab. Jede Maustaste erzeugt eventuell ein anderes Menü. Manche Menüoptionen, die mit einem Pfeil gekennzeichnet sind, aktivieren weitere Menüs, wenn sie selektiert werden.

Die Aktionen, die hier ausgelöst werden können, umfassen die allgemeine Fensterverwaltung und das Starten von bestimmten X-Clients. Dieser Weg, X-Clients zu starten, ist wesentlich handlicher als das mühsame Eintippen von Programmnamen in einem Terminalemulator.

Fenster

mwm umschließt jedes Hauptfenster eines X-Clients mit einem einheitlichen Rahmen, der das sichtbarste und nützlichste Merkmal von *mwm* bildet. Da der Rahmen nach Motif-Art gezeichnet wird, wirkt er eigentlich wie ein fester Bestandteil eines Fensters, das selbst aus Motif-Bedienelementen besteht.

Dieser Rahmen setzt sich aus mehreren Elementen zusammen, die mit der Maus angesprochen werden können, um die Position und Größe des Fensters zu verändern. Hier kann auch ein Fenster iconisiert oder in den Vordergrund gebracht werden, wenn es von anderen Fenstern teilweise abgedeckt ist.

Alternativ zur direkten Verwendung des Rahmens, kann auf das Fenstermenü, das beim Anklicken des Symbols in der oberen linken Ecke des Rahmens aufgeklappt wird, zugegriffen werden. Hier kann eine bestimmte Aktion, um beispiels-

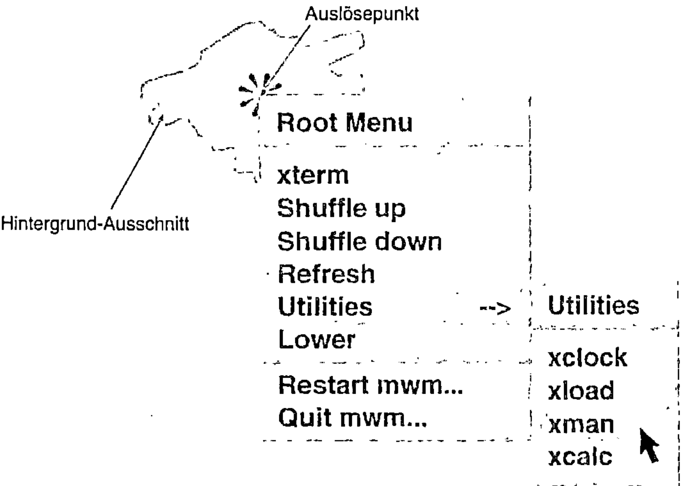

Abb. 3.3 Das *mwm*-Hintergrundmenü. Nach Mausklick auf den Hintergrund erscheint dieses Menü unter *mwm*. Die enthaltenen Optionen hängen von der jeweiligen Konfiguration ab. Meistens können allgemeine Fensterfunktionen ausgelöst und verschiedene X-Clients gestartet werden.

weise ein Fenster zu verschieben, explizit angestoßen werden. Durch Doppelklick auf das Symbol wird das Fenster geschlossen. Das Fenstermenü erscheint auch, wenn ein Icon angeklickt wird, und kann auf gleiche Weise verwendet werden.

Obwohl alle Fenster den Rahmen und das Fenstermenü haben, hängen die möglichen Aktionen von der Art des Fensters ab. Die meisten Hauptfenster besitzen die volle Funktionalität, aber andere, die eine eher vergängliche Rolle spielen, z.B. Warnungen oder einfache Abfragen, weisen eine eingeschränkte Auswahl an Fensteraktionen auf. Solche Fenster sind einem Hauptfenster untergeordnet, zusammen handeln sie als eine Gruppe, die z.B. gemeinsam iconisiert oder in den Vordergrund gebracht wird.

Eingabe

mwm ordnet Tastatureingaben einem Fenster zu, wenn dieses explizit mit der Maus angeklickt wird. Dabei verändert sich die Farbe des Rahmens und das Fenster wird in den Vordergrund gebracht. Auf diese Weise erkennt man welches Fenster gerade Tastatureingaben empfängt und damit aktiv ist. Man kann zum nächsten Fenster entweder mit der Maus oder mit der "Alt-Tab" Kombination von der Tastatur aus wechseln.

Dieses Schema wird nur durch manche, sogenannte *modale* Fenster gestört. Wenn sie auftreten, sperren sie die Eingabe in andere Fenster, bis sie wieder geschlossen werden. Modale Fenster stellen meistens wichtige Fragen oder verlangen Angaben, die den Fortlauf des X-Clients bestimmen.

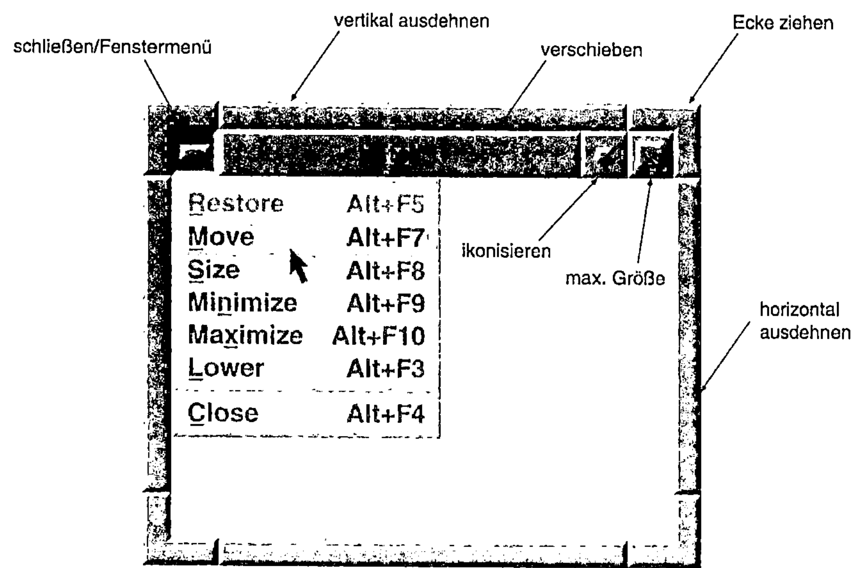

Abb. 3.4 Detail des *mwm*-Fensterrahmens. Die einzelnen Elemente des Rahmens können mit der Maus angefaßt werden, um die Fenstergeometrie zu verändern. Das Symbol in der oberen linken Ecke wurde angeklickt und eine Option wird gerade in dem aufgeklappten Fenstermenü selektiert.

Funktionsweise

mwm ist ein normaler X-Client, der die Fensterverwaltung für die anderen X-Clients an einem Arbeitsplatz übernimmt. Dabei nützt er eine ungewöhnliche Eigenschaft des X-Systems aus, die man sonst als Sicherheitslücke betrachten könnte. Im Kapitel 2 über die X-Architektur wurde erklärt, daß ein X-Client den X-Server beauftragt, ihn von bestimmten Ereignissen in einem Fenster zu benachrichtigen, darauf nimmt er irgendwelche Änderungen am Fenster vor. Wichtig ist, daß das Fenster eigentlich einem *anderen* X-Client gehören darf.

Auf diese Weise beauftragt *mwm* den X-Server, ihn bei bestimmten Ereignissen im Root-Fenster (Hintergrund) zu benachrichtigen. Die zwei wichtigsten Fälle, die kontrolliert werden, sind ein Mausklick und das Hinzufügen eines neuen Tochterfensters. Wenn die Maus im Root-Fenster geklickt wird, läßt *mwm* darauf das Hintergrundmenü zeichnen, das auf Basis von Einstellungsdateien aufgebaut wird. Je nach Auswahl wird entweder eine Fensterverwaltungsfunktion oder ein UNIX-Befehl aufgerufen, der beispielsweise einen weiteren X-Client startet.

Das Verhalten im zweiten Fall ist etwas interessanter und tritt auf, wenn ein X-Client ein neues Hauptfenster erstellt. Hier fügt *mwm* ein zusätzliches X-Fenster zwischen Root- und X-Client-Fenster ein, das etwas größer ist, und läßt die Bedienelemente des Rahmens vom X-Server mit weiteren X-Fenstern an dessen Rand zeichnen. Die Aktionen des Anwenders auf diesen Rahmen werden dann von *mwm* in Änderungen des eigentlichen X-Client-Fensters übertragen. So läßt beispielsweise der rechte Knopf das Fenster in seiner vollen Größe erscheinen.

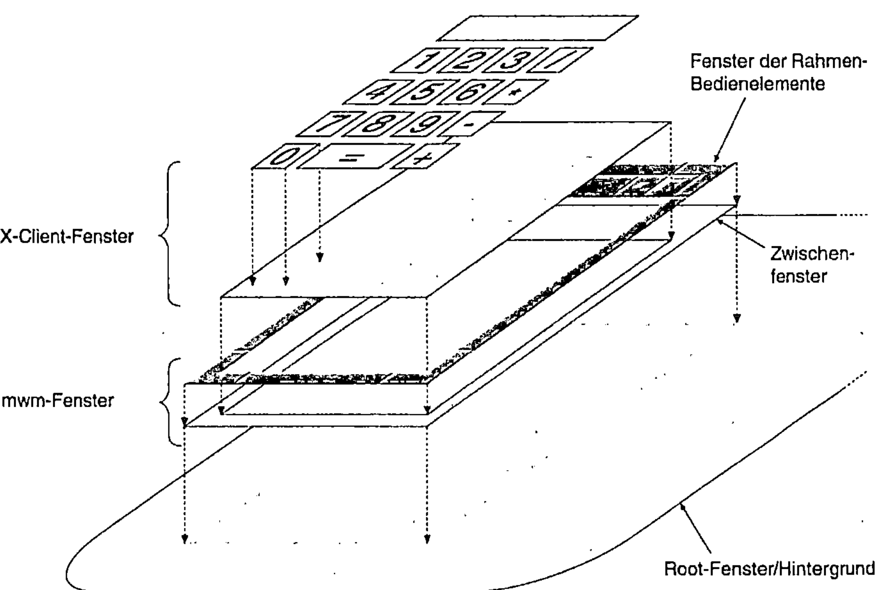

Abb. 3.5 Der *mwm*-Fensterrahmen. *mwm* fügt ein eigenes X-Fenster zwischen dem Hintergrund und einem X-Client-Fenster ein und baut einen Rahmen mit weiteren X-Fenstern an dessen Rand auf. Anschließend setzt *mwm* Anwenderaktionen am Rahmen in Änderungen des X-Client-Fensters um.

Der X-Client kann bei der Kreierung eines Hauptfensters *mwm* mitteilen, was für Eigenschaften das Fenster haben soll, z.B. welchen Titel das Fenster hat oder welche Optionen auf dem Fenstermenü erscheinen sollen. Der X-Client kommuniziert nicht direkt mit *mwm*, sondern legt die Einstellungsdaten zusammen mit dem neuen Fenster in sogenannten Properties am X-Server ab. Auf die Daten kann *mwm* zugreifen, um das erwünschte Verhalten des Fensters zu erfahren. Auf Basis dieser Informationen gestaltet *mwm* den Fensterrahmen und das Fenstermenü und ordnet das Fenster eventuell einer Gruppe zu.

Allgemein kontrolliert *mwm* Mausaktionen und entscheidet auf deren Basis und eventuell vorhandener modaler Fenster, welchem Fenster Tastatureingaben zugeordnet werden. Normalerweise erfolgt die Zuordnung aufgrund eines Mausklicks, alternativ kann *mwm* aber auch so umgestellt werden, daß es genügt, die Maus nur in ein Fenster hinein zu bewegen, ohne zu klicken und ohne daß das Fenster in den Vordergrund gebracht wird. Dieses Modell wird meist von erfahrenen Anwendern bevorzugt, da die Handhabung bei ständigem Wechseln zwischen Fenstern wesentlich einfacher ist.

3.5 Motif-Clients

Motif-Clients sind X-Clients, deren Oberfächen aus Motif-Bedienelementen zusammengesetzt sind. Sie können genauso wie jeder andere X-Client vom Terminalemulator oder Fensterverwalter gestartet werden. Falls Motif-Clients im System installiert worden sind, befinden sie sich wahrscheinlich "in Gesellschaft" der normalen X-Clients im Ordner */usr/bin/X11*.

Zunächst werden hier die Grundzüge der Bedienung eines Motif-Clients vorgestellt. Die einzelnen Bedienelemente haben meistens ihr Gegenstück in anderen Fenstersystemen, wie Windows oder Macintosh, und dürften daher dem PC-Anwender bekannt vorkommen. Auch wenn dies nicht der Fall ist, sollte ihre Bedienung weitgehend intuitiv sein, und sie wird hier nur umrissen. Anschließend wird der eigentliche Aufbau von Motif-Oberflächen näher betrachtet, um den Weg zur Anpassung eines Motif-Clients vorzubereiten.

Bedienung

Die Bedienung eines Motif-Fensters mit der Maus läßt sich am besten mit der Bedienung einer Stereoanlage mit einem Finger vergleichen. Die üblichen Komponenten, die an der Konsole einer Stereoanlage betätigt werden können, haben identische Motif-Bedienelemente – Knöpfe, Schalter und Schieber. Um der Analogie weiter zu folgen, können die verschiedenen Beschriftungen und Anzeigen der Konsole den Motif-Textfeldern gegenübergestellt werden.

Mit etwas Vorstellungsvermögen kann man sich den Anschluß einer Tastatur an die Stereoanlage ausmalen. Sie könnte zum Beispiel verwendet werden, um Zeichen in eine Anzeige einzufügen. Wenn mehrere Anzeigen vorhanden sind, müßte aber ein Verfahren erfunden werden, um die Tastatureingabe der jeweiligen Anzeige zuzuordnen. In der Motif-Welt erfolgt diese Zuordnung, indem man ein Textfeld mit der Maus anklickt. Man sagt, daß das Feld dadurch *Fokus* erhält. Das Prinzip ist das gleiche wie beim Fensterverwalter, nur bestimmt er welches *Fenster* und der X-Client welches *Feld* Fokus erhält.

Wenn ein Textfeld einmal Fokus erhalten hat, erscheint ein dünner schwarzer Rahmen um das Feld, um zu zeigen, daß Tastatureingaben diesem Feld zugeordnet sind. Anschließend kann beliebig losgetippt werden. Auch das Kopieren mit Hilfe der Maus ist möglich, genau wie beim Terminalemulator. Dabei wird ein Text zuerst mit der linken Maustaste selektiert, dann wird die mittlere Maustaste gedrückt, um den selektierten Text zur aktuellen Cursorstelle zu kopieren.

Auch andere Bedienelemente bekommen einen schwarzen Rahmen, sobald man sie anklickt. Dies passiert, wenn sie in der Lage sind, auf Tastatureingaben zu reagieren. Zum Beispiel kann ein selektierter Schalter mit der Leertaste gesetzt werden. Eigentlich lassen sich fast alle Motif-Bedienelemente mit unterschiedlichen Kombinationen von Leer-, Shift-, Strg-, Zeilenschalter- und Cursor-Tasten betätigen. Um die Tastaturbedienung zu vervollständigen, kann der Fokus von einem Bedienelement zum nächsten oder letzten mit der Tab- bzw. Alt-Tab-Taste gewechselt werden. Für den erfahrenen Anwender bietet dies eine Steigerung der Arbeitsgeschwindigkeit, da er Eingabemasken ausfüllen kann, ohne auf die Maus zurückzugreifen.

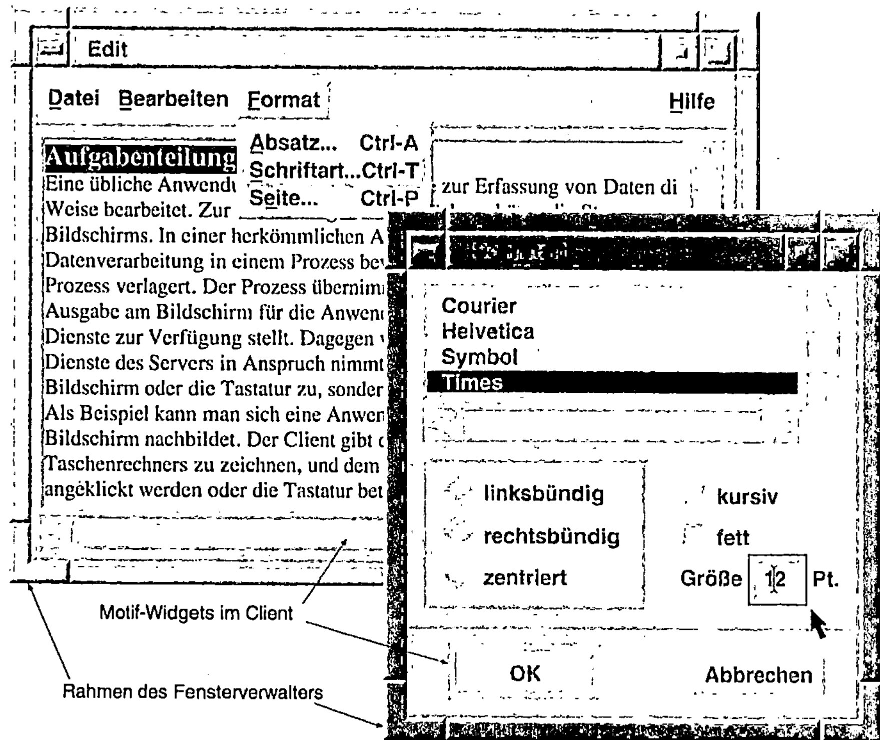

Abb. 3.6 Ein typischer Motif-Client. Ein Dialog zur Einstellung der Schriftart ist gerade ausgegeben worden. Auf dem Menü sind die Kurzbefehle für die Tastaturbedienung sichtbar. Der Aufbau dieses Dialoges erscheint in der nächsten Abbildung.

Es gibt jedoch zwei Optimierungen zur Tastaturbedienung von Motif-Oberflächen, die ein mühsames Hin und Her mit der Tab-Taste vermeiden. Zuerst können Menüs mit bestimmten Tastatureingaben aufgeklappt werden, egal welches Bedienelement gerade Fokus hat. Enthält die Menü-Überschrift einen unterstrichenen Buchstaben, so führt dieser zusammen mit der Alt-Taste gedrückt zum Aufklappen des entsprechenden Menüs. Weist eine Menüoption auch einen solchen Buchstaben auf, kann er anschließend ohne Alt-Taste eingegeben werden, um die Option zu selektieren.

Die zweite Optimierung ermöglicht die direkte Ausführung eines Befehls, ohne überhaupt auf ein Menü zuzugreifen. Unterstützt eine Menüoption eine solche Abkürzung, erscheint die Buchstabenkombination, die eingegeben werden muß, am rechten Ende der Optionsbeschriftung. Zusätzlich gibt es drei Standardabkürzungen, die in Dialogen benützt werden können: die Esc-Taste entspricht dem Abbruchknopf, der Zeilenschalter dem OK-Knopf und die F1-Taste dem Hilfeknopf.

Soweit zur Bedienung einzelner Motif-Fenster mit Maus und Tastatur. Während der Arbeit mit einem typischen Motif-Client tauchen jedoch immer wieder weitere Fenster auf. Man braucht dadurch nicht beunruhigt zu sein. Auf Grund von Über-

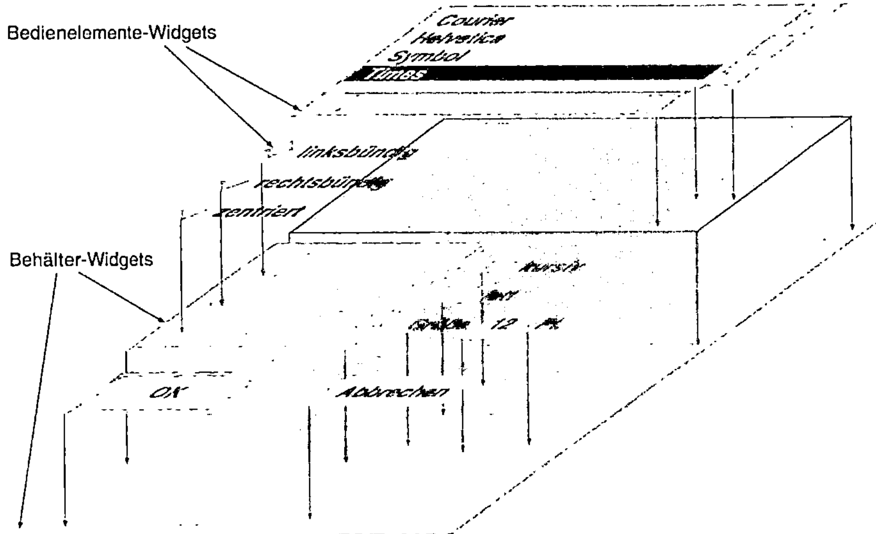

Abb. 3.7 Der hierarchische Aufbau eines Motif-Fensters. Die gesamte Fläche des Fensters wird mit einer Hierarchie von Bedienelementen und Behältern aufgebaut. Der unterste Behälter bildet den Hintergrund des Fensters und wird selbst in ein Shell-Widget eingesetzt (nicht abgebildet).

sichtlichkeit und aus Platzmangel werden nicht alle Komponenten in einer Motif-"Konsole" integriert, sondern in verschiedene, die je nach Bedarf dargestellt werden. Durch das nahtlose Zusammenspiel mit dem Motif-Fensterverwalter wird die Handhabung des X-Clients aufrechterhalten.

Aufbau

Der Umgang mit Motif-Bedienelementen wurde oben beschrieben, jetzt wird etwas genauer auf den Aufbau einer Motif-Oberfläche eingegangen. Jedes Bedienelement besteht aus einem Motif-Widget, das die Handhabung und das Aussehen des Elements bestimmt. Aber so wie alle Komponenten der Stereoanlage in einer Armatur eingebaut sind, treten auch die einzelnen Motif-Bedienelemente nicht isoliert auf, sondern sind in einem Behälter eingebettet, der den Hintergrund bildet. Diese Behälter sind ebenfalls Motif-Widgets, aber statt der Bedienung, dienen sie der Ausrichtung der enthaltenen Elemente. Ein Behälter-Widget deckt den gesamten Hintergrund eines Motif-Fensters ab und darauf werden die einzelnen Bedienelemente plaziert.

Gruppen von Elementen können zuerst in einen eigenen Behälter zusammengestellt werden, der anschließend in den untersten Behälter eingesetzt wird – diese Verschachtelung kann beliebig tief erfolgen. Auf diese Weise wird eine Hierarchie von Widgets aufgebaut, die den Inhalt eines Motif-Fensters darstellt. Man sollte versuchen, den Aufbau der abgebildeten Fenster nachzuvollziehen, da diese Kenntnisse bei der Anpassung eines X-Clients sehr hilfreich sind. Zum Beispiel werden die

Knöpfe der Menü-Überschriften zuerst in einen eigenen Behälter (die Menüleiste) gestellt, der anschließend in den Hintergrundbehälter eingesetzt wird.

Bevor das Thema des Aufbaus bis zur Client-Anpassung verlassen wird, werden noch zwei Kategorien von Widgets, nämlich fertige Dialoge und Shells, beschrieben. Die fertigen Dialoge sind Behälter, die schon mit bestimmten Bedienelementen gefüllt sind. Zum Beispiel gibt es ein Widget, um eine Nachricht am Monitor auszugeben. Ein solches Widget enthält wiederum ein Text-Widget zur Darstellung der Nachricht sowie Knöpfe zur Bestätigung durch den Anwender.

Der unterste Behälter eines Fensters (der Hintergrund) wird in ein Shell-Widget eingesetzt, das die besondere Aufgabe hat, mit dem Fensterverwalter zu kommunizieren. Zu diesem Zweck legt es ein X-Fenster im X-Server als Tochter des Root-Fensters an und belegt es mit Daten (Properties), die die Eigenschaften des Client-Fensters beschreiben. Die übrigen Widgets des Clients-Fensters legen weitere X-Fenster an, die alle von ihm abgeleitet sind. Zur Erinnerung, es sind nur die Töchter des Root-Fensters, die vom Fensterverwalter manipuliert und deren Properties abgelesen werden. Auf diese Weise ist automatisch die richtige Abstimmung zwischen der Behandlung eines Fensters durch den Fensterverwalter und der eigentlichen Art des Fensters gewährleistet.

3.6 Der X-Server

Der X-Server spielt dem Schein nach nur eine bescheidene Rolle und der unerfahrene Anwender ist sich seiner Existenz oft nicht bewußt. Gerade dies ist seine Leistung: alle Ein- und Ausgaben für X-Clients an einem Arbeitsplatz zu übernehmen, ohne daß man etwas davon bemerkt. Wegen seiner guten Tarnung hat man bis auf seinen Aufruf nur einen indirekten Kontakt zum X-Server durch die X-Clients.

Der X-Server ist aber ein normales Programm und befindet sich mit den X-Clients im Ordner */usr/bin/X11* unter dem Namen *X*. Er wird durch *xdm* oder *xinit* gestartet (siehe oben), und läuft immer auf dem Rechner, an dem der Bildschirm und die Tastatur angeschlossen sind. Der laufende X-Server reagiert nur noch auf Kommunikationen nach dem X-Protokoll durch X-Clients.

Die prominenten X-Clients, wie zum Beipiel der Fensterverwalter oder der Terminalemulator, nehmen in erster Linie die gestalterische Leistung des X-Servers in Anspruch. In diesem Abschnitt soll dagegen die unauffällige, aber dennoch wichtige Seite des X-Servers zum Vorschein gebracht werden, die ihren Gebrauch eher in der Einrichtung und Anpassung der X-Umgebung findet. Dadurch können verschiedene Standard-Clients (meist ohne grafische Oberfläche) entweder irgendwelche Informationen ausgeben oder das Verhalten des X-Servers auf eine bestimmte Weise beeinflussen.

Die angesprochenen Bereiche werden anschließend stichpunktartig mit den zugehörigen X-Clients (in Klammern) vorgestellt: Noch ist es nicht erforderlich deren Einsatz zu kennen, sie werden alle in späteren Kapiteln in konkreten Einsatzfällen beschrieben; hier geht es darum, die Kenntnisse der Zuständigkeit des X-Servers abzurunden.

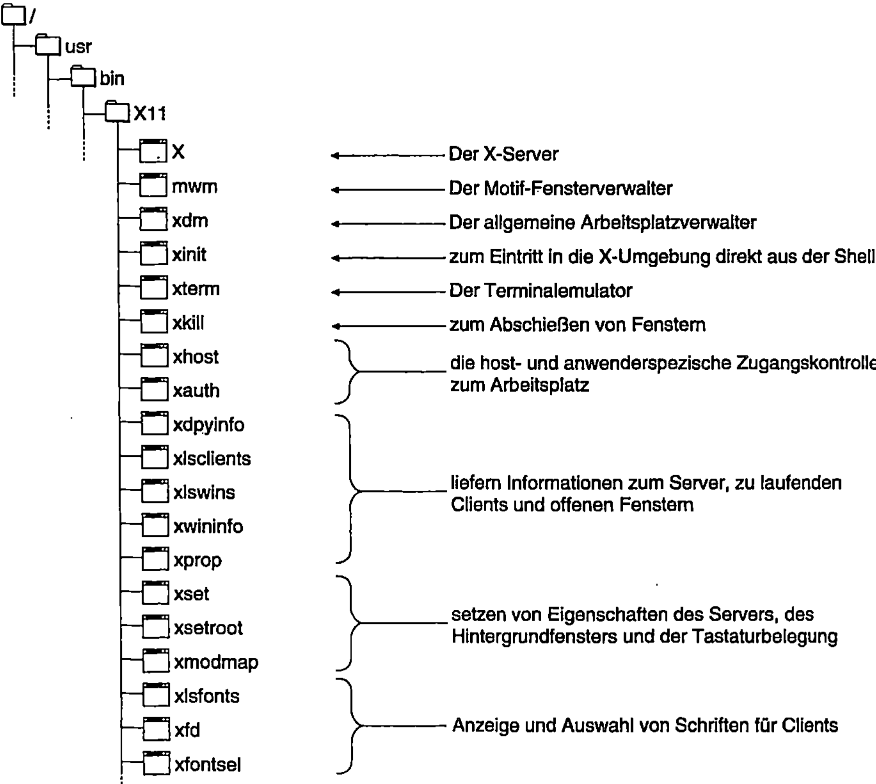

Abb. 3.8   Standard-Clients. Im Ordner */usr/bin/X11* befinden sich die Standard-Clients, die zu diversen Verwaltungsaufgaben oder zur Abfrage von bestimmten Informationen verwendet werden.

Display

Der X-Server stellt allgemeine Informationen über sich selbst und den Arbeitsplatz, z.B. Version oder Bildschirmgröße, zur Verfügung (*xdpyinfo*). Manche Eigenschaften, z.B. die Mausgeschwindigkeit oder die Farbe des Root-Fensters, können gesetzt werden (*xset, xsetroot*).

Fenster

Der X-Server verwaltet allgemein zugängliche Informationen über die kreierten X-Fenster, z.B. deren Größe und Position (*xlsclients, xlswins, xwininfo*). X-Clients können den Standard-Informationen noch eigene Daten in sogenannten Properties hinzufügen, auf die jeder X-Client durch den X-Server zugreifen kann. Dieses Prinzip wurde schon im Zusammenhang mit der Kommunikation zwischen X-Clients und dem Fensterverwalter erwähnt (*xprop*).

Tastatur

Der X-Server ist für die Behandlung der Zeicheneingabe zuständig und schirmt dabei den X-Client von den Details der angeschlossenen Tastatur ab. Bei Tastendruck teilt er einem X-Client nicht nur mit, welche Taste gedrückt wurde, sondern auch, welches Zeichen eigentlich damit gemeint ist. Um dies zu erreichen, besitzt der X-Server eine Zuordnung von Zeichen zu Tasten, die je nach Tastatur von einem X-Client umgestellt werden kann (*xmodmap*).

Schriftarten

Der X-Server verwaltet die Schriftarten, die bei der Zeichenausgabe verwendet werden. Die Schriften werden beim Start des X-Servers von Dateien, die kodierte Beschreibungen der einzelnen Zeichenformen enthalten, geladen (*xlsfonts*, *xfd*, *xfontsel*).

Sicherheit

Es liegt an der Offenheit und Flexibilität des X-Systems, daß ein X-Client auf alle X-Fenster an einem Arbeitsplatz zugreifen kann, auch wenn sie ihm nicht gehören. Dies führt aber zu Problemen, da er dabei Unheil anrichten könnte, indem er zum Beispiel Tastatureingaben abhört. Um diese Sicherheitslücke zu füllen, kontrolliert der X-Server die Verbindungsaufnahme eines X-Clients zum X-Server und lehnt diese unter Umständen ab. Die Verteilung von Zugangsberechtigungen wird vom X-Server anhand der Standard-Clients *xhost* und *xauth* gesteuert.

3.7 Zusammenfassung

Die Arbeitsumgebung unter X/Motif besteht aus mehreren wichtigen Komponenten, die in diesem Kapitel vorgestellt wurden. Während der X-Server alle Ein- und Ausgaben an einem Arbeitsplatz übernimmt, stellt der X-Client *xdm* eine Loginmaske dar, um den Zugang zum System zu kontrollieren. Nach einer erfolgreichen Anmeldung bedient sich der Anwender des Terminalemulators *xterm* oder des Fensterverwalters *mwm*, um weitere X-Clients zu starten. Während des gesamten Arbeitsganges steuert der Fensterverwalter *mwm* die räumliche Ordnung der verschiedenen X-Clients am Bildschirm.

4 Der Aufruf von X-Clients

4.1 Einführung

Dieses Kapitel befaßt sich in erster Linie mit dem Aufruf von X-Clients. Dieser Aufruf ist durch die Client-Entwicklung auf Basis des X-Toolkits vereinheitlicht worden, indem bestimmte Standardoptionen beim Aufruf jedes X-Clients unterstützt werden. Sie beeinflussen dessen Aussehen und Verhalten auf eine bestimmte Weise, z.B. legen sie eine alternative Farbe des X-Clients fest.

Der komplette Satz der Standardoptionen wird in Tabelle 4.1 zusammengefaßt. Von ihnen werden hier die drei nützlichsten, '-display', '-geometry' und '-font', detailliert besprochen: Sie ermöglichen die Umlenkung der Bedienung eines X-Clients auf einen anderen Arbeitsplatz sowie die Ausgabe des X-Clients mit einer bevorzugten Geometrie und die Verwendung einer bestimmten Schrift. Die übrigen Optionen lassen sich auf ähnliche Weise benutzen.

Weiterhin werden die administrativen Aufgaben zur Sicherheit und zur Schriftenumgebung behandelt, da sie die Voraussetzungen für den Erfolg der Standardoptionen verschaffen.

4.2 X-Client-Umlenkung

Die Netzfähigkeit bildet ein herausragendes Merkmal der X-Umgebung – einerseits kann auf besondere Mittel eines bestimmten Rechners von verschiedenen Arbeitsplätzen aus zugegriffen werden, z.B. könnten Datenerfassungsmasken für eine Datenbank, die nur auf einem bestimmten Rechner läuft, an verschiedenen anderen Arbeitsplätzen ausgegeben werden. Andererseits können die besonderen Mittel verschiedener Rechner an einem Arbeitsplatz konzentriert werden, z.B. wäre es möglich, von einem Arbeitsplatz aus das CAD/CAM-Programm eines Rechners und die Datenbank eines anderen zu steuern.

Die Vielfalt der Einsatzmöglichkeiten wird durch folgende Voraussetzungen ermöglicht: erstens die grundsätzliche Flexibilität, netzweit zu operieren, und zweitens die Sicherheitskontrollen, die den Mißbrauch verhindern.

Option mit Abbkürz.	Bedeutung	Beispiel
-background (bg)	Hintergrundfarbe, d.h. Widget-Fläche	-background blue
-foreground (fg)	Vordergrundfarbe, d.h. Widget-Schrift	-foreground red
-display	Bedienung auf einen Arbeitsplatz umlenken	-display idefix:0.0
-font (fn)	Schrift, die verwendet wird	-font "*courier*25*"
-geometry	Fensterbreite, -höhe und -position angeben	-geometry 100x200-10-10
-iconic	Zuerst ikonisiert darstellen	-iconic
-reverse (rv)	Verkehrtes Video	-reverse
-title	Beschriftung des Fensterrahmens	-title "Die Zeit"
-xnllanguage	Sprache	-xnllanguage De_DE
-name	Für den Zugriff auf Ressourcen	-name xclock_2
-xrm	Ressourcen direkt angeben	-xrm "xclock*foreground: pink"

Tab. 4.1 Standardoptionen. Durch ihren Aufbau auf Basis des X-Toolkits unterstützen Motif (u.a.) X-Clients bestimmte Standardoptionen, die hier aufgelistet sind. Abkürzungen sind mit Klammern versehen.

Flexibilität

Sind mehrere Arbeitsplätze an einem Netzwerk angeschlossen, können X-Clients auf einem Rechner gestartet, aber auch an einem anderen Arbeitsplatz bedient werden. Man sagt dazu, daß die Bedienung eines X-Clients auf einen anderen Arbeitsplatz umgelenkt wird. Diese Umlenkung ist besonders leicht zu erreichen, indem man den Arbeitsplatz, an dem der X-Client zu bedienen ist, als Option beim Aufruf des X-Clients wie folgt angibt:

$ *xclient* -display *Arbeitsplatz* &

Um den Arbeitzplatz genau zu bestimmen, setzt sich *Arbeitsplatz* wie eine Adresse aus verschiedenen Werten zusammen. In erster Linie muß der Rechner des Arbeitsplatzes angegeben werden. Für den Fall, daß mehrere Arbeitsplätze von ihm verwaltet werden, muß zusätzlich die Nummer des Arbeitsplatzes hinzugefügt werden, dabei wird der erste Arbeitsplatz mit 0 bezeichnet, der zweite mit 1 usw. Als letztes läßt sich noch eine Bildschirmnummer anhängen, falls mehrere Bildschirme an einem Arbeitsplatz (z.B. bei manchen CAD/CAM Systemen) vorhanden sind.

Die genaue Form der Rechnerangabe hängt von dem jeweiligen Netzwerk ab. Unter TCP/IP genügt der UNIX-Name des Rechners oder dessen Internetadresse, dagegen muß unter DECnet der DECnet-Knotenname an dessen Stelle angegeben werden. Um die beiden Fälle auseinander zu halten, wird die Rechnerangabe von der Arbeitsplatznummer mit einem Doppelpunkt bzw. einem doppelten Doppelpunkt getrennt:

$ *xclient* -display *Rechnername:Arbeitsplatznummer.Bildschirmnummer* &
$ *xclient* -display *Knotenname::Arbeitsplatznummer.Bildschirmnummer* &

Zum Beispiel:

```
$ hostname
obelix
$ xclock -display idefix:0.1 &
$ xterm -display teefix:0 &
```

Im ersten Beispiel wird eine Uhr, deren X-Client *xclock* lokal auf *obelix* läuft, am zweiten Bildschirm des ersten Arbeitsplatzes auf dem Rechner *idefix* ausgegeben. Mit der zweiten Zeile wird ein Terminalemulator am ersten Bildschirm des ersten Arbeitsplatzes auf dem Rechner *teefix* ausgegeben – ist keine Bildschirmnummer angegeben, so wird der erste genommen. Dabei ist zu beachten, daß ein Terminalemulator ein Terminal des Rechners emuliert, auf dem er gestartet wurde; das heißt, obwohl die Bedienung des Emulators auf *teefix* umgelenkt wird, emuliert *xterm* ein Terminal des lokalen Rechners *obelix*.

Die Mühelosigkeit der Umlenkung liegt an der netzübergreifenden Aufteilung eines X-Programms in X-Server und X-Client, die im Kapitel 2 besprochen wurde. An jedem X-Arbeitsplatz in einem Netzwerk läuft ein X-Server, der auf die Verbindungsaufnahme eines X-Clients wartet und anschließend die Ein- und Ausgabe an dem jeweiligen Arbeitsplatz für ihn übernimmt. Ein aufgerufener X-Client verwendet die '-display' Angabe, um den X-Server eines angegebenen Arbeitsplatzes im Netzwerk zu finden, dem er anschließend die Ein- und Ausgabeverwaltung überläßt.

In der Praxis kommt es eher selten vor, daß man einen X-Client lokal startet, um ihn an einem anderen Arbeitsplatz zu bedienen. Überwiegend startet man einen fernen X-Client, den man am eigenen Arbeitsplatz bedient. Um diese Umkehrung zu erreichen, werden normale UNIX-Befehle verwendet, mit deren Hilfe der X-Client am fernen Rechner gestartet wird, ohne den eigenen Arbeitsplatz zu verlassen. Im folgenden Beispiel werden *xclock* und *xterm* mittels *rsh*-Aufruf, der einen Befehl auf einem fernen Rechner ausführt, auf den Rechnern *idefix* bzw. *teefix* gestartet und deren Bedienung wird auf den eigenen Arbeitsplatz *obelix* umgelenkt.

```
$ hostname
obelix
$ rsh idefix /usr/bin/X11/xclock -display obelix:0 &
$ rsh teefix /usr/bin/X11/xterm -display obelix:0 &
```

Anstatt *rsh* zu verwenden, kann man sich genausogut mit *telnet* oder *rlogin* am fernen Rechner anmelden und von der fernen Shell aus einen X-Client starten:

```
$ hostname
obelix
$ rlogin idefix
$ xclock -display obelix:0 &
$ exit
$ rlogin teefix
$ xterm -display obelix:0 &
```

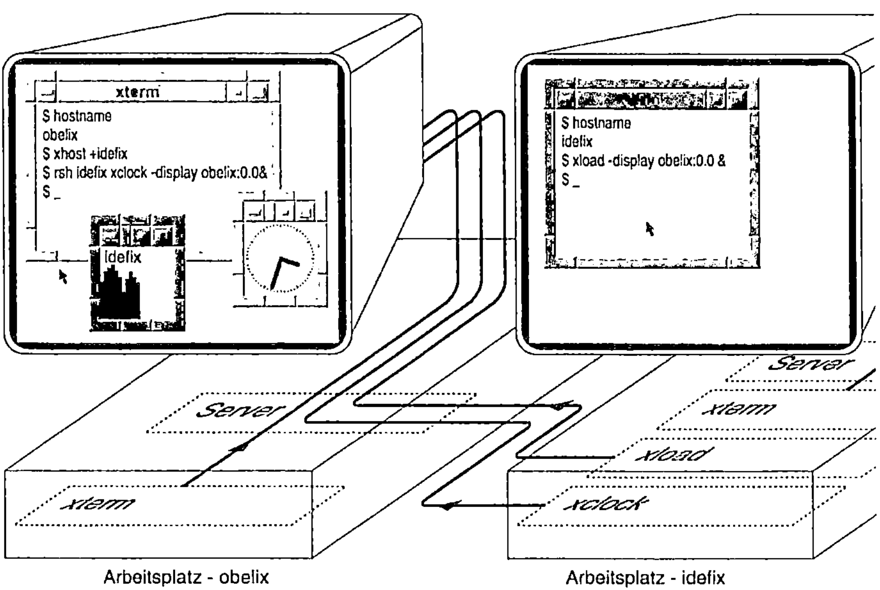

Abb. 4.1   Die Bedienungsumlenkung unter X. Die Abbildung zeigt wie zwei X-Clients, *xclock* und *xload*, auf einem Rechner (*idefix*) laufen und auf einem anderen Rechner (*obelix*) bedient werden. *xload* wurde direkt auf *idefix* gestartet, dagegen wurde *xclock* indirekt mittels *rsh* von *obelix* aus aufgerufen.

Ein letzter Punkt zum Thema Umlenkung: Wenn ein Arbeitsplatz beim Aufruf eines X-Clients nicht explizit angegeben wird, bestimmt die UNIX-Variable 'DIS-PLAY' den Arbeitsplatz. Auf diese Weise kann etwas Arbeit erspart werden, indem man die Variable auf den eigenen Arbeitsplatz setzt, damit entfällt die zusätzliche Angabe in der Kommandozeile bei jedem Aufruf:

```
$ hostname
obelix
$ rlogin idefix
$ DISPLAY=obelix:0
$ export $DISPLAY
$ xterm&
```

Sicherheitskontrollen

Der aufmerksame Leser wird schon an dieser Stelle merken, daß eine potentielle Sicherheitslücke durch diesen netzweiten Einsatz von X entsteht. Fremde X-Clients könnten unerwünschte Fenster am eigenen Arbeitsplatz ausgeben, oder noch schlimmer, sie könnten durch die Offenheit des X-Systems auf X-Fenster zugreifen, die ihnen nicht gehören und auf diese Weise Tastatureingaben oder Paßworte abhören.

Um diesen Mißbrauch zu verhindern, kontrolliert der X-Server die Verbindungsaufnahme eines X-Clients zum X-Server und lehnt diese unter Umständen ab. Diese Kontrollen aber stehen unter Umständen dem reibungslosen Ablauf der letzten Beispiele im Weg.

Als erste Sicherheitshürde gestattet der X-Server einem X-Client die Verbindungsaufnahme nur dann, wenn der X-Client auf dem gleichen Rechner läuft oder wenn der X-Client-Rechner in der Datei */etc/Xn.hosts* auf dem X-Serverrechner eingetragen ist (*'n'* steht für die jeweilige Arbeitsplatznummer). Der X-Server kann aber vom lokalen X-Client *xhost* angewiesen werden, den Zugriff von X-Clients auf weitere Rechner wie folgt zuzulassen:

```
$ hostname
obelix
$ xhost +idefix                    # erlaubt idefix den Zugriff
$ xhost +                          # erlaubt jedem Rechner den Zugriff
$ xhost -teefix                    # verweigert teefix den Zugriff
```

Die Schwäche dieses Verfahrens besteht darin, daß beliebige Anwender auf dem lokalen oder den zugelassenen fernen Rechnern auch noch Zugriff auf den X-Server haben, da die Zugriffsberechtigung lediglich rechnerbezogen vorgenommen wird. Ist dies nicht vertretbar, kann auf manchen Systemen eine strengere Kontrolle eingeschaltet werden, die anmeldungsbezogen ist und aus der Zusammenarbeit zwischen *xdm* und dem X-Server erfolgt[1]. Nach einer erfolgreichen Anmeldung überträgt *xdm* dem X-Server einen kodierten Schlüssel und legt ihn gleichzeitig in der Datei *.Xauthority* im Heimatverzeichnis des Anwenders ab. Startet der Anwender einen X-Client, so muß der X-Client den Schlüssel der Datei *.Xauthority* entnehmen und ihn dem X-Server übertragen. Dies bildet für X-Clients des angemeldeten Anwenders kein Hindernis, aber andere können nicht darauf zugreifen, da nur der angemeldete Anwender Lesezugriff auf die Datei hat. Er kann aber den Schlüssel anhand des Hilfsprogramms *xauth* nach Bedarf mit dem folgenden, etwas komplizierten Befehl verbreiten:

```
$ xauth extract - obelix:0 | rsh idefix xauth merge -
```

In der ersten Hälfte des Befehls wird der Schlüssel aus der eigenen *.Xauthority*-Datei gelesen und an die zweite Hälfte des Befehls weitergeleitet. Dieser Teil überträgt den Schlüssel dem Rechner *idefix* und fügt ihn in die *.Xauthority* unter der gleichen Kennung am fernen Rechner ein. Der Anwender kann anschließend X-Clients auf *idefix* starten und lokal bedienen, da sie den Schlüssel aus der früher angelegten Datei lesen können. Das gleiche Verfahren wird angewendet, um einem anderen Anwender die Berechtigung zu geben, die Bedienung eines X-Clients auf den eigenen Arbeitsplatz umzulenken:

```
$ xauth extract - obelix:0 | rsh ulrike@idefix xauth merge -
```

Auf diese Weise wird das UNIX-Dateisystem verwendet, um einem unerwünschten Anwender den Zugriff auf den X-Server zu verweigern.

---

[1] Das Aktivieren dieser Kontrolle wird im Kapitel 9 beschrieben.

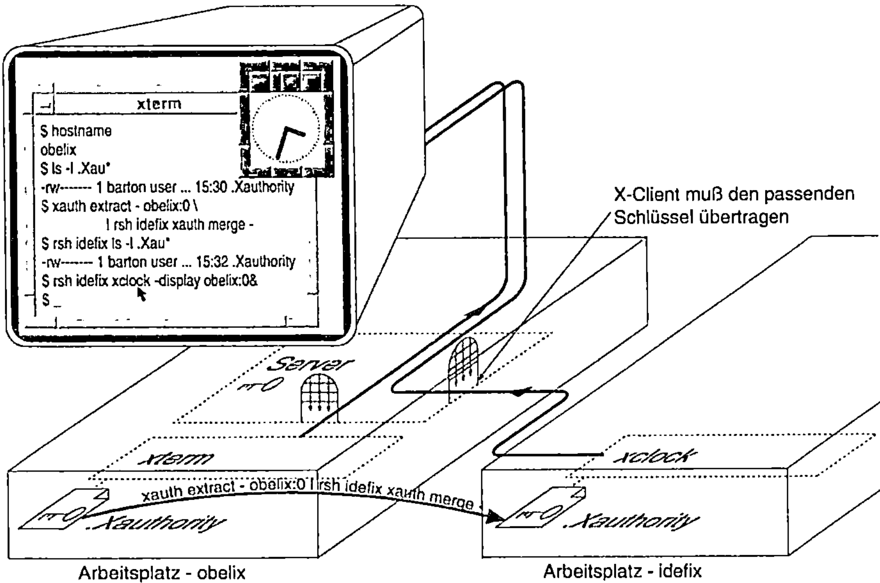

Abb. 4.2 Anwenderzugangskontrolle. Nach einer erfolgreichen Anmeldung erhält der Anwender einen Schlüssel (.*Xauthority*), den ein X-Client besitzen muß, um Zugang zum X-Server zu erlangen. Anschließend wird *xauth* verwendet, um einem fernen Anwender den Schlüssel zu überreichen.

4.3 X-Client-Geometrie

Der letzte Abschnitt beschrieb unter anderem, wie ein X-Client an einem ausgewählten Bildschirm ausgegeben wird. Dieser Abschnitt behandelt die Ausgabe eines X-Clients an einer bestimmten Stelle des Bildschirms. Die folgende Standardoption kann bei jedem X-Client angegeben werden, um die anfängliche Größe und Position des Client-Fensters festzulegen:

```
$ xclient -geometry BreitexHöhe±Posx±Posy
```

Die Breite und Höhe wird bei den meisten X-Clients in Pixeln angegeben, *xterm* bildet hier eine wichtige Ausnahme, da er die Breite in Zeichen und die Höhe in Zeilen erwartet. Die Angaben zur Position erfolgen aber immer in Pixeln – positive Zahlen beziehen sich auf den Abstand der linken oder oberen Seite des Fensters zum linken bzw. oberen Rand des Bildschirms. Dagegen beziehen sich negative Zahlen auf den Abstand der rechten oder unteren Fensterseite zum rechten bzw. unteren Rand des Bildschirms. Diese Semantik erleichtert Bestimmungen wie 'links-oben' (+0+0), 'rechts-oben' (-0+0), 'rechts-unten' (-0-0) usw. Das folgende Beispiel zeigt den typischen Einsatz:

```
$ xcalc -geometry 200x150 &        # Position egal
$ xcalc -geometry -20+30 &         # Größe egal
```

Die Angabe der Geometrie kann durch den Standard-X-Client *xwininfo* erleichtert werden, wenn man die folgende Methode verwendet: Ein X-Client wird zuerst ohne Geometrieangabe gestartet und mit seinem Fensterrahmen zu einer bevorzugten Position und Größe verschoben. Anschließend wendet man *xwininfo* auf das Fenster an und entnimmt die Position und Größe den zahlreichen Informationen, die er liefert. Diese lassen sich in zukünftigen Geometrieangaben einsetzen, um die gleiche Position zu erreichen:

```
$ xcalc&                          # Position ablesen
$ xwininfo
...
        ==> Absolute upper-left X: 43
        ==> Absolute upper-left Y: 598
        ==> Width: 236
        ==> Height: 123
...
$ xcalc -geometry 236x123+43+598 &
```

Falls der X-Client nicht genau an der richtigen Stelle erscheint, liegt dies daran, daß, obwohl die Ausgaben von *xwininfo* sich auf das eigentliche Client-Fenster beziehen, der Fensterverwalter die Geometrieangabe als die erwünschte Position des Fensterrahmens interpretiert. Man muß deshalb die Rahmenbreite (12 bzw. 29 Pixeln) von den Angaben zur Position des Fensters abziehen.

Die Umsetzung der Geometrieoption ist nicht ganz so einfach, da nicht der X-Client selbst, sondern der Fensterverwalter (*mwm*) für die Geometrie eines Fensters zuständig ist. Um diesem Problem zu begegnen, fügt der X-Client Informationen, darunter die angegebene Geometrie, den bestehenden (unsichtbaren) Eigenschaften des Fensters in Form von Properties hinzu. Auf die gemeinsamen Informationen greift der Fensterverwalter zu, um die erwünschten Eigenschaften des X-Clients zu erfahren. Auch *xwininfo* bereitet seine Ausgaben auf Basis dieser öffentlichen Daten vor. Die bloßen Properties können mit dem Standard-X-Client *xprop* beobachtet werden.

4.4 X-Client-Schrift

Wie in grafischen Systemen gewohnt, können X-Clients Texte in verschiedenen Typen und Größen oder *Schriften* darstellen. Eine Besonderheit des X-Systems ist, daß die Schrift, die ein X-Client verwendet, bei dessen Aufruf ausgewählt werden kann. Diese Auswahl, deren Handhabung etwas zu wünschen übrig läßt, wird hier besprochen. Anschließend wird auf die Umgebung, in der die verfügbaren Schriften gespeichert werden, kurz eingegangen.

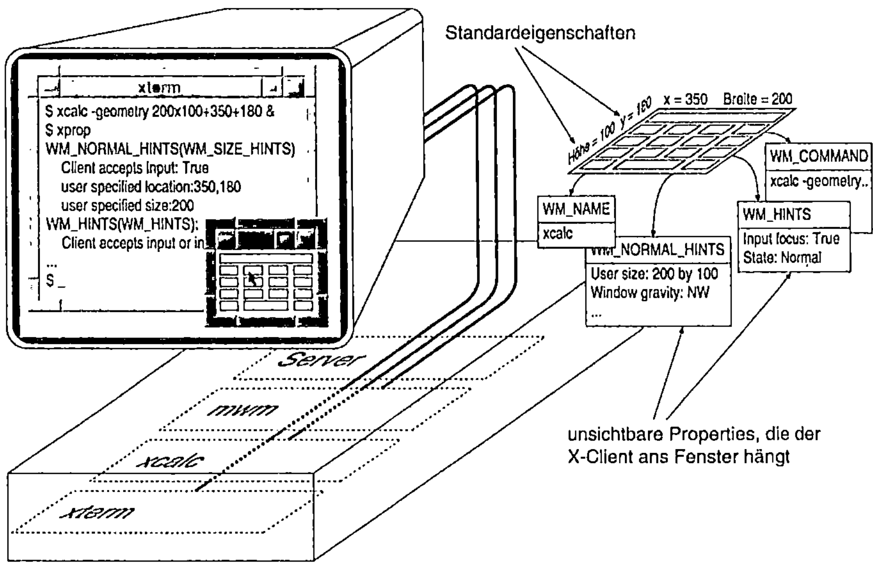

Abb. 4.3 Fenstergeometrie. Zu den Standardeigenschaften eines Fensters fügt der X-Client weitere Daten (Properties) hinzu. Auf die gemeinsamen Informationen greift *mwm* zu, um die Position und Gestaltung des Fensterrahmens zu bestimmen.

X-Client-Schrift setzen

Die Schrift, die ein X-Client verwendet, läßt sich bei den meisten X-Clients mit der folgenden Standardoption beim Aufruf setzen:

$ *xclient* -font *schriftname* &

Dabei wird *schriftname* unter den installierten Schriften ausgewählt und man bestimmt damit gleich alle Eigenschaften der Textdarstellung – Schriftfamilie, Größe, Stärke usw. Die verfügbaren Schriften können mit dem Standard-Client *xlsfonts* aufgelistet werden. Die ausgegebene Liste ist normalerweise umfangreich (mehrere hundert Schriften), da jede Kombination von Familie, Größe oder Stärke eine weitere Schrift bildet:

$ xlsfonts
...
-adobe-times-bold-r-normal--25-180-100-100-p-132-iso8859-1
-adobe-times-bold-r-normal--34-240-100-100-p-177-iso8859-1
-adobe-times-medium-i-normal--11-80-100-100-p-52-iso8859-1
...

Die Schriftnamen sind ziemlich lang, weil sie aus den einzelnen Eigenschaften der Schriften gebildet werden. Die genaue Zusammenstellung wird in Abb. 4.4 gezeigt. Nach diesen zusammengesetzten Namen erscheinen weitere Decknamen (wie 'fixed' oder 'variable') für häufig auftretende Schriften, um deren Bezeichnung abzukürzen.

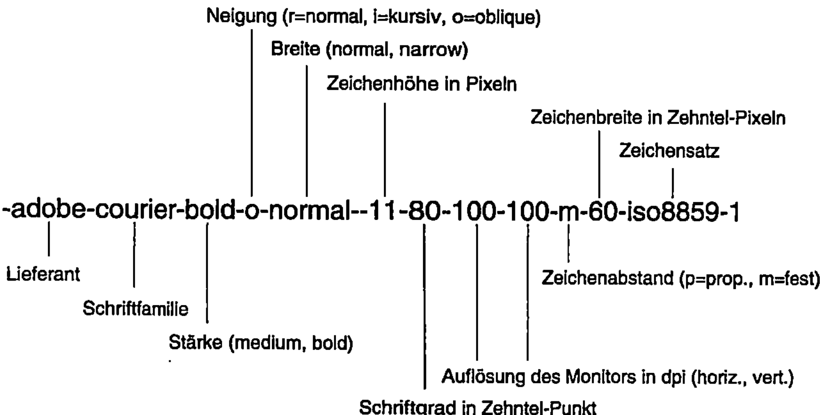

Abb. 4.4 Schriftnamen. Ein Schriftname setzt sich aus den verschiedenen Eigenschaften der Schrift zusammen. Darunter befinden sich nicht nur die Familie z.B. Courier, sondern auch Größe und Auflösung der Schrift.

Um die Angabe eines Schriftnamens zu erleichtern, muß der Name nicht in seinem vollen Umfang ausgeschrieben werden. Entweder gibt man einen vorhandenen Decknamen an, oder man ersetzt bestimmte Komponenten des Namens mit Jokerzeichen. Das folgende Beispiel demonstriert den Aufruf von Terminalemulatoren mit Decknamen, Schriftnamen und Jokerzeichen, dabei muß das Jokerzeichen mit Hochkomma vor der Interpretierung der Shell geschützt werden:

```
$ xterm -font fixed &
$ xterm -font -adobe-courier-bold-o-normal--25-180-100-100-m-150-iso8859-1 &
$ xterm -font "*courier-bold-o*25*" &
```

Die Spezifizierung eines Schriftnamens mit Jokerzeichen führt nicht immer zum erwünschten Ergebnis, da das angegebene Muster einfach mit allen vorhandenen Schriftnamen nach Zeichen verglichen, und die erste passende Schrift genommen wird. An dieser Stelle hilft der Standard-Client *xfontsel*, der Schriften darstellt und der dazu verwendet wird, eine Schrift auszuwählen. Hier können die einzelnen Eigenschaften einer Schrift bestimmt und deren Auswirkung auf das Aussehen eines Textes beobachtet werden. Wenn man eine geeignete Schrift gefunden hat, kann der Schriftname aus *xfontsel* kopiert und beim Aufruf eines anderen X-Clients angegeben werden. Eine detaillierte Beschreibung von *xfontsel* befindet sich in der Standarddokumentation von X.

Schriftenumgebung

Bis jetzt wurden Schriften nur in Bezug auf X-Clients besprochen. Aber wie so oft liegt eigentlich der X-Server dem Verfahren zu Grunde – ihm wird die Behandlung der Schriften vom X-Client völlig überlassen. Der X-Client beschränkt sich lediglich darauf, dem X-Server den Schriftnamen, der beim Aufruf angegeben wurde, weiterzuleiten, er selbst hat jedoch keinen direkten Kontakt zu den Schriften. Dagegen sucht der X-Server die passende Schrift im lokalen Dateisystem aus und

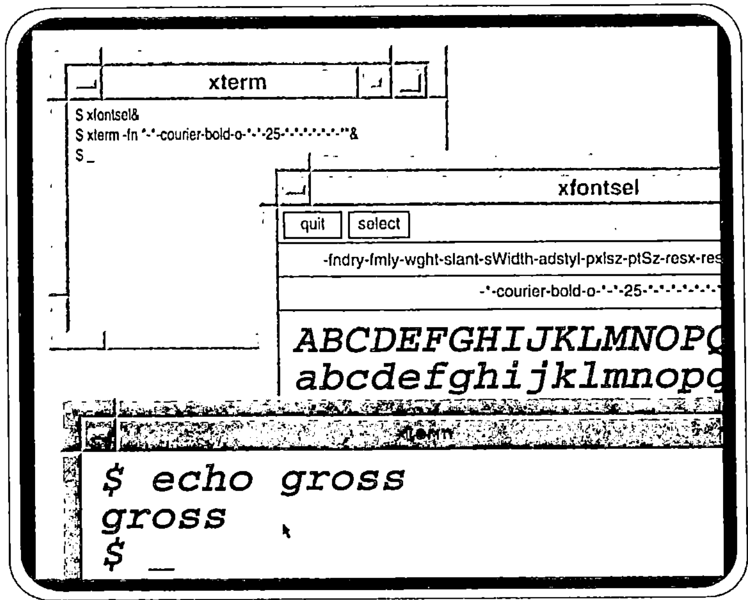

Abb. 4.5 Die Angabe einer Client-Schrift. Die Schrift, die ein X-Client verwendet, wird mit der Option "-fn" angegeben. Hier wird der Standard-X-Client *xfontsel* eingesetzt, um die Auswahl einer Schrift zu erleichtern.

zeigt die Texte dementsprechend an. Die nächsten Absätze befassen sich zuerst mit der Substanz einer einzelnen Schrift und dann mit der gesamten Schriftenumgebung im Dateisystem, auf die der X-Server zugreift.

Das eigentliche Wesen einer Schrift ist ein Satz Bildchen (Bitmaps), die das genaue Aussehen der einzelnen Zeichen des Alphabets in einer bestimmten Größe und Stärke vorgeben. Jeder Satz ist mit einem server-spezifischen Format in einer Datei mit der Endung '.snf' gespeichert. Dieses Format erlaubt dem X-Server die Bitmaps nach Bedarf aus der Datei zu lesen, um anschließend einen Text mit den einzelnen Buchstaben zu gestalten.

Die einzelnen Schriften (Dateien) werden in bestimmten Ordnern des lokalen Dateisystems gesammelt – meistens werden sie nach deren Auflösung in den Ordnern */usr/lib/X11/fonts/100dpi, 75dpi* und *misc* eingeordnet, aber weitere Ordner können noch hinzugefügt werden. Die Ablageorte werden normalerweise beim Start des X-Servers als Option angegeben, aber sie können jederzeit, z.B. nach Hinzufügung eines neuen Ordners, mit dem folgenden Befehl dem X-Server bekannt gemacht werden:

```
$ xset fp /usr/lib/X11/fonts/misc,/usr/lib/X11/fonts/100dpi,/usr/lib/X11/fonts/75dpi
```

Dabei wird der sogenannte *Schriftpfad* des X-Servers gesetzt, den der X-Server durchsucht, um eine Schrift zu finden. Die Suche wird für ihn erschwert, da er ja den symbolischen Schriftnamen vom X-Client erhält, der aber durch seine Länge nicht gleichzeitig als Dateiname der Schrift agieren kann. Dieses Problem wird jedoch

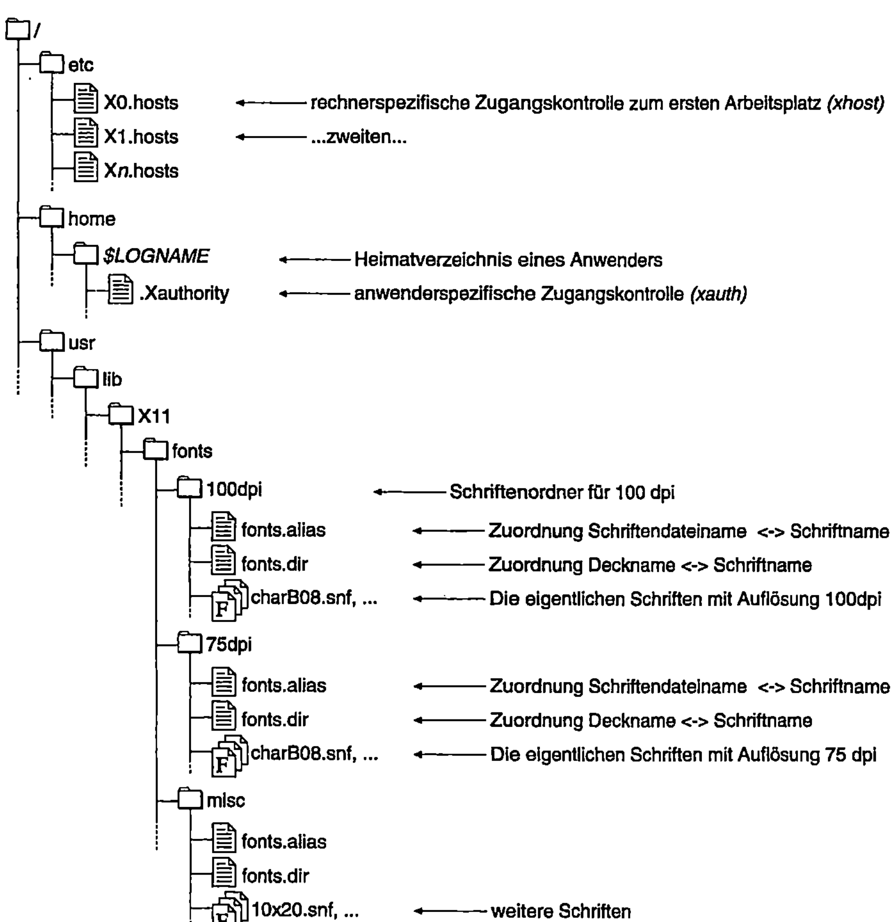

Abb. 4.6 Die Schriftenumgebung. Schriften werden als Dateien (.snf) in Schriftenordnern gespeichert. Jeder Schriftenordner enthält die Dateien *fonts.dir* und *fonts.alias*, die dem X-Server die Suche nach einer Schrift anhand des Schriftnamens ermöglichen.

durch zwei Dateien *fonts.dir* und *fonts.alias*, die sich in jedem Schriftenordner befinden, gelöst. Sie enthalten nämlich die Zuordnung der Schriftdateien bzw. Decknamen zu den symbolischen Schriftnamen für den X-Server. Das folgende Beispiel zeigt Ausschnitte aus diesen Dateien, dabei wird auch ersichtlich, daß die Schrift, die in Abb. 4.5 verwendet wird, in der Datei *courBO18.snf* abgelegt ist und mit dem Decknamen *xtermbig* angegeben werden kann:

```
$ pwd
/usr/lib/X11/fonts/100dpi
$ cat fonts.dir

...

courBO18.snf -adobe-courier-bold-o-normal--25-180-100-100-m-150-iso8859-1

...

$ cat fonts.alias

...

xtermbig -adobe-courier-bold-o-normal--25-180-100-100-m-150-iso8859-1

...
```

Um die Auswahl an Decknamen zu erweitern, kann die Datei *fonts.alias* immer direkt editiert werden. Um die Auswahl an Schriften zu verändern, werden Schriftdateien einem Schriftenordner entweder neu hinzugefügt oder aus ihm entfernt. Das Programm *mkfontdir* muß anschließend im jeweiligen Schriftenordner aufgerufen werden, um die Datei *fonts.dir* auf den neuesten Stand zu bringen. Dabei übersetzt *mkfontdir* Schriften in das Format des X-Servers (.snf), falls sich welche in einem alternativen Format befinden. Solche Änderungen werden normalerweise erst beim nächsten Aufruf des X-Servers wirksam, da der X-Server auf Basis einer eigenen (veralteten) Kopie der Dateien handelt, die beim Aufruf des X-Servers geladen wird. Der folgende Befehl weist den X-Server an, die Dateien neu einzulesen, damit vorgenommene Änderungen sofort wirksam werden:

```
$ xset fp rehash
```

4.5 Zusammenfassung

Dieses Kapitel stellte die Standardoptionen '-display', '-geometry' und '-font', die beim Aufruf von jedem X-Client angegeben werden können, vor. Sie bestimmen jeweils an welchem Arbeitsplatz, mit welcher Geometrie und mit welcher Schrift ein X-Client dargestellt wird. Um die wesentlichen Punkte zusammenzufassen, wendet das letzte Beispiel alle drei Optionen an:

```
$ rsh idefix xterm -display obelix:0 -geometry 40x10-0+0 -font "*courier-bold-o*25*" &
```

Dieser Befehl läßt *xterm* am fernen Rechner *idefix* laufen, aber am lokalen Rechner *obelix* bedienen, dabei erscheint der Emulator gleich rechts oben am Bildschirm und verwendet eine große Courier-Schrift.

Diese Optionen bilden nur eine Untermenge der unterstützten Standardoptionen – der komplette Satz wurde in Tabelle 4.1 gezeigt – hinzu kommen noch client-spezifische Optionen, die in der X-Client-Dokumentation beschrieben sind.

5 Die Anpassung von X-Clients

5.1 Einführung

Im letzten Kapitel wurde eines der wichtigsten Merkmale des X-Systems beschrieben, nämlich wie die Bedienung eines X-Clients auf einen fernen Arbeitsplatz umgelenkt wird. Aber gerade in dieser Flexibilität liegt auch ein neuartiges Problem, denn der gleiche X-Client kann einmal auf einem kleinen schwarzweißen Monitor und als nächstes vielleicht auf einem großen farbigen Bildschirm ausgegeben werden. Wie kann man den X-Client nun den jeweiligen Umständen so anpassen, daß man immer eine optimale Oberfläche erhält? Schon mit den einfachen Optionen des letzten Kapitels ist es durch die Zeilenlänge klar geworden, daß die Kommandozeile sich nur für einmalige, bescheidene Anpassungen eignet.

Um dieses Problem zu lösen, gibt es ein neues, allgemeines Verfahren, mit dem dauerhafte Änderungen am Aussehen und am Verhalten von X-Clients vorgenommen werden können. Diesem sogenannten *Ressourcenverfahren* liegt das X-Toolkit zugrunde. Das X-Toolkit vereinheitlicht also nicht nur die Oberfläche und den Aufruf eines X-Clients, sondern auch dessen Anpassung. Der Mechanismus mag in der Theorie ziemlich kompliziert erscheinen, ist aber in der praktischen Handhabung, zumindest im üblichen Umfang, unproblematisch. Das Ressourcenverfahren ist eine sehr weit verbreitete Einrichtung in der X-Umgebung und wird zur Einstellung von fast jedem X-Client verwendet: vom Fensterverwalter *mwm* bis zum Anmeldungsverwalter *xdm*.

Hier werden die wichtigsten Grundzüge des Ressourcenverfahrens, die für die Anpassung der eigenen Arbeitsumgebung erforderlich sind, vorgestellt.

5.2 Überblick

Ein X-Client holt sich Einstellungen aus drei Hauptquellen seiner Umgebung. Sie alle bieten Möglichkeiten, sein Aussehen und sein Verhalten zu beeinflussen. Die erste Quelle ist die Kommandozeile, die im letzten Kapitel besprochen wurde. Die zweite Quelle bilden Dateien, die Einstellungen enthalten und vom X-Client gelesen werden. Diese Einstellungen und deren Dateien werden Ressourcen bzw. Ressourcendateien genannt. Und schließlich werden Einstellungen vom X-Server

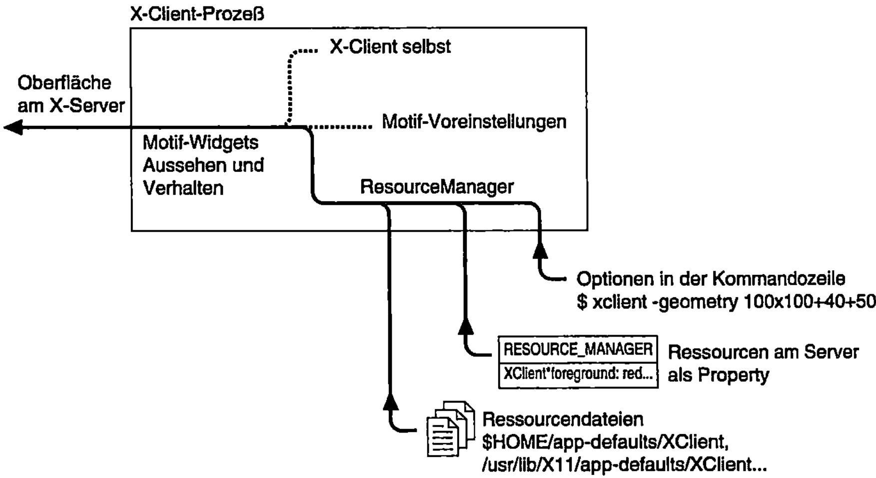

Abb. 5.1 Konfigurationsquellen I. Ein X-Client greift auf drei Informationsquellen seiner Umgebung zu, um erwünschte Vorgabewerte für seine Oberfläche zu erfahren. Zum einen liest er Ressourcen in lokalen Dateien und am X-Server, zum anderen interpretiert er die Optionen, die in der Kommandozeile angegeben wurden.

geholt – sie sind auch Ressourcen, nur werden sie in einer Property am X-Server, statt in einer Datei beim X-Client gelagert.

Bevor auf den gesamten Umfang des Ressourcensystems eingegangen wird, soll hier ein einfaches Beispiel vorgestellt werden, das ein Gefühl für das Verfahren vermittelt und an die Beispiele des letzten Kapitels anknüpft:

```
$ cd
$ cat .Xdefaults
...
xterm*geometry:     40x10-0+0
xterm.vt100.font:   *courier-bold-o*25*
...
$ xterm&
```

In dieser Befehlsfolge wird ein Terminalemulator durch die Einstellungen oder Ressourcen der Datei *.Xdefaults* mit einer bestimmten Geometrie und einer großen Courier-Schrift am Arbeitsplatz dargestellt. Die Datei befindet sich im Heimatverzeichnis des Benutzers und wird nicht explizit angegeben, sondern gehört zu den Standard-Ressourcendateien, die von allen X-Clients nach Einstellungen, die sie betreffen, durchsucht werden. Das gleiche Ergebnis hätte man in diesem Fall anhand der Optionen '-geometry' und '-font' beim Aufruf erreicht. Grundsätzlich aber unterscheiden sich die zwei Verfahren in zwei Hinsichten. Erstens eignet sich das Ressourcenverfahren besser für Änderungen, die bei jedem Aufruf erwünscht sind, da sie nur einmal erfaßt werden müssen; dagegen gibt man einmalige Wünsche als Optionen beim Aufruf eines X-Clients an. Der zweite Unterschied wird im Laufe des Kapitels deutlich: Das Ressourcenverfahren überragt nämlich sein Gegenstück auf der Kommandozeile bei weitem im Umfang.

Die Ressourcen dieses Beispiels haben eine einfache und auch typische Form, die allerdings nicht das ganze Ausmaß des Verfahrens deutlich macht. Immerhin ist offensichtlich, daß jede Ressource aus der zu setzenden Eigenschaft und dem Wert, den sie annimmt, zusammengestellt wird. Die Erläuterung dieses Verfahrens wird hier in vier Themen aufgegliedert. Als erstes wird der zugrundeliegende Mechanismus beschrieben. Die restlichen drei Themen befassen sich mit dessen praktischen Einsatz. Als zweites wird gezeigt, wie Informationen über einem X-Client gesammelt werden, um Ressourcen zusammenzustellen, die gezielt auf ausgewählte Elemente des X-Clients wirken. Drittens werden die wichtigsten Eigenschaften, die sich mittels Ressourcen einstellen lassen, anhand von konkreten Beispielen vorgestellt. Und viertens wird auf die diversen Ablageorte für Ressourcen eingegangen – zusammen bilden sie nämlich die Ressourcenumgebung eines X-Clients.

5.3 Mechanismus

Der Drehpunkt des Ressourcenverfahrens liegt im Aufbau einer Client-Oberfläche auf der Basis von Widgets. Zur Erinnerung: die gesamte Oberfläche wird durch eine Hierarchie von Behälter- und Bedienelement-Widgets zusammengestellt (siehe Abb. 3.7). Die Widgets weisen, je nach Art oder Klasse, bestimmte Eigenschaften auf, wie zum Beispiel Farbe, Größe oder Beschriftung (siehe Abb. 2.4). Es sind gerade diese Eigenschaften der einzelnen Widgets, die sich durch Ressourcen einstellen lassen. Wird ein Widget kreiert, so wird automatisch nach Ressourcen, die sich auf das Widget beziehen, gesucht, und das Aussehen dementsprechend angepaßt. Die erste Ressource im oberen Beispiel hat eine besonders lockere Form, sie bezieht sich durch das Jokerzeichen '*' auf alle Widgets in einem X-Client. Dagegen demonstriert die zweite, wie Ressourcen verfeinert werden können, um Einstellungen für ein ganz bestimmtes Widget (hier 'vt100') zu definieren. In beiden Fällen gilt, daß bei der Zusammenstellung einer Ressource eine gewisse Menge von Widgets und die erwünschte Änderung identifiziert werden müssen. Im folgenden wird zuerst die genaue Form besprochen und dann die Rückführung zur offenen Form.

Genaue Spezifikation

Jedes Widget in einem X-Client hat einen client-spezifischen Namen, der vom Entwickler nach Belieben fest im X-Client programmiert ist, z.B. nennt er einen Bestätigungsknopf 'okButton'. Dieser Name wird in einer Ressource verwendet, um dem Widget eine Änderung mitzuteilen. Nur genügt dies nicht in jedem Fall, um das Widget von anderen gleichnamigen Widgets, die vielleicht an anderen Stellen im X-Client auftreten, zu unterscheiden. Um dieses Problem zu lösen, wird seinem Namen seine Position in der Hierarchie des X-Clients hinzugefügt und zwar in Form eines Pfades. Angefangen vom untersten Widget der Hierarchie, wird zum eigentlichen Widget hochgestiegen, dabei werden die Namen der durchstiegenen Behälter

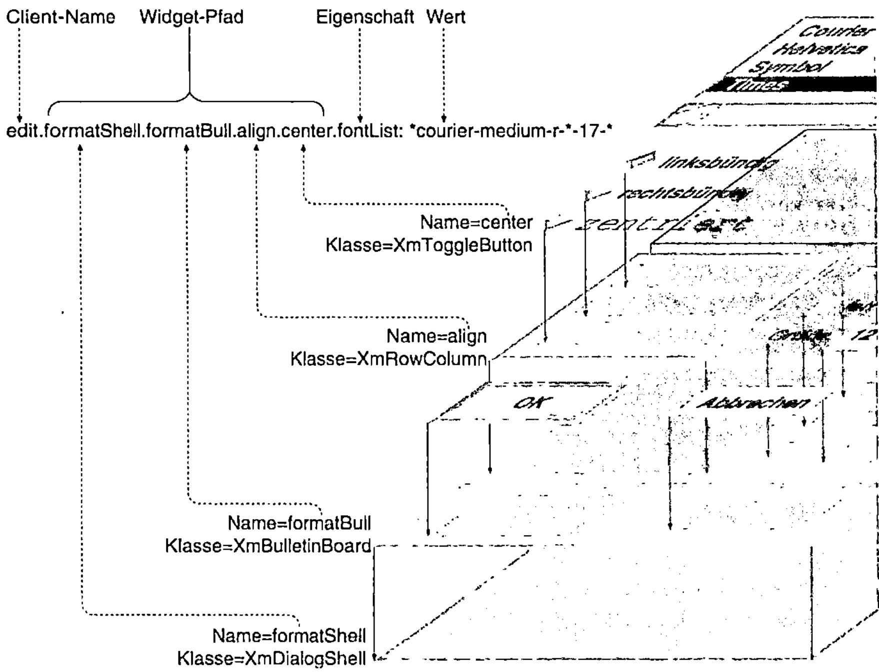

Abb. 5.2 Ressourcenangabe (Vergleich 3.6, 3.7). Die genaue Spezifikation einer Ressource setzt sich aus verschiedenen Komponenten zusammen. Hier wird die Schrift der "zentriert" Option auf Courier gesetzt. Meistens fehlen solche detaillierten Kenntnisse der Hierarchie und Teile des Pfads werden entweder mit dem Jokerzeichen "*" oder allgemeinen Klassennamen ersetzt.

aneinander gereiht. Dieser Pfad bildet eine meist eindeutige Bezeichnung eines Elementes innerhalb der Client-Oberfläche. Eine Standard-Ressourcendatei wird unter Umständen von verschiedenen X-Clients durchsucht, deshalb wird der Name des X-Clients dem Pfad des Widgets innerhalb des X-Clients vorangesetzt. Damit ist die vollständige Identifizierung eines Widgets erreicht.

Die Ressource wird durch Hinzufügen der erwünschten Anpassung fertiggestellt. Dieser letzte Teil setzt sich zusammen aus dem (Standard-)Namen der einzustellenden Widget-Eigenschaft (z.B. 'geometry') und dem anzunehmenden Wert, dessen Form von der jeweiligen Eigenschaft abhängt (z.B. '40x10-0+0'). Wenn also eine Ressource die volle Genauigkeit des Verfahrens ausnutzt, nimmt sie die folgende Form an:

xclient.widgetName[.widgetName...].eigenschaft: *Wert*

Verallgemeinerte Spezifikation

Die vollständige Spezifikation kann auf zwei Weisen verallgemeinert werden. Beide weiten unter Umständen den Gültigkeitsbereich der Ressource (d.h. die Menge der Widgets, die dadurch angesprochen werden) aus. Zum einen können Teile der

Spezifikation nach Bedarf mit dem Jokerzeichen '*' statt mit einem Punkt '.' getrennt werden, dabei vertritt der Joker eine beliebige Verkettung von Widget-Namen. Dies wäre sinnvoll, wenn der Name eines Widgets schon ohne Pfadangabe eindeutig ist, oder wenn man absichtlich den Gültigkeitsbereich einer Änderung ausweiten möchte. Genau dieses Merkmal wird im oberen Beispiel ausgenutzt, um die Geometrie des *xterms* zu setzen, ohne irgendein Widget zu nennen. Die vollständige Spezifikation wird dabei in der Regel wie folgt abgekürzt:

*xclient*eigenschaft:*　　　　　　*Wert*　　oder
*xclient*widgetName.eigenschaft:*　　*Wert*

Zum anderen kann der Klassenname, der eine bestimmte Klasse von Widgets bezeichnet, z.B. *'XmPushButton'*, für alle Knöpfe anstelle eines bestimmten Widget-Namens angegeben werden – in dem Fall weitet sich die Menge der passenden Widgets an der Stelle auf alle Widgets der Klasse aus. Dieses Prinzip gilt auch für den *'xclient'*-Teil der Spezifikation: er kann durch den Klassennamen des X-Clients ersetzt werden, dann trifft die Ressource auf alle X-Clients der Art zu – auch wenn sie umbenannt worden sind.

Es gibt eine weitere Kategorie von Einstellungen, die durch Ressourcen vorgenommen werden: Dabei handelt es sich um X-Clients, die client-spezifische Eigenschaften haben. Diese sind jedoch nicht auf Widgets bezogen, werden aber auf gleiche Weise behandelt – nur entfällt die Widget-Angabe. Bei solchen Client-Ressourcen handelt es sich oft um funktionelle Anpassungen, die das allgemeine Verhalten eines X-Clients beeinflussen:

xclient.clientRessource:　　　　　　*Wert*

Die folgenden zwei Abschnitte befassen sich mit der praktischen Zusammenstellung von Ressourcen. Der Mechanismus ist im Prinzip nicht kompliziert, erfordert aber einiges Wissen, bis man in der Lage ist, einen X-Client den eigenen Bedürfnissen anzupassen: Erstens sind client-spezifische Kenntnisse des hierarchischen Aufbaus der Oberfläche sowie der Namen und Klassen der benutzten Widgets wünschenswert. Damit legt man fest, auf welche Oberflächenteile sich eine Einstellung beziehen soll. Zweitens sind Kenntnisse der Eigenschaften der Widget-Klassen nötig, um zu wissen, was überhaupt einstellbar ist. Nachfolgend wird beschrieben, wie in diesen zwei Bereichen vorgegangen wird, um Ressourcen zusammenzustellen.

5.4　X-Client-Struktur

Die Menge der Informationen, die bei einer Ressourcenangabe benötigt werden, hängt von der erwünschten Genauigkeit des Gültigkeitsbereiches ab. Allgemeine Festlegungen benötigen keine Details der X-Client-Struktur (zum Beispiel, zum definieren der Schrift, die vom ganzen X-Client verwendet werden soll). Um dagegen an einem bestimmten Widget eine Änderung vorzunehmen, genügt nicht immer der Name des Widgets. Wenn dieser nämlich nicht eindeutig ist, sind noch detaillierte Angaben über die Position des Widgets in der Hierarchie erforderlich. Dies ist zum Beispiel bei der Zuordnung einer Schrift an einen 'Abbruch'-Knopf der Fall. Diese Angaben können aus drei Informationsquellen entnommen werden, die hier nach steigendem Schwierigkeitsgrad beschrieben werden.

Dokumentation

Die erste Quelle bildet die mitgelieferte Dokumentation eines X-Clients, sei sie im Manual oder DV-technisch erfaßt, d.h. als Manpages, auf die mit dem Standard-Client *xman* zugegriffen werden kann. Hier befinden sich Angaben zu den einzelnen Widgets der Client-Hierarchie und zwar Namen und Klasse. Auf deren Basis werden Widget-Pfade zusammengesetzt, um bestimmte Bedienelemente zu identifizieren. Diese Angaben haben üblicherweise eine etwas kryptische Form, wie der folgende Abschnitt des 'File'-Menüs aus der Widget-Hierarchie des 'Edit'-Clients (erstmals Abb. 2.5) zeigt:

```
Edit edit
        TopLevelShell editTop
            XmForm editForm
                XmRowColumn editMenu
                    XmCascadeButton fileButton
                    XmMenuShell
                        XmRowColumn fileMenu
                            XmPushButton new
                            XmPushButton open
                            XmPushButton save
                            XmPushButton saveAs
                            XmPushButton close
                            XmPushButton quit
```

Jede Zeile des Abschnitts enthält die Klasse und anschließend den Namen eines Widgets der Hierarchie. Jede Einrückung kennzeichnet die Einbettung der nachfolgenden Widgets in ein Widget. Ein Beispiel: Die einzelnen Knöpfe (der Klasse 'XmPushButton', mit Namen 'new', 'open' usw.), die die Optionen des Menüs vertreten, sind in einem Behälter-Widget namens 'fileMenu' eingebettet. Dieses wiederum ist in einem ungenannten Behälter der Klasse 'XmMenuShell' eingebettet usw. Selbst dieses einfache Beispiel zeigt die tiefe Verschachtelung eines Motif-Clients und verdeutlicht den Nutzen des Jokerzeichens '*', das eingesetzt wird, um Definitionen von Zwischenbehältern zu übergehen. Als weiteres Beispiel sind in der Abb. 5.4 die Ressourcen der oberen Hierarchie dargestellt.

Ressourcendateien

Die zweite Informationsquelle sind fertige Ressourcendateien, die ebenfalls mit einem X-Client geliefert werden. Sie enthalten manchmal hunderte von Einstellungen, vor allem sprachenabhängige Charakteristika, wie Beschriftungen und Kurzbefehle. Sie legen die wichtigsten Komponenten der Oberflächenstruktur offen. Die Datei, von der ein Ausschnitt in Abb. 5.4 gezeigt wird, hätte zum Beispiel mit dem

X-Client ausgeliefert werden können. Durch den Vergleich der Ressourcen mit den entsprechenden Bedienelementen der Oberfläche, kann man problemlos die Namen der betreffenden Widgets im X-Client erraten. Mit etwas Erfahrung sind die Klassen der Widgets auch noch durch ihre Funktion im X-Client zu erkennen. Diese strukturellen Informationen genügen, um bestehende Ressourcen zu verändern oder neue zusammenzustellen. Der X-Client kann zum Beispiel ohne weiteres in englisch umgestellt werden, indem man den einzelnen 'labelString'-Eigenschaften der Knöpfe englische Beschriftungen zuweist. Auf diese Umstellung wird unten eingegangen:

```
edit*fileButton.labelString:        File
edit*fileMenu*new.labelString:      New
edit*fileMenu*open.labelString:     Open...
usw.
```

Der X-Client

Die letzte Quelle für Informationen zur Struktur ist der X-Client selbst. Den Klassennamen des X-Clients erfährt man anhand des laufenden X-Clients mit dem Standard-Client *xprop*. Der X-Client legt nämlich seinen Namen und seine Klasse als Property am X-Server zum Gebrauch des Fensterverwalters ab. Auf die Property kann dabei wie folgt zugegriffen werden:

```
$ xclock&
$ xprop WM_CLASS

...
WM_CLASS(STRING)='xclock', 'XClock'
```

Visuelle Hinweise zu den beteiligten Widget-Klassen (wenn diese nicht offensichtlich sind) erhält man, indem eine Ressource zusammengestellt wird, die eine bestimmte Klasse hervorhebt. Zum Beispiel würde die folgende Einstellung alle Knöpfe und Textfelder durch ihre jeweiligen Farben kennzeichnen (auf die Bedienelemente wird als nächstes eingegangen):

```
edit*XmPushButton.background:       pink
edit*XmText.background:             blue
edit*XmTextField.background:        green
```

Allerdings bleibt es so nahezu unmöglich, die beteiligten Widget-Namen zu erraten. Unter diesen Umständen sollte man sich auf Änderungen beschränken, die entweder client- oder klassenbezogen zusammengestellt werden.[1]

5.5 Eigenschaften

Die letzten Absätze befaßten sich mit der Identifizierung von Bedienelementen eines X-Clients durch deren Namen und Positionen in der Widget-Hierarchie der

---

[1] Der X-Client *editres* wird in manchen Systemen unterstützt. Dieser liefert zahlreiche Informationen zur Widget-Hierarchie eines X-Clients.

Client-Oberfläche. Dieser Abschnitt beschreibt die Motif-spezifische Seite von Ressourcen, nämlich welche Eigenschaften eingestellt werden können, nachdem ein Bedienelement oder Widget durch eine Pfadangabe identifiziert worden ist. Die eigentliche Auswahl an einstellbaren Eigenschaften hängt von der jeweiligen Widget-Klasse ab. In einem umfangreichen Widget-Satz wie Motif ist sie beträchtlich (allein der Motif-Knopf weist ungefähr fünfzig Eigenschaften auf).

Die Sache wird etwas vereinfacht, weil die meisten Eigenschaften, über die eine Widget-Klasse verfügt, von den Kernklassen geerbt werden, auf deren Basis sie aufgebaut sind. Verwandte Widget-Klassen, die auf der gleichen Basis entwickelt werden, teilen die gleichen geerbten Eigenschaften. Besitzt zum Beispiel die Widget-Klasse für einfache Beschriftungen ('XmLabel') die Eigenschaft 'labelString', dann besitzen diese auch alle Knöpfe ('XmPushButton') und Schalter ('XmToggleButton'), die davon abgeleitet sind:

*xclient*myLabel.labelString:	Format
*xclient*myButton.labelString:	Anwenden!
*xclient*myToggle.labelString:	Kursiv

Trotz dieser Vereinfachung ist die gesamte Bandbreite der Eigenschaften zu groß, als daß sie hier alle beschrieben werden könnten. Details können der Motif-Dokumentation entnommen werden. Statt dessen wird im folgenden gezielt auf bestimmte Eigenschaften eingegangen, die bei zwei konkreten Aufgaben eingesetzt werden, welche in der X-Umgebung häufig vorkommen. Die erste Aufgabe besteht darin, das Aussehen eines X-Clients anzupassen, um die besonderen Leistungen oder Mängel des aktuellen Monitors auszunutzen bzw. zu minimieren. Die zweite Aufgabe ist die Umstellung einer Client-Oberfläche in eine andere Sprache, dies dürfte besonders für deutsche Anwender von Interesse sein. Auf die Durchführung der beiden Aufgaben anhand von Ressourcen wird anschließend eingegangen, aber zuerst werden die beteiligten Motif-Widget-Klassen kurz vorgestellt.

Die einfachsten Elemente, die hier besprochen werden, stellen freistehende, statische Beschriftungen in einem Client-Fenster dar und werden entweder mit dem Klassennamen 'XmLabel' oder 'XmLabelGadget' bezeichnet. Zwischen diesen Klassen ist an der Oberfläche kein Unterschied zu erkennen, aber die zweite Gadget-Variante bildet eine optimierte Version der ersten Klasse. Der zutreffende Klassenname muß verwendet werden, wenn Ressourcen klassenbezogen zusammengestellt werden. Dabei gibt es aber noch einen kleinen Haken: Die Gadget-Variante weist, im Vergleich mit der vollständigen Version, eine eingeschränkte Auswahl an einstellbaren Eigenschaften auf. Die fehlenden, meist visuellen Einstellungen, wie zum Beispiel deren Farbe, werden von dem Behälter, in dem sie eingebettet sind, übernommen.

Die bedienbaren Elemente, die einen wichtigen Bestandteil der meisten Client-Oberflächen bilden, sind Knöpfe, Schalter und Textfelder. Die Klassen für Knöpfe und Schalter sind, wie schon zuvor erwähnt, von 'XmLabel' abgeleitet, und haben die Klassennamen 'XmPushButton' bzw. 'XmToggleButton'. Auch hier gibt es optimierte Gadget-Varianten, die 'XmPushButtonGadget' bzw. 'XmToggleButtonGadget' genannt werden. Manchmal sind Knöpfe nicht immer gleich zu erkennen – im oberen Beispiel ist ersichtlich, daß sie auch die einzelnen Menüeinträge implementieren. Textfelder sind ein wichtiger Bestandteil der

Bedienelement	Klassenname	Eigenschaften	Eigenschaftsname	Beispielwert
Basis		Hintergrundfarbe Vordergrundfarbe Aktiv/gesperrt Schattenbreite... Translationtabelle	background foreground sensitive shadowThickness translations	red blue true 2 #override...
Beschriftung	XmLabel	*Basis +* Schrift Beschriftung	*Basis +* fontList labelString	*courier-bold-o*25* Hilfe
Knöpfe, Menüoptionen	XmPushButton	*XmLabel +* Kurzbefehl* Kurzbefehlbeschriftung* mnenomisches Zeichen*	*XmLabel +* accelerator acceleratorText mnemonic	Ctrl<key>S Strg-S S
Textfelder	XmText, XmTextField	*Basis +* Schrift Text	*Basis +* fontList value	*courier-bold-o*25* mein Text
Fenster	XmDialogShell, TopLevelShell	*Basis +* Position, Größe Rahmentitel Eingabeverfahren	*Basis +* geometry title keyboardFocusPolicy	100x200+40+30 Editor explicit

Tab. 5.1 Die wichtigsten Widget-Klassen. Die gezeigten Klassennamen werden verwendet, um die zugehörige Art von Bedienelement in einer Ressource anzusprechen. Dazu werden die Namen der einzelnen Eigenschaften, die ebenfalls angegeben werden müssen und die sich am leichtesten einstellen lassen, bei jeder Klasse aufgelistet (* nur bei Menüoptionen).

meisten Client-Oberflächen und werden durch zwei alternative Widget-Klassen 'XmText' oder 'XmTextField' repräsentiert – sie haben aber keine Gadget-Varianten.

Die letzte hier behandelte Widget-Klasse 'TopLevelShell', bildet gleichzeitig den untersten Behälter eines Fensters und die Verbindung zum aktiven Fensterverwalter, der den Rahmen des Fensters entsprechend darstellt. Sie bestimmt die Geometrie und das allgemeine Verhalten eines Fensters.

Anpassung an den Monitor

Clients sind durch die Client-Server-Aufteilung grundsätzlich geräteunabhängig. Im Kapitel 4 'Der Aufruf von X-Clients' wurde erklärt, wie mühelos die Bedienung eines X-Clients auf einen beliebigen Arbeitsplatz mit der Option '-display' umgelenkt wird. Man möchte aber bei einer leistungsfähigen Grafik-Workstation die Farbpalette, die größere Fläche und die bessere Auflösung des Monitors ausnutzen. Dagegen ist es vielleicht auf einem kleinen schwarzweißen X-Terminal erforderlich, mit den vorhandenen Grautönen und Schriften zu jonglieren, bis die Konturen und Beschriftungen eines X-Clients deutlich hervorstechen. Die jeweilige Anpassung erfolgt anhand der Eigenschaften für Farbe, Schrift und Geometrie. Sie wird im folgenden beschrieben.

Die Behandlung von Farben ist relativ übersichtlich, weil schon die Basis-Widget-Klassen die zwei Eigenschaften 'background' und 'foreground' aufweisen, die fast alle anderen Widget-Klassen erben. Die Eigenschaft 'background' bezieht sich auf die Farbe der Hauptfläche eines Bedienelementes, dagegen bezieht sich 'foreground' meistens auf dessen Beschriftung oder ähnliches, welches im Vordergrund steht. Die verschiedenen Farben, die diesen Eigenschaften zugeordnet werden können, listet das Standard-X-Programm *showrgb* auf. Im nächsten Beispiel übertragen die Ressourcen blaue Töne auf alle Widgets eines X-Clients außer den Textfeldern, die rot dargestellt werden:

*xclient*foreground:	NavyBlue
*xclient*background:	lavender
*xclient*XmText.foreground:	tomato
*xclient*XmText.background:	salmon
*xclient*XmTextField.foreground:	tomato
*xclient*XmTextField.background:	salmon

In diesem Beispiel werden Einstellungen gegeneinander ausgespielt – das Verfahren wird oft eingesetzt und ist völlig zulässig – dabei gilt, daß von den verschiedenen Einstellungen, die auf ein einzelnes Widget zutreffen, immer die mit der genauesten Pfadangabe angenommen wird.

Textelemente in einer Client-Oberfläche werden immer mit einer bestimmten Schriftart dargestellt. Im letzten Kapitel wurde erklärt, wie einem X-Client eine bestimmte Schrift mit der Option '-font' zugeordnet wird. Eine solche Zuordnung bleibt auf den ganzen X-Client bezogen. Mit Ressourcen dagegen können Zuordnungen an bestimmte Bedienelemente auf folgende Weise vorgenommen werden: Jede Motif-Widget-Klasse, die Texte darstellt, weist die Eigenschaft 'fontList' auf. Sie wird verwendet, um eine individuelle Schriftenzuordnung zu machen. Dabei wird die gleiche Nomenklatur wie bei der Kommandozeilenoption genutzt. Der Standard-Client *xfontsel* kann ebenfalls an einem bestimmten Monitor eingesetzt werden, um eine optimale Schrift von den vorhandenen auszuwählen. Die folgenden Ressourcen ordnen dem X-Client eine etwas größere Schrift als üblich zu und heben die Knopfbeschriftungen mit Fettdruck besonders hervor:

*xclient*fontList:	*helvetica-medium-r-normal--14-*
*xclient*XmPushButton.fontList:	*helvetica-bold-r-normal--17-*
*xclient*XmPushButtonGadget.fontList:	*helvetica-bold-r-normal--17-*

Das Hauptfenster eines X-Clients hat ein Widget der Klasse 'TopLevelShell' als Behälter der einzelnen Elemente, die darin erscheinen. Die Position des Fensters wird anhand dessen 'geometry'-Eigenschaft gesetzt, dazu wird die gleiche Semantik wie die der Kommandozeilenoption '-geometry' verwendet. Das folgende Beispiel zeigt den Einsatz zusammen mit drei weiteren Eigenschaften dieser Klasse, die von Interesse sind:

*xclient*geometry:	300x400+40+40
*xclient*title:	Mein Fenstertitel
*xclient*iconic:	true
*xclient*keyboardFocusPolicy:	Pointer

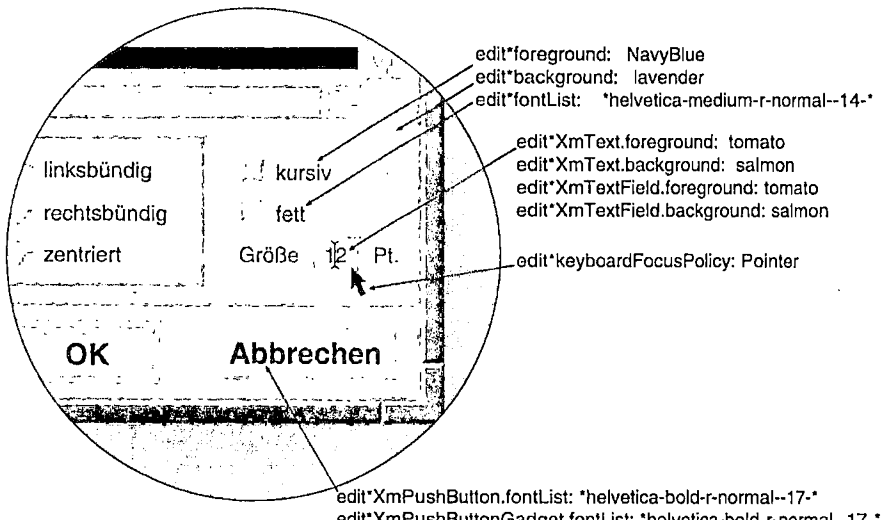

Abb. 5.3 Die Auswirkungen von Ressourcen auf einen Dialog. Die Abbildung zeigt, wie Einstellungen von Farbe und Schrift für Bedienelemente zusammengestellt werden. Die Klassennamen von Knöpfen und Textfeldern werden hier verwendet, um bestimmten Gruppen Sondereinstellungen zuzuordnen.

Die Eigenschaft 'title' legt die Fensterüberschrift fest, die der Fensterverwalter in den Fensterrahmen einsetzt. Dagegen bestimmt 'iconic', ob der X-Client zuerst im iconisierten Zustand am Bildschirm erscheint. Beide Eigenschaften werden auch als Standardoptionen auf der Kommandozeile akzeptiert. Die letzte Ressource 'keyboardFocusPolicy' hat eine Änderung im X-Client zur Folge, die erst bei dessen Bedienung offensichtlich wird. Zur Erinnerung: im Kapitel 3 'Arbeiten in der X/Motif-Umgebung' wurde erklärt, daß Tastatureingaben einem bestimmten Feld zugeordnet werden, indem man das Feld mit der Maus anklickt (*explizit Fokus*). Dies ist das voreingestellte Verhalten innerhalb eines Fensters. Die Eigenschaft 'keyboardFocusPolicy' wird hier verwendet, um das Verhalten so zu verändern, daß es genügt, die Maus in ein Feld hineinzubewegen, ohne zu klicken (*Pointer Fokus*).

Sprachenumstellung

Die verschiedenen Texte, die in Beschriftungen und Meldungen eines X-Clients erscheinen, sind nicht fest in den X-Clients programmiert, sondern werden lokalen Ressourcen entnommen. Um die Sprache eines X-Clients zu verändern, werden die Textwerte in den Ressourcen, auf die er zugreift, auf die neue Sprache umgestellt. Um dies zu erreichen, ist eine bestehende, vollständige Ressourcendatei in irgendeiner Sprache als Vorlage unentbehrlich, da detaillierte Kenntnisse der Widget-Namen erforderlich sind.

Die meisten Texte werden mit der Eigenschaft 'labelString' der verwandten Beschriftungen, Knöpfe und Schalter gesetzt. Der folgende Abschnitt zeigt die

Umstellung der Knopfbeschriftungen und Menütexte auf englisch (eine Umstellung in die entgegengesetzte Richtung wäre üblich):

```
...
edit*okButton.labelString:          OK
edit*cancelButton.labelString:      Cancel

...
edit*fileMenu*new.labelString:      New
edit*fileMenu*open.labelString:     Open...
...
```

Die Angabe von bestimmten Buchstaben wie 'ü' oder 'ä' usw. kann sich je nach Tastatur und System als problematisch erweisen. Dieses Problem wird umgangen, indem man den Hexcode für den fehlenden Buchstaben angibt (\246 statt ö, \252 statt ü, usw). Dabei hilft der Standard-Client *xfd*, der die einzelnen Buchstaben des Alphabets darstellt. Wenn man einen Buchstaben anklickt, wird der passende Hexcode ausgegeben.

Die Knöpfe der Menüoptionen weisen drei weitere sprachspezifische Eigenschaften auf, die gesetzt werden können: Die erste 'mnemonic' bestimmt den Buchstaben, der unterstrichen und als Abkürzung verwendet wird, wenn ein Menü aufgeklappt wird. Die letzten zwei 'acceleratorText' und 'accelerator' behandeln den Kurzbefehl für den Knopf. Die Eigenschaft 'acceleratorText' setzt den Text, der am rechten Rand der Option erscheint und als visueller Hinweis auf die Unterstützung des Kurzbefehls dient. Dagegen erscheint 'accelerator' nirgendwo an der Oberfläche, sondern dient dazu, die Tastenkombination für den Kurzbefehl in einem Standardformat festzulegen:

```
edit*fileMenu*new.mnemonic:              N
edit*fileMenu*open.mnemonic:             O

...
edit*fileMenu*new.acceleratorText:       Ctrl-N
edit*fileMenu*open.acceleratorText:      Ctrl-O

...
edit*fileMenu*new.accelerator:           Ctrl<key>N
edit*fileMenu*open.accelerator:          Ctrl<key>O
...
```

Allgemein sind die zu übersetzenden Textwerte einer Ressourcendatei leicht zu erkennen und können auch ohne detaillierte Kenntnisse der jeweiligen Eigenschaften umgestellt werden – gerade dies ist der Vorteil einer vollständigen Vorlage. Die dadurch erstellten Ressourcen müssen anschließend am richtigen Ort abgelegt werden, damit ein X-Client auf sie zugreifen kann. Diese Einrichtung der UNIX-Umgebung wird im nächsten Teil besprochen.

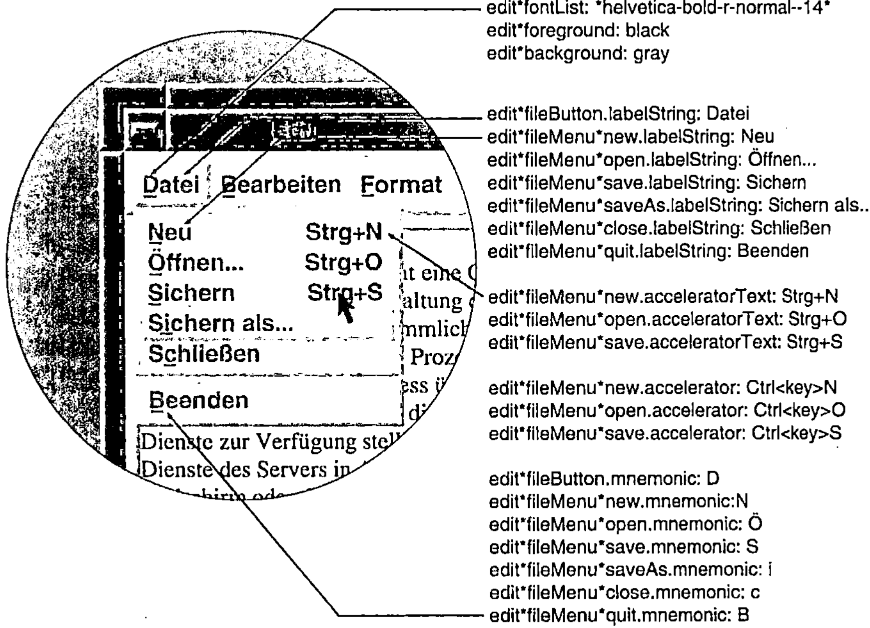

Abb. 5.4 Sprachenspezifische Ressourcen. Hier sind Ressourcen zusammengestellt, um jede Texteigenschaft von jedem beschrifteten Bedienelement auf einen deutschen Inhalt zu setzen. Um den X-Client auf eine alternative Sprache umzustellen, genügt es die Ressourcen mit anderen Texten zu versorgen.

.5.6 Die Ressourcenumgebung

Der vorherige Teil dieses Kapitels befaßte sich in erster Linie mit der Zusammenstellung von Ressourcen. Dagegen erläutert dieser Abschnitt die Orte, an denen Ressourcen abgelegt werden, um unter bestimmten Umständen wirksam zu sein. Ein X-Client holt sich Ressourcen aus vielen Standardquellen, die er der Reihe nach absucht, um zutreffende Einstellungen zu finden. Jedesmal wenn er welche findet, lädt er sie in den X-Client und fügt sie den bestehenden hinzu – auf diese Weise baut der X-Client intern eine Mini-Datenbank von Einstellungen aus den verschiedenen Standardquellen auf. Auf die entstandene Datenbank wird dann bei der Erstellung der einzelnen Bedienelemente der Client-Oberfläche zugegriffen, um eventuelle Vorgaben für deren Eigenschaften zu erfahren.

Die Ressourcenumgebung ist sehr flexibel gestaltet und kann die diversen Bedürfnisse von mehreren Anwendern an verschiedenen Arbeitsplätzen berücksichtigen. Die einzelnen Quellen, die von X-Clients abgesucht werden, lassen sich in die vier Kategorien client-, benutzer-, arbeitsplatz- und client-rechnerspezifische Anpassungen eingliedern, die jetzt im einzelnen besprochen werden.

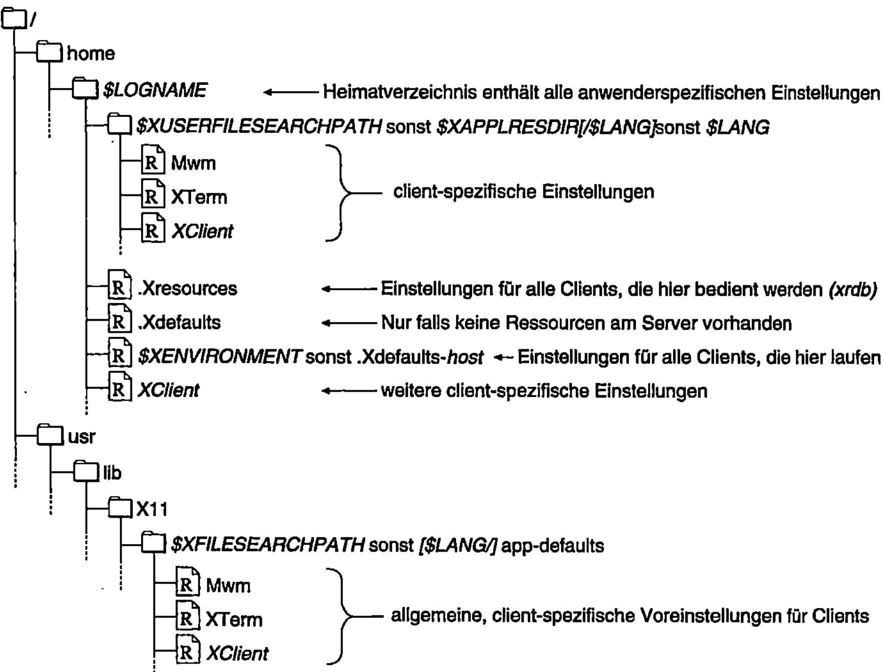

Abb. 5.5 Ressourcendateien. Der Zugriff eines X-Clients auf diverse Dateien, um Ressourcen, die sich auf den X-Client beziehen, zu finden, wird durch Umgebungsvariablen gesteuert. Die Vielzahl von Dateien dient der getrennten Ablagerung von client-, anwender- oder arbeitsplatzspezifischen Einstellungen.

Client-spezifische Ressourcen

Als erstes sucht ein X-Client eine Ressourcendatei mit seinem eigenen Klassennamen in den Ordnern */usr/lib/X11/$LANG/app-defaults* und */usr/lib/X11/app-defaults*. Hier befinden sich nämlich die wichtigsten Ressourcendateien, die mit den X-Clients geliefert werden. Sie enthalten alle die client- und sprachspezifischen Vorgaben der Hersteller, die für den reibungslosen Ablauf der zugehörigen X-Clients erforderlich sind. Diese Dateien können als Vorlage für eine Sprachenumstellung verwendet werden, aber sie sollten normalerweise nicht direkt editiert werden, da die vorgenommenen Änderungen auch bei anderen Anwendern des gleichen X-Clients zur Geltung kommen würden. Statt dessen werden anwenderspezifische Änderungen gemacht, die unten beschrieben werden.

Anwenderspezifische Ressourcen

Als nächstes sucht ein X-Client wieder die gleiche client-spezifische Datei, aber diesmal richtet er sich nach dem Anwender, indem er die Datei bei ihm im Dateisystem sucht. Die Suche wird durch Umgebungsvariablen bestimmt und geschieht in der fol-

genden Reihenfolge, bis die Datei gefunden wird: *$XUSERFILESEARCHPATH,
$HOME/$XAPPLRESDIR/$LANG, $HOME/$XAPPLRESDIR, $HOME/$LANG,
$HOME*. Normalerweise wird der Ordner *$HOME/app-defaults* für client-spezifische Ressourcen bevorzugt und die Umgebungsvariable *$XAPPLRESDIR* wird dem-
entsprechend auf 'app-defaults' im Anmeldungsprofil gesetzt. Wenn man einen Satz
von Ressourcen hat, die sich auf einen bestimmten X-Client beziehen, z.B.
Voreinstellungen für den Terminalemulator oder den Fensterverwalter oder eine
Sprachenumstellung wie oben erläutert, dann sollten sie in eine Datei mit dem entsprechenden Client-Klassennamen als Dateinamen in diesem Ordner abgelegt werden. Als Hilfe bei der Erstellung der Ressourcen kann zuerst die Ressourcendatei des
Herstellers aus */usr/lib/X11/app-defaults* als Vorlage kopiert werden. Das folgende
Beispiel zeigt anwenderspezifische Ressourcen für den Terminalemulator, die das
Blättern mit Hilfe eines Scrollbalkens im Emulator ermöglichen und das Piepsen bei
fehlerhaften Eingaben ausschalten:

```
$ cd
$ echo $XAPPLRESDIR
app-defaults
$ cd app-defaults
$ cat XTerm
XTerm*scrollBar:    true
XTerm*saveLines:    200
XTerm*visualBell:   true
...
$
```

An dieser Stelle tritt die Frage auf, wie sich widersprüchliche Ressourcen der
verschiedenen Dateien vertragen. Solange sich die Gültigkeitsbereiche auf den linken Seiten der einzelnen Ressourcen unterscheiden, ergänzen sie einander ohne
Widerspruch. Wenn diese aber gleich sind, dann wird die zuerst eingelesene Ressource von der zuletzt eingelesenen Ressource überschrieben. Hier wird die Reihenfolge, in der die verschiedenen Ressourcenquellen abgesucht werden, maßgebend:
In diesem Fall überschreiben die eigenen Ressourcen die vom Hersteller gelieferten
Einstellungen.

Das Problem mit Ressourcen in Dateien ist, daß ein X-Client, der auf einem fernen Rechner läuft und dessen Bedienung auf den eigenen Arbeitsplatz umgelenkt
wird, keinen Zugriff auf solche lokale Dateien hat. Dieses Problem wird durch
arbeitsplatzspezifische Ressourcen gelöst.

Arbeitsplatzspezifische Ressourcen

Die nächste Ressourcenquelle, die vom X-Client gelesen wird, hebt sich von den bisherigen ab, weil sie nicht die Form einer Datei annimmt, sondern als Property am X-
Server abgelegt ist. Der X-Server selbst versteht nichts von der Bedeutung der so
abgelegten Ressourcen, er stellt lediglich das Mittel zur Verfügung, um irgendwelche Daten als Property zu lagern und sie jedem zugänglich zu machen. Auf diese

Ressourcen kann dann jeder X-Client zugreifen, der am Arbeitsplatz bedient wird, egal auf welchem Rechner er eigentlich läuft. Daher bilden Ressourcen am X-Server die effektivste Methode für einen Anwender, um globale Einstellungen vorzunehmen.

Zuallererst muß jedoch geklärt werden, wie es überhaupt dazu kommt, daß Ressourcen am X-Server vorhanden sind. Dazu dient der Standard-Client *xrdb*, der für das Ablegen und Entfernen von solchen Ressourcen zuständig ist. In seiner einfachsten Form, ruft man *xrdb* ohne Optionen auf und tippt anschließend die erwünschten Ressourcen direkt ein. Bei *Strg-D* (Dateiende) überträgt *xrdb* die Angaben zum X-Server. Die angelegten Ressourcen können direkt mit 'xrdb -query' zur Bestätigung ausgegeben werden. Um die Ausnützung des Property-Mechanismus zum Vorschein zu bringen, kann der Wert der 'RESOURCE_MANAGER'-Property, in der die Ressourcen gespeichert werden, mit *xprop* ausgegeben werden:

```
$ xrdb
*foreground: NavyBlue
*background: SkyBlue
XTerm*foreground: DarkGreen
XTerm*background: PaleGreen
<Strg-D>
$ xprop -root RESOURCE_MANAGER
RESOURCE_MANAGER(STRING) = '*foreground: NavyBlue\n*background:
SkyBlue\nXTerm*foreground: DarkGreen\nXTerm*background: PaleGreen'
$
```

Die ersten zwei Ressourcen im Beispiel bestimmen durch das Jokerzeichen '*', daß alle neu gestarteten X-Clients blau erscheinen. Die nächsten zwei legen eine Ausnahme fest, nämlich, daß alle Terminalemulatoren grün sind. Letztlich gelten die Einstellungen durch ihre Ablage am X-Server für alle X-Clients, die an diesem Arbeitsplatz bedient werden, egal wo sie tatsächlich laufen.

Ein solcher Einsatz von *xrdb* ist mit etwas Vorsicht zu genießen, da der Befehl bestehende Ressourcen am X-Server zuerst entfernt. Daher ist die Verwendung der Option '-merge' zu empfehlen, damit werden die neu eingetragenen Ressourcen den bestehenden hinzugefügt. Trotzdem eignet sich der interaktive Aufruf von *xrdb* nur für einmalige Anpassungen oder Versuche. Wenn optimale Ressourcen etabliert worden sind, sollten sie in eine Datei abgelegt werden und diese *xrdb* als Parameter übergeben werden:

```
$ cd
$ cat .Xresources
*foreground: NavyBlue
...
$ xrdb .Xresources
$
```

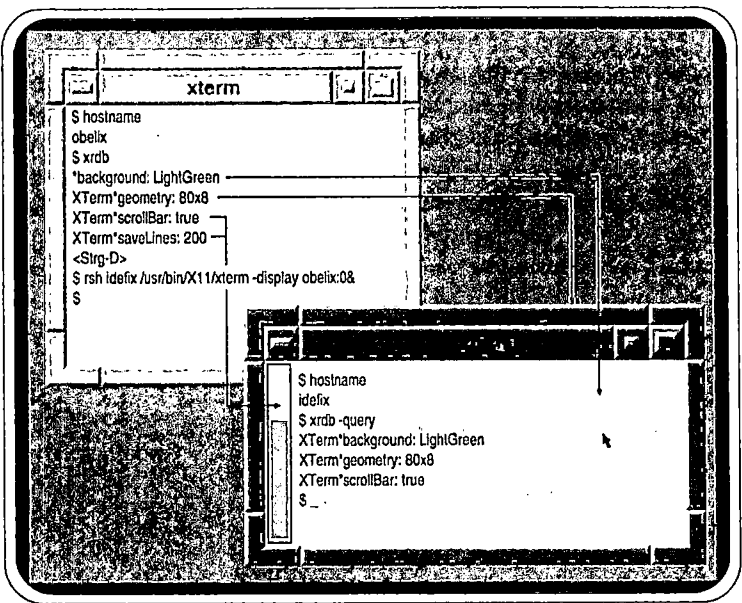

Abb. 5.6 Ressourcen am X-Server. In diesem Beispiel werden Ressourcen mittels *xrdb* am X-Server abgelegt. Diese Einstellungen wirken auf alle X-Clients, die an diesem Arbeitsplatz bedient werden, auch wenn sie an einem fernen Rechner gestartet wurden.

Traditionsgemäß wird die Datei *.Xresources* im Heimatverzeichnis des Anwenders für diese Ressourcen genommen. In diesem Fall entfällt der explizite Aufruf, denn das Standardanmeldungsprofil unter *xdm* sucht diese Datei nach einer erfolgreichen Anmeldung und ruft gegebenenfalls *xrdb* automatisch auf. Die Ressourcen werden am X-Server erst beim Ausloggen wieder entfernt, da der X-Server an dieser Stelle von *xdm* erneut initialisiert wird. Auf dieses Verfahren und weitere Details von *xrdb* wird im Kapitel 9 eingegangen, das sich mit der Einrichtung der Arbeitsumgebung befaßt.

Falls sich keine Ressourcen am X-Server befinden, sucht ein X-Client Ressourcen in der *.Xdefaults* Datei im Heimatverzeichnis des aktuellen Anwenders. Dabei ist zu beachten, daß ein X-Client, der auf einem fernen Rechner läuft, auf die *.Xdefaults* am fernen Rechner zugreift: deshalb müßte eine Kopie der lokalen *.Xdefaults* auf jedem anderen Client-Rechner abgelegt werden. Die Datei sorgt manchmal für etwas Verwirrung, z.B., wenn darin enthaltene, aufwendige Ressourcen manchmal wirkungslos bleiben. Dies liegt oft daran, daß ein X-Client erst dann auf die Datei zugreift, wenn überhaupt keine Ressourcen am X-Server vorhanden sind. Dies kann jederzeit mit 'xprop' oder 'xrdb -query', wie im obigen Beispiel gezeigt, geklärt werden.

Client-rechnerspezifische Ressourcen

Ein X-Client sucht als letztes entweder die Datei *$XENVIRONMENT* oder *$HOME/.Xdefaults-host* auf seinem Rechner (host wird mit dem jeweiligen Client-Rechnernamen ersetzt). Diese Datei enthält die letzte Kategorie von Ressourcen, die Einstellungen für X-Clients festlegt, welche auf einem bestimmten Rechner laufen, egal an welchem Arbeitsplatz sie bedient werden. Diese Kategorie bildet daher einen logischen Gegensatz zu den arbeitsplatzspezifischen Einstellungen, die zuletzt beschrieben wurden. Dazu ein Beispiel: Es werden zuerst die arbeitsplatzspezifischen Einstellungen mit *xrdb* bestätigt, die festlegen, daß alle X-Clients, die an diesem Arbeitsplatz bedient werden, blau sein sollten. Am fernen Rechner *idefix* legt die *.Xdefaults-idefix* jedoch fest, daß alle X-Clients, die auf dem Rechner laufen, rot sein sollten. Da die client-rechnerspezifischen Einstellungen als letztes vom X-Client geladen werden, haben sie Vorrang, und der Taschenrechner *xcalc* erscheint rot am Arbeitsplatz:

```
$ xrdb -query
*foreground: NavyBlue
*background: SkyBlue
...
$ hostname
obelix
$ rsh idefix cat .Xdefaults-idefix
*foreground: rot
*background: pink
$ rsh idefix /usr/bin/X11/xcalc -display obelix:0.0
$
```

Damit sind die drei Hauptkategorien von Ressourcenquellen beschrieben – sie werden in Abb. 5.7 zusammengefaßt. Es sind allerdings noch ein paar Punkte zu berücksichtigen. Zum einen werden Kommandozeilenoptionen beim Aufruf eines X-Clients in Ressourcen umgesetzt und als letztes in die interne Datenbank des X-Clients hinzugefügt, sie haben also Priorität über Ressourcen, die ansonsten definiert werden. Im Rahmen dieses Themas sind zwei Standardoptionen erwähnenswert. Die Option '-xrm' kann verwendet werden, um einem X-Client Ressourcen direkt beim Aufruf zu übergeben:

```
$ xterm -xrm "*foreground: blue"&
```

Wie in diesem Beispiel, sind die meisten Fälle, bei denen die Handhabung es erlaubt, eine Ressource mit '-xrm' anzugeben, schon mit normalen Optionen abgedeckt. Die zweite Kommandozeilenoption ist dagegen sehr praktisch, sie verändert den Namen, der bei der Suche nach zutreffenden Ressourcen benutzt wird. Diese Option setzt man ein, um den gleichen X-Client zwischen verschiedenen Sätzen von Einstellungen beim Aufruf umzuschalten. Das folgende Beispiel zeigt eine geeignete Zusammenstellung von Ressourcen und den Aufruf des X-Clients *'edit'*. Je nachdem, welchen Namen man mit der Option '-name' beim Aufruf angibt, wird auf den entsprechenden Satz von Ressourcen zugegriffen:

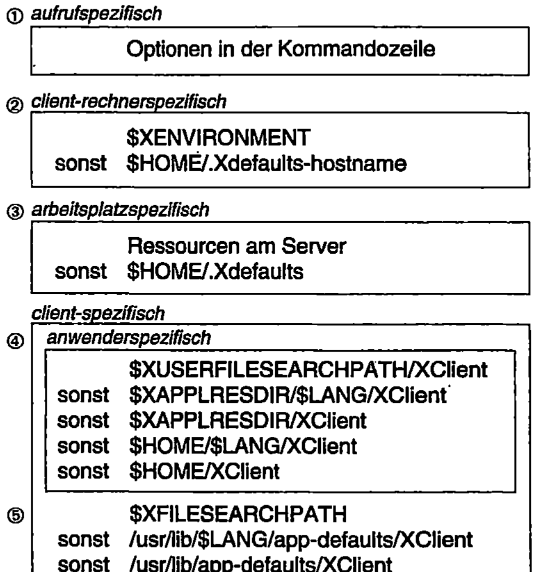

Abb. 5.7 Konfigurationsquellen II. Hier werden die genauen Konfigurationsquellen, die von einem X-Client nach Vorgaben durchsucht werden, gezeigt. Die Quellen mit der höchsten Priorität (als letztes durchsucht) erscheinen oben, die mit der niedrigsten Priorität (zuerst durchsucht) unten.

```
$ cd
$ cd $XAPPLRESDIR
$ cat Edit
edit*geometry:          300x400
edit*font:              *helvetica-medium-r-normal--14-*
...
editSmall*geometry:  250x350
editSmall*fontList:     *helvetica-medium-r-normal--11-*
...
editLarge*geometry:  400x500
editLarge*fontList:     *helvetica-medium-r-normal--17-*
...
$ edit -name editLarge &
```

Ein letzter Punkt, der zu berücksichtigen ist: Obwohl Ressourcen einem X-Client als Quelle von Vorgabewerten dienen, kann ein Client-Entwickler an ihnen vorbei programmieren – in einem solchen Fall wirken die betroffenen Ressourcen nicht, obwohl sie vorschriftsmäßig zusammengestellt wurden. Das heißt, Eigenschaften, die im X-Client fest programmiert sind, werden durch *keine* Ressourcen beeinflußt.

5.7 Zusammenfassung

In diesem Kapitel wurde beschrieben, wie das Aussehen und das Verhalten von X-Clients durch Ressourcen beeinflußt wird. Die Ressourcen können anhand der Widget-Hierarchie eines X-Clients so zusammengestellt werden, daß Eigenschaften von einzelnen Bedienelementen der Oberfläche verändert werden. Dagegen kann der Wirkungsbereich durch die Verwendung von Klassennamen oder dem Jokerzeichen in der Ressourcendefinition auf Gruppen von Bedienelementen oder ganze X-Clients ausgeweitet werden. Auch der Ort, an dem die Ressourcen abgelegt sind, spielt eine entscheidende Rolle. Je nach Speicherort wirken die Ressourcen nur auf bestimmte X-Clients, bei bestimmten Anwendern oder an bestimmten Arbeitsplätzen. Am interessantesten für den Anwender sind Ressourcen, die am X-Server mittels *xrdb* verwaltet werden, da sie Einfluß auf jeden X-Client ausüben, der an dem Arbeitsplatz bedient wird.

6 Einrichtung der X/Motif-Umgebung

6.1 Einführung

Der erste Teil dieses Buches führte in die Arbeit in der X/Motif-Umgebung ein und stellte die wichtigsten Prinzipien des Systems vor. Damit sollte man vertraut sein, bevor man weiter liest, da man jetzt einen entscheidenden Schritt weitergeht und von der bloßen Anwendung des Systems in die Rolle eines Systemverwalters schlüpft. Hier beginnt der zweite Teil, der die Einrichtung der Umgebung behandelt. Das Ziel ist, den Arbeitsablauf für einen unerfahrenen Anwender möglichst unkompliziert zu halten – er will einen Arbeitsplatz einschalten, sich mit seiner Kennung anmelden und sofort mit seiner Arbeit anfangen. Dazu muß die Umgebung entsprechend eingerichtet sein, um die vielen administrativen Aufgaben im Hintergrund automatisch abzuwickeln – mit ihnen kommt der Anwender in der Regel nicht in Berührung.

Da X in dieser Beziehung eine ausgesprochene Flexibilität aufweist, wird sich die Erklärung über mehrere Kapitel erstrecken. Die folgenden Abschnitte vermitteln einen kurzen Überblick über die Themen, die anschließend im einzelnen behandelt werden.

6.2 Die Flexibilität der X/Motif-Umgebung

Der Umfang und die Flexibilität der Umgebung, die durch X ermöglicht werden, lassen sich in drei grobe Bereiche gliedern. Im ersten Bereich handelt es sich um die Anmeldungsmaske, die nach Eintritt in die X-Umgebung erscheint. An einer einzelstehenden Workstation gewährt die Maske erwartungsgemäß den Zugang zur Workstation selbst. In Netzen von Arbeitsplätzen dagegen kann die Anmeldungsmaske eines anderen Rechners am eigenen Arbeitsplatz ausgegeben werden. Dadurch kann man sich vom eigenen Arbeitsplatz aus direkt an einem entfernten (Host-)Rechner anmelden. Die Kontrolle darüber, welche Masken an welchen Arbeitsplätzen erscheinen, bildet den wesentlichen Inhalt des nächsten Kapitels.

Der zweite Bereich betrifft die Arbeitsumgebung, d.h. welche X-Clients nach der erfolgreichen Anmeldung eines Anwenders automatisch gestartet werden und wie man sich nach der Arbeit wieder abmeldet. In der einfachsten (standard) Fassung werden nur ein Fensterverwalter (*mwm*) und ein Terminalemulator (*xterm*) in Gang gesetzt. Das kann aber arbeitsplatz- und anwenderspezifisch verfeinert werden, so daß jeder Anwender genau die richtige Umgebung für sich erhält – alle X-Clients, die er benötigt, werden automatisch an der richtigen Stelle aufgerufen. Vergleicht man damit einen PC unter 'Windows', wird deutlich wie flexibel das System ist: Wenn man einen PC einschaltet, erhält man einen bestimmten Aufbau am Bildschirm, die X-Umgebung kann ebenfalls so eingerichtet werden, daß man immer den gleichen Aufbau an einem bestimmten Arbeitsplatz erhält – egal wer sich da anmeldet. Man kann sie aber auch anwenderspezifisch umstellen, dann hängt der Aufbau vom angemeldeten Anwender ab – egal an welchem Arbeitsplatz die Anmeldung erfolgt.

Der letzte Bereich betrifft den weiteren Verlauf der Arbeit und besteht in erster Linie aus der Einrichtung des Fensterverwalters, der einen maßgebenden Einfluß auf den Umgang mit X-Clients am Arbeitsplatz ausübt. Zum Beispiel wird bestimmt, welche X-Clients (wenn überhaupt) der Anwender selbst noch starten kann und wie sich deren Fenster am Monitor verhalten.

6.3 xdm und mwm

Diese Flexibilität der X/Motif-Umgebung wird im Grunde nur durch zwei Prozesse ermöglicht: den Fensterverwalter und den Arbeitsplatzverwalter ('X Display Manager'). In diesem Buch wird davon ausgegangen, daß diese Prozesse durch die zwei Standard-Clients *xdm* und *mwm* oder Derivate davon ausgeführt werden. Auch wenn dies sonst nicht der Fall ist, gelten noch die grundsätzlichen Prinzipien. Die Bekanntschaft mit beiden X-Clients wurde schon durch den Fensterrahmen bzw. die Anmeldungsmaske gemacht.

Das allgemeine Ressourcenverfahren zur Anpassung von X-Clients wurde bereits erläutert. Dabei werden deren Verhalten und Aussehen durch Voreinstellungen in verschiedenen Dateien festgelegt. In dieser Beziehung unterscheiden sich *mwm* und *xdm* nicht von anderen X-Clients – sie werden ebenfalls durch Ressourcendateien (unter anderem) den lokalen Bedürfnissen am jeweiligen Arbeitsplatz angepaßt. Die Einrichtung von *mwm* auf diese Weise ist leicht zu überblicken und wird erst später in einem eigenen Kapitel 10 behandelt. Die Einrichtung von *xdm* dagegen ist aus zwei Gründen aufwendiger. Zum einen sind die Aufgaben, die er durchführt, nicht so offensichtlich und zum anderen ist die Menge der Dateien, auf die er zugreift, beträchtlich. Übersichtlichkeitshalber werden beide Aspekte hier kurz vorgestellt, bevor in den nächsten Kapiteln detailliert darauf eingegangen wird.

6.4 Die Arbeitsplatzverwaltung durch xdm

Der Maske, die gleich nach dem Einschalten einer X-Workstation erscheint und die den Zugang zu einem Rechner kontrolliert, liegt der unscheinbare Standard-Client

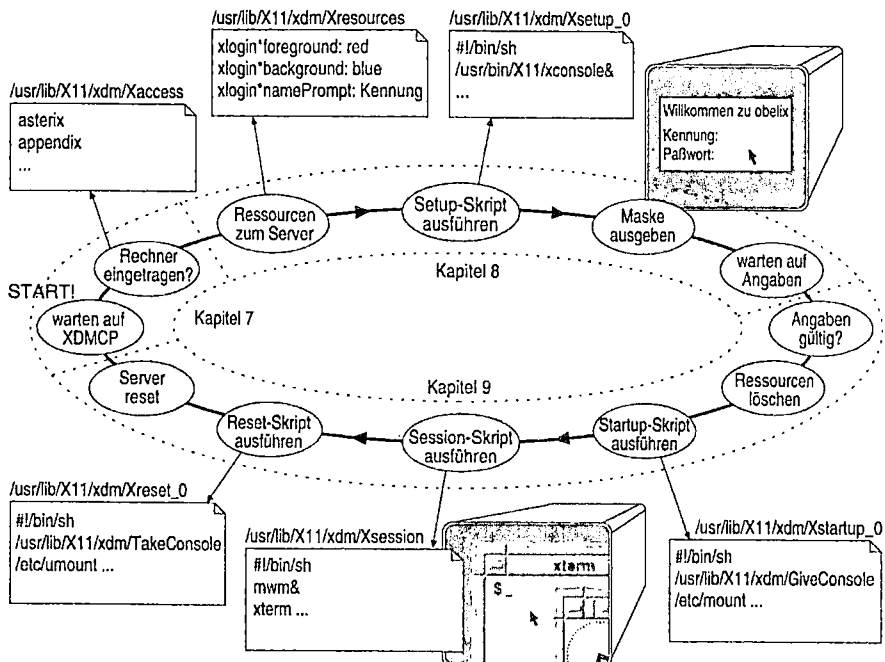

Abb. 6.1 Arbeitsplatzverwaltung durch *xdm*. Der X-Client *xdm* wickelt eine Reihe von Aufgaben zur Verwaltung von Arbeitsplätzen in einem kontinuierlichen Zyklus ab. Die einzelnen Phasen des Zyklus werden in den nachfolgenden Kapiteln erläutert.

xdm zugrunde. Obwohl sie das einzige visuelle Zeichen des X-Clients bleibt, führt *xdm* hinter den Kulissen eine Reihe von administrativen Aufgaben vor und nach der Ausgabe der Anmeldungsmaske aus, um die Arbeit an einem Arbeitsplatz zu erleichtern. Deswegen sagt man auch, daß *xdm* einen Arbeitsplatz verwaltet.

Um in die X-Umgebung unmittelbar nach Einschalten eines Arbeitsplatzes einzutreten, wird der Aufruf von *xdm* in die Bootdateien des Betriebssystems eingetragen. Nach seinem Aufruf beginnt *xdm* einen Zyklus von Arbeitsschritten. Bei jedem Schritt erfüllt er eine bestimmte administrative Aufgabe – von der Maskenausgabe durch die eigentliche Arbeit und zurück zur Maskenausgabe. Von dem Zyklus aus wird die X-Umgebung gesteuert und gepflegt. In diesem Sinne bildet *xdm* den wichtigsten Steuerbaustein der X-Umgebung. Zur Erläuterung wird der Zyklus in drei Phasen aufgeteilt, die jetzt kurz vorgestellt, und die in den nächsten drei Kapiteln im einzelnen erklärt werden.

Aufruf und Vereinbarung der Arbeitsplatzverwaltung

In der ersten Phase (Kapitel 7) erscheint der eigentliche Aufruf von *xdm* und eine spezielle Vereinbarung zwischen *xdm* und dem X-Server. Dieses Protokoll, XDMCP (X Display Manager Communications Protocol), dient einem bestimmten Zweck. *xdm* kann nämlich die Anmeldungsmaske des Rechners, auf dem er läuft, an einem anderen (vernetzten) Arbeitsplatz ausgeben und dabei dessen Verwaltung übernehmen. In

Netzen mit mehreren Arbeitsplätzen und Hostrechnern wird das Protokoll verwendet, um zu vereinbaren, welcher Hostrechner die Verwaltung eines bestimmten Arbeitsplatzes übernimmt. Dadurch wird die allgemeine Verteilung von Anmeldungsmasken an verschiedenen Arbeitsplätzen im Netz mittels XDMCP geregelt.

Die Anmeldungsmaske

Der nächste Teil (Kapitel 8) behandelt die Ausgabe der Anmeldungsmaske, wenn die Übernahme der Arbeitsplatzverwaltung durch die Absprache zwischen *xdm* und dem X-Server vereinbart worden ist. In dieser Phase überträgt *xdm* Ressourcen zur Einstellung der Anmeldungsmaske zum Arbeitsplatz und man hat Gelegenheit, Tastaturanpassungen und ähnliches vorzunehmen.

Die Arbeitsumgebung

Die ersten zwei Phasen des Zyklus sind unter Umständen nur beim netzweiten Einsatz von X relevant. Dagegen betrifft die letzte Zyklusphase (Kapitel 9) jeden Anwender, da *xdm* hier bestimmt, was passiert, wenn man sich an einem Arbeitsplatz erfolgreich anmeldet. Die wichtigste Rolle dabei spielt ein Skript, das von *xdm* ausgeführt wird. Dieses Skript wird 'Session' (Sitzung) genannt – darin werden unter anderem die einzelnen X-Clients, die die Arbeitsumgebung des jeweiligen Anwenders bilden, z.B. *xterm* und *mwm*, automatisch gestartet. Wenn das Skript sich beendet, meistens indem man *xterm* beendet, wird dies von *xdm* als implizites Zeichen dafür interpretiert, daß man sich abmelden möchte. *xdm* führt dann bestimmte Aufräumarbeiten durch und fängt wieder von vorne an.

6.5   Die Steuerung von xdm

Die eigentliche Flexibilität von *xdm* liegt in den vielen Skripten und Einstellungsdateien, auf die er zugreift und die sein Verhalten in jeder Phase bestimmen. Als erstes liest der aufgerufene *xdm* die Ressourcendatei */usr/lib/X11/xdm/xdm-config*, die Verweise auf die übrigen Einstellungsdateien für ihn enthält. Die wichtigsten darunter haben einen maßgebenden Einfluß auf die Arbeit in der X/Motif-Umgebung und werden in den nächsten Kapiteln besprochen. Vorerst soll jedoch die allgemeine Struktur der Hauptdatei *xdm-config* erklärt werden. Eine typische *xdm-config* könnte den folgenden Inhalt haben:

```
$ cat /usr/lib/X11/xdm/xdm-config
DisplayManager.servers:                    /usr/lib/X11/xdm/Xservers
DisplayManager.accessFile:                 /usr/lib/X11/xdm/Xaccess

...
DisplayManager*session:                    /usr/lib/X11/xdm/Xsession
DisplayManager.asterix_0.session:          /usr/lib/X11/xdm/Xsession_asterix
DisplayManager.VISUAL-X19TURBO.session:    /usr/lib/X11/xdm/Xsession_visual

...
```

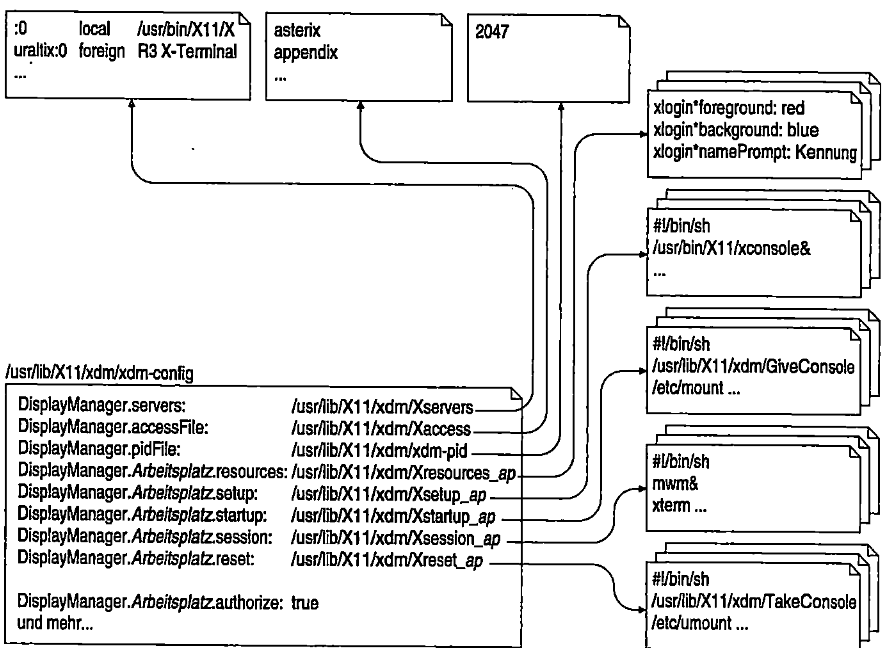

Abb. 6.2 Die zentrale Konfigurationsdatei *xdm-config*. Der Arbeitsplatzverwalter *xdm* greift auf die Ressourcendatei *xdm-config* zu, um Voreinstellungen zu erfahren. Manche der enthaltenen Ressourcen verweisen auf andere Dateien, manche können durch die Angabe vom Arbeitsplatz oder dessen Klasse arbeitsplatzspezifisch gemacht werden.

Die ersten zwei Ressourcen haben die einfachste Form und bestimmen in diesem Fall die Namen von Dateien, auf die *xdm* zugreifen soll, um spezielle Informationen zu erhalten. Andere Ressourcen von *xdm* lassen sich dagegen arbeitsplatzspezifisch einstellen, indem der Name des jeweiligen Arbeitsplatzes der Definition hinzugefügt wird. Der Gültigkeitsbereich der Einstellung kann auf alle Arbeitsplätze eines bestimmten Typs ausgeweitet werden, wenn der Klassenname des jeweiligen X-Servers angegeben wird – dieser ist der Dokumentation vom Lieferanten zu entnehmen. Wenn der Arbeitsplatz bei solchen Ressourcen unbestimmt bleiben soll, wird das Jokerzeichen an dessen Stelle verwendet. Die Ressource 'session' gehört zu dieser Gruppe von arbeitsplatzspezifischen Ressourcen – im Beispiel werden alle drei Formen der Einstellung aufgeführt, mit dem Ergebnis, daß *xdm* beim Arbeitsplatz 'asterix:0' auf die Datei *Xsession_asterix*, bei allen 'Visual' Arbeitsplätzen auf die *Xsession_visual* und sonst auf die *Xsession* zugreift. Zu beachten ist, daß der Doppelpunkt durch einen Unterstrich ersetzt wird, da er eine besondere syntaktische Bedeutung in Ressourcen hat. Die Abb. 6.2 vermittelt einen Überblick über die wichtigsten *xdm*-Ressourcen.

In dem Abschnitt über die Flexibilität der X/Motif-Umgebung war die Rede von *anwender-* und *arbeitsplatzspezifischer* Anpassung. Die arbeitsplatzspezifische Ressourcendefinition zur Steuerung von *xdm* wurde gerade beschrieben. Wie aber wird die Anwenderabhängigkeit erreicht? Genaugenommen ist dies nicht eine

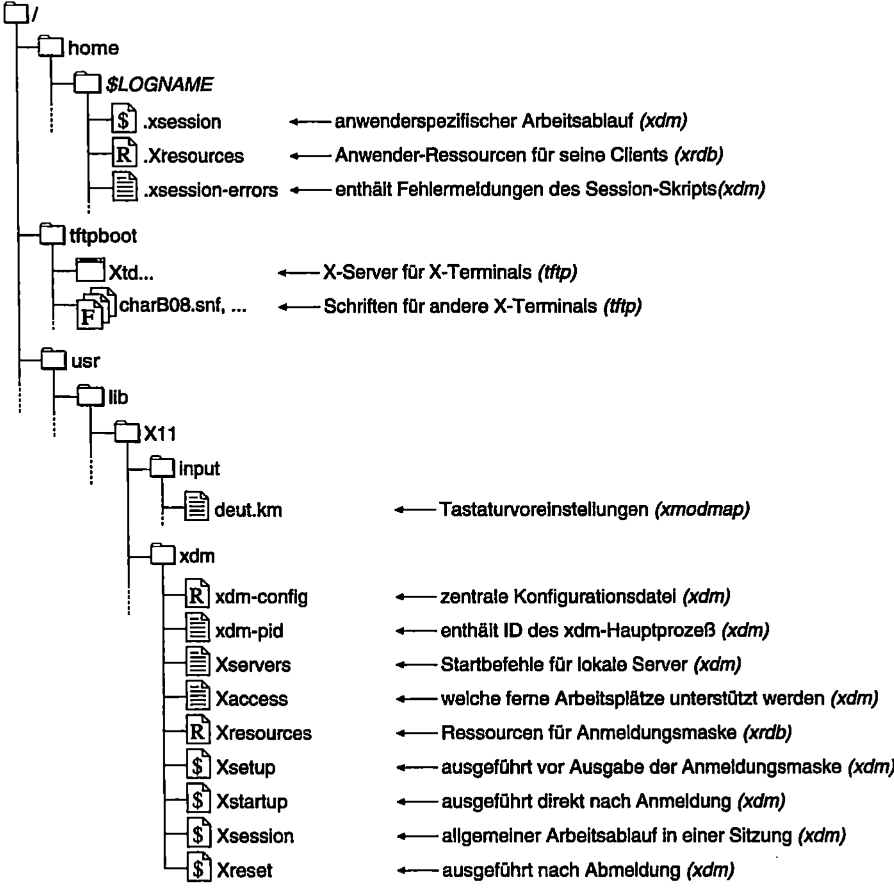

Abb. 6.3 *xdm*-Dateien. Die Abbildung zeigt die wichtigsten *xdm*-Dateien. Dateien, die für den allgemeinen Ablauf unter X zuständig sind, befinden sich in Unterordnern von */usr/lib/X11*. Anwenderspezifische Abweichungen werden dagegen in Sonderdateien unter der Kennung des jeweiligen Anwenders gespeichert.

Leistung von *xdm*, sondern liegt in der Natur des Session-Skripts. Es prüft, ob sich ein (anwenderspezifisches) Skript im Heimatverzeichnis des jeweiligen Anwenders befindet und führt dieses gegebenfalls aus.

xdm wird dann einerseits durch die Ressourceneinträge der *xdm-config* und andererseits durch den Inhalt der zugehörigen Skripts gesteuert.

6.6 Zusammenfassung

Die Einrichtung der X/Motif-Umgebung erfolgt in erster Linie durch die entsprechende Anpassung der Steuerdateien vom Arbeitsplatzverwalter *xdm* und vom

Fensterverwalter *mwm*. Diese Anpassungen werden zusammen mit dem allgemeinen Ablauf der zwei X-Clients in den nächsten Kapiteln detailliert besprochen.

Oberstes Ziel bleibt, die Umgebung so einzustellen, daß die Arbeit für den Anwender möglichst unkompliziert gehalten wird.

7 xdm – Aufruf und Vereinbarung der Arbeitsplatzverwaltung

7.1 Einführung

Mit diesem Kapitel beginnt die detaillierte Behandlung der Einrichtung von *xdm*, der für die allgemeine Verwaltung von Arbeitsplätzen unter X zuständig ist. Als erstes wird beschrieben, wie *xdm* an einem Rechner beim Hochfahren gestartet wird. Dann wird die netzweite Verwaltung von sogenannten X-Terminals durch *xdm* vorgestellt. Die eigentliche Ausgabe der Anmeldungsmaske wird erst im nächsten Kapitel besprochen, aber die netzweiten Kommunikationen mit *xdm*, die deren Ausgabe vorausgehen, werden bereits in diesem Kapitel behandelt. Allgemein entsprechen die Aktivitäten, die hier dargestellt werden, der ersten Phase des *xdm*-Zyklus, welcher in Abb. 7.1 abgebildet ist. Alles weitere wird in den nächsten Kapiteln erläutert.

Die folgenden Ausführungen werden besonders deutlich machen, daß X ein Grafiksystem für den Einsatz in Netzen ist. Die Mechanismen sind eigentlich unkompliziert, dennoch lassen sie sich in einer netzweiten Konfiguration manchmal nur schwer visualisieren – daher sollte man Wert darauf legen, die verschiedenen Abbildungen, die den Text begleiten, genau anzusehen.

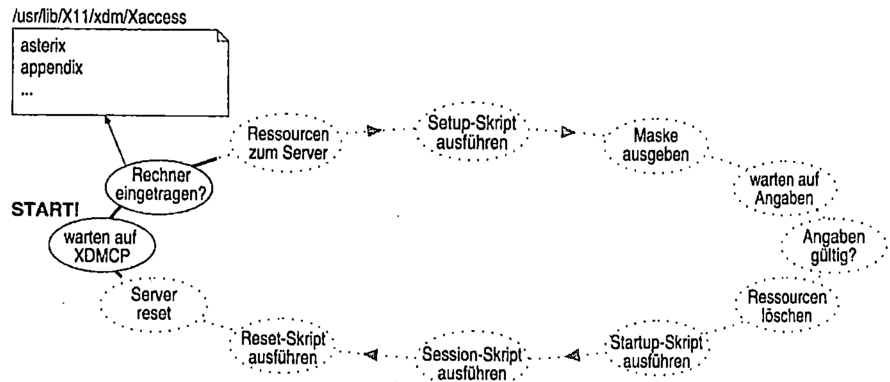

Abb. 7.1 Vereinbarung der Arbeitsplatzverwaltung. Dieses Kapitel behandelt den Aufruf von *xdm* und die erste Phase des *xdm*-Zyklus, der in Abb. 6.1 dargestellt ist.

7.2 Der Aufruf von xdm

Jeder Rechner, der den Zugang zu sich mittels der *xdm*-Anmeldungsmaske gewähren möchte, muß *xdm* laufen lassen. Der Rechner kann eine Workstation sein, an der man immer in der X-Umgebung arbeitet, oder ein Hostrechner, der den direkten Zugang an fernen Arbeitsplätzen zuläßt (siehe unten) oder beides. Im Normalfall ist der Aufruf von *xdm* in einer System-Bootdatei eingetragen, um ihn gleich beim Hochfahren des Rechners in Gang zu setzen. Der Eintrag ist denkbar unkompliziert und befindet sich je nach System in einer der Dateien: */etc/rc.local, /etc/rc.tcpip, /etc/inittab* oder ähnliches:

```
$ cat /etc/inittab
...
xw:23:respawn:/usr/bin/X11/xdm
...
```

        oder

```
$ ll /etc/rc2.d/x*
l--------- 1 root ...      xdm->/etc/init.d/xdm
$ cat /etc/init.d/xdm
#!/bin/sh
case "$1" in
        'start')
                        if test -x /usr/bin/X11/xdm; then
                                    exec /usr/bin/X11/xdm
                        fi
                        ;;
        'stop')
                        /etc/killall -TERM xdm
esac
```

7.3 Lokale X-Server werden durch xdm gestartet

Als erstes greift der aufgerufene *xdm* auf seine zentrale Ressourcendatei */usr/lib/X11/xdm/xdm-config* zu, die Verweise auf die übrigen Einstellungsdateien für ihn enthält. Zunächst sucht *xdm* die Definition der Ressource 'servers' und liest gegebenfalls den Inhalt der eingetragenen Datei, die traditionsgemäß *Xservers* genannt wird:

```
$ cat /usr/lib/X11/xdm/xdm-config
...
DisplayManager.servers:        /usr/lib/X11/xdm/Xservers
...
$ cat /usr/lib/X11/xdm/Xservers
:0          local               /usr/bin/X11/X
...
```

Xservers enthält in erster Linie Details des lokalen X-Servers, den *xdm* mit einer Anmeldungsmaske versorgen soll. Dieser Eintrag wird, wie oben gezeigt, mit dem Stichwort 'local' gekennzeichnet. Falls mehrere Arbeitsplätze am gleichen Rechner direkt angeschlossen sind, erhält jeder einen Eintrag. Das erste Feld des Eintrages bildet der Arbeitsplatzbezeichner, den man mit der Option '-display' angeben müßte, um die Bedienung eines X-Clients darauf zu lenken. Der Rest der Zeile besteht aus dem Aufrufbefehl, um den X-Server zu starten. Normalerweise läuft ein lokaler X-Server zu diesem Zeitpunkt nicht, und *xdm* verwendet diesen Befehl, um ihn gleich am Arbeitsplatz zu starten. Auf diese Weise sorgt *xdm* dafür, daß alle lokalen X-Server ordnungsgemäß laufen, bevor er versucht, irgendwelche Anmeldungsmasken auszugeben. Für jeden so gestarteten X-Server wird ein neuer *xdm*-Prozeß automatisch aufgerufen, der sich ausschließlich der Verwaltung des jeweiligen Arbeitsplatzes widmet. Die neuen *xdm*-Prozesse 'springen' gleich in den *xdm*-Zyklus ein und bereiten die Ausgabe der Anmeldungsmaske vor – diese Phase wird erst im nächsten Kapitel beschrieben.

Dieses Kapitel behandelt weiterhin den *xdm*-Hauptprozeß, dessen Aktivitäten noch bei weitem nicht zu Ende sind. Mit der Versorgung von lokalen X-Servern sind die Möglichkeiten von *xdm* nämlich noch nicht erschöpft – im Gegenteil, *xdm* kommt erst recht im netzweiten Einsatz zur Geltung: Die Anmeldungsmaske *xdms* kann auf einen anderen Arbeitsplatz im Netz umgelenkt werden. Wenn ein Anwender die Maske am fernen Arbeitsplatz korrekt ausfüllt, wird er am (*xdm*-)Hostrechner angemeldet und seine Arbeitsumgebung erweckt den Eindruck, als ob er an der Konsole des Hostrechners wäre. *xdm* bringt das zustande, indem er nach der fernen Anmeldung die üblichen Standard-Clients (Fensterverwalter, Terminalemulator usw.) am Hostrechner startet und deren Bedienung automatisch auf den fernen Arbeitsplatz umlenkt. Der Anwender an diesem Arbeitsplatz hat keinen visuellen Hinweis darauf, daß *xdm* und die restlichen X-Clients eigentlich nicht bei ihm am Arbeitsplatz, sondern am Hostrechner laufen. Der einzige Prozeß der bei ihm laufen *muß*, ist der X-Server.

Bevor detailliert auf die Ausgabe einer Anmeldungsmaske an einem fernen Arbeitsplatz eingegangen wird, ist es notwendig, einen kleinen Abstecher zu sogenannten X-Terminals zu machen. Sie bilden den maßgebenden Einsatzfall für *xdm* und regten dessen ursprüngliche Entwicklung an.

7.4 X-Terminals

X-Terminals sind X-Arbeitsplätze, die als Satelliten eines bestehenden (Host)Rechners im Netz agieren. Wenn die Umgebung entsprechend eingerichtet ist, erscheint die Anmeldungsmaske des Hostrechners am X-Terminal automatisch nach dem Einschalten des Terminals und ermöglicht den direkten Zugang zum Hostrechner. Dadurch kann man das X-Terminal weitgehend wie die Konsole des Hostrechners verwenden. Der Einsatz von X-Terminals in Netzen erweist sich als vorteilhaft, da der Kostenaufwand für den Anschluß eines neuen X-Terminals an eine bestehende Workstation geringer ist als für eine neue Workstation. Zum einen

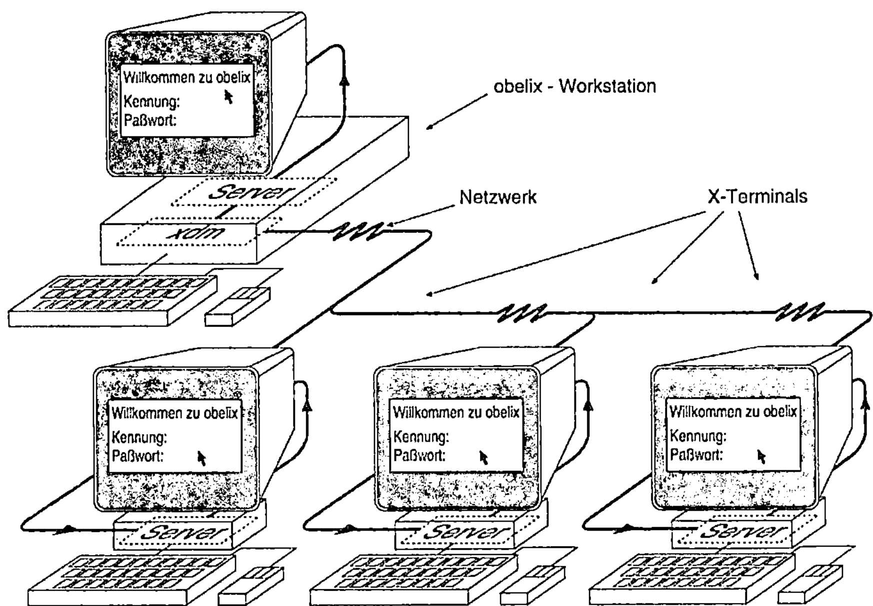

Abb. 7.2   Der Netzanschluß von X-Terminals an eine Workstation. Der *xdm*-Prozeß an der Workstation sorgt dafür, daß die X-Terminals wie Satelliten der Workstation agieren. Dadurch unterscheidet sich die Arbeit an einem X-Terminal kaum von der Arbeit an der Workstation-Konsole.

sind die Anschaffungskosten durch eine abgespeckte Architektur des X-Terminals wesentlich niedriger und zum anderen stellt sich heraus, daß X-Terminals seltener als Workstations wegen Neuentwicklungen ausgetauscht werden müssen.

Eine typische Konstellation von X-Terminals mit einer Workstation zeigt Abb. 7.2. Dabei ist zu beachten, daß man kaum Unterschiede zwischen den X-Terminals und der Workstation-Konsole bemerkt – ein Unerfahrener kann durchaus längere Zeit an einem X-Terminal arbeiten, ohne zu vermuten, daß er nicht direkt an der Workstation sitzt.

Im wesentlichen besteht ein X-Terminal sowie eine Workstation aus einem Rechner mit Bildschirm und Tastatur. Der Rechner des X-Terminals besitzt in der Regel jedoch keine der üblichen Bestandteile, wie zum Beispiel Festplatten- oder Floppy-laufwerke, mit denen eine übliche Workstation bestückt ist. Teilweise ist der Rechner so stark abgebaut, daß er im Bildschirmgehäuse versteckt werden kann. Die Leistung des X-Terminals beschränkt sich lediglich darauf, einen X-Server zu starten, der die Ein- und Ausgaben am angeschlossenen Bildschirm verwaltet. Selbst dieser kleine Schritt hat auf einem X-Terminal seine Tücken und wird im folgenden besprochen.

Ablauf und Steuerung

Strikt gesehen, erscheint die Loginmaske nicht gleich nach dem Einschalten eines X-Terminals, sondern erst nach verschiedenen Ladevorgängen, deren Ablauf am Monitor angezeigt wird. Was aber wird da geladen? Die Antwort auf diese Frage ist

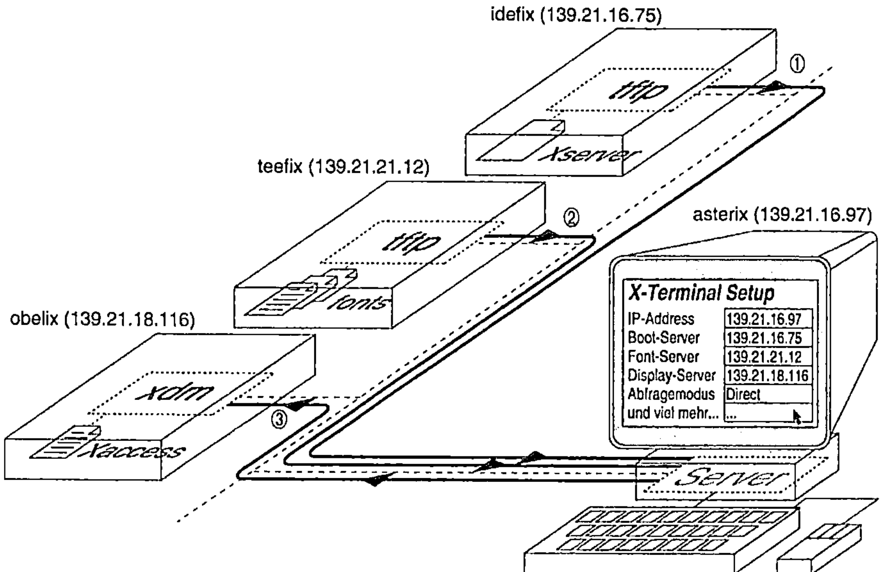

Abb. 7.3 Das Hochfahren eines typischen X-Terminals. Zuerst werden das X-Server-Programm und die Schriften von anderen Rechnern geholt, da sie im X-Terminal selbst nicht gespeichert werden. Der X-Server wird anschließend gestartet und nimmt Verbindung zu *xdm* auf, um eine Anmeldungsmaske zu bekommen.

darin begründet, daß der X-Server selbst und dessen Schriften durch die Abwesenheit einer Festplatte nicht am X-Terminal gespeichert werden können. Beide werden erst beim Hochfahren des X-Terminals von anderen Rechnern im Netz übertragen – meistens mit einem einfachen Dateiübertragungsprogramm namens *tftp*. Während *tftp* die Dateien zum X-Terminal überträgt, wird ein visueller Hinweis des Ladevorgangs am Monitor ausgegeben.[2]

Am wichtigsten ist, zu erkennen, daß man mittels eines Einstellungsmenüs im X-Terminal Kontrolle über die verschiedenen Vorgänge ausüben kann. Man legt damit fest, von welchem Rechner der X-Server geladen wird, von welchem Rechner die Schriften geladen werden und anderes mehr. Auf die genaue Form der Menüs wird hier nicht eingegangen, da sie sich von Hersteller zu Hersteller unterscheiden, aber eine Eigenschaft dürfte von Interesse sein: Ist eine größere Anzahl von X-Terminals vorhanden, dann wird die Wartung dieser Menüs bei manchen Ausführungen erleichert, indem Voreinstellungen für die Menüs als erstes beim Einschalten des X-Terminals mittels einer Konfigurationsdatei von einem zentralen Hostrechner im Netz geholt werden können. Eine Änderung an der Datei vermeidet die Notwendigkeit, jedes X-Terminal aufsuchen zu müssen, um die Menüs manuell zu konfigurieren.

---

[2] Die allerneuesten und noch nicht weit verbreiteten X-Terminals besitzen sogenanntes FLASH ROM, mit dem der Server doch lokal am X-Terminal gespeichert werden kann. Dann ist der Ladevorgang nicht bei jedem Start eines X-Terminals erforderlich, sondern erst, um eine neue Version zu installieren.

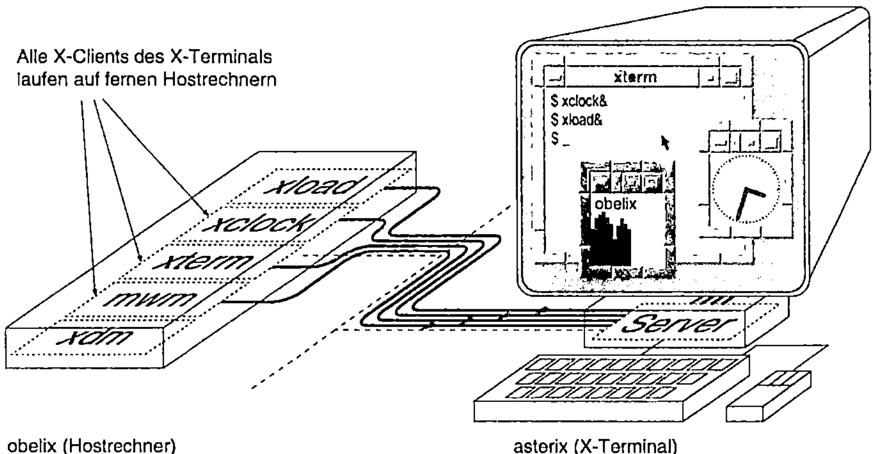

Abb. 7.4 Die Arbeit an einem X-Terminal. Einmal angemeldet, erfolgt die Arbeit an einem X-Terminal wie normal, nur laufen alle X-Clients nicht lokal am X-Terminal, sondern an fernen Hostrechnern. Ihre Bedienung wird lediglich auf das X-Terminal umgelenkt – davon braucht der Anwender nichts zu wissen.

Als nächsten Schritt startet das X-Terminal den zuvor geladenen X-Server. Anschließend kann durch den laufenden X-Server die Bedienung von X-Clients, die auf anderen Rechnern im Netz laufen, auf das X-Terminal umgelenkt werden. Wegen der stark eingeschränkten Leistung des X-Terminals, besteht dagegen keine Möglichkeit, X-Clients direkt am X-Terminal laufen zu lassen, d.h. alle X-Clients, darunter *xdm*, müssen auf anderen Rechnern laufen. Daher spielt *xdm* bei X-Terminals eine kritische Rolle, weil er den anfänglichen Zugang zu einem fernen Hostrechner gewährleistet. Das kommt erst recht zum Vorschein, wenn es *xdm* nicht gelingt, seine Anmeldungsmaske an einem X-Terminal auszugeben – unter solchen Umständen ist ein effektives Arbeiten am X-Terminal nicht möglich, da der Monitor leer bleibt und alle Eingaben ohne einen entsprechenden X-Client wirkungslos sind. Wenn es aber *xdm* gelingt, seine Maske auszugeben, erfolgt die Arbeit nach Anmeldung wie normal – der Anwender braucht nicht zu berücksichtigen, daß alle seine X-Clients eigentlich an einem fernen Rechner laufen. Dieses Verhalten ist weitgehend eine Leistung von *xdm*, die das nächste Kapitel erläutert. Vorerst wird etwas genauer auf die Anmeldungsmaske eingegangen.

Eine wichtige Frage in diesem Szenario wurde bisher noch nicht beantwortet: Wodurch wird die Ausgabe der Anmeldungsmaske von *xdm*, der immerhin an einem fernen Rechner läuft, hervorgerufen? Die Lösung dieses Rätsels ist, daß *xdm* die Maske nicht spontan ausgibt, sondern, daß der X-Server *xdm* explizit auffordert, die Maske am X-Terminal auszugeben. Die Kommunikationen, die der X-Server durchführt, werden wieder durch Einträge im Einstellungsmenü gesteuert. Zum Beispiel kann man hier bestimmen, an welchem Hostrechner *xdm* angesprochen wird. Diese Absprache zwischen dem X-Server und *xdm* ist eigentlich nicht X-Terminal-spezifisch und wird von jedem (X11R4/5) X-Server unterstützt – aber der Einsatz des Verfahrens bei X-Terminals ist besonders kritisch. Die Form der Kommunikation zwischen X-Server und *xdm* wird im nächsten Abschnitt erläutert.

7.5 Die Kommunikation zwischen X-Server und xdm

In größeren Netzen können sich, im Gegensatz zu Abb. 7.2, viele Workstations und X-Terminals befinden. Wie wird geregelt, welche Anmeldungsmaske an welchen Arbeitsplatz ausgegeben wird? Diese Frage ist in älteren Versionen von X (bis zu X-Version 'X11R3') noch leicht zu beantworten: die *Xservers*-Datei, die von *xdm* gelesen wird, enthält nicht nur Details des lokalen X-Servers, sondern auch Details der fernen X-Server (meistens X-Terminals), die mit der Anmeldungsmaske von dem Rechner zu versorgen sind. Jeder dieser X-Server wird auf einer eigenen Zeile den bestehenden Einträgen hinzugefügt und mit dem Stichwort *foreign* statt *local* gekennzeichnet:

```
$ cat /usr/lib/X11/xdm/Xservers
:0              local              /usr/bin/X11/X
uraltix:0       foreign            ein altes R3 X-Terminal
antix:0         foreign            ein altes R3 X-Terminal
...
```

Das erste Feld eines 'foreign' Eintrages enthält wieder die Arbeitsplatzbezeichnung, die man mit '-display' angeben würde, um einen X-Client auf den fernen Arbeitsplatz umzulenken. Das letzte Feld, das im lokalen Fall den Startbefehl eines X-Servers enthält, wird bei fernen X-Servern übersprungen und kann Kommentare enthalten – ein ferner X-Server muß am fernen Rechner gestartet werden. Alte X-Terminals müssen noch auf diese Weise in die *Xservers*-Datei des Rechners, dessen Anmeldungmaske sie empfangen sollten, eingetragen werden.

Dieses Schema zur Steuerung der Verteilung von Anmeldungsmasken ist übersichtlich, hat aber dennoch zwei Nachteile. Zum einen ist das Verfahren rechenintensiv, da die eigentliche Initiative bei *xdm* liegt und er ständig überprüfen muß, ob ein X-Terminal eingeschaltet ist, bevor er eine Anmeldungsmaske ausgibt. Zum anderen ist die Steuerung ziemlich starr, denn der Anwender, der am X-Terminal sitzt, hat wenig direkten Einfluß darauf, an welchem Rechner er sich anmeldet.

XDMCP

Um diese Probleme zu lösen, wurde ein neues 'Mini-Protokoll', namens XDMCP (ab X-Version 'X11R4') eingeführt. Dieses legt eine spezielle Absprache zwischen dem X-Server und *xdm* fest, um die Verteilung von Anmeldungsmasken in Netzen zu steuern. Man kann XDMCP mit dem Standard-X-Protokoll vergleichen – das X-Protokoll regelt die Kommunikation zwischen einem X-Server und einem allgemeinen X-Client, dagegen regelt XDMCP die Kommunikation zwischen einem X-Server und einem Arbeitsplatzverwalter (*xdm*). Die neue Absprache hat zwei wichtige Merkmale, erstens liegt die Initiative diesmal beim X-Server, und er nimmt explizit Kontakt zum *xdm* seiner Wahl auf – damit wird *xdm* das ständige Prüfen, ob der X-Server läuft, erspart. Zweitens ermöglicht das Protokoll eine flexible Teilung der Anmeldungssteuerung zwischen dem Hostrechner, auf dem *xdm* läuft, und dem Rechner oder X-Terminal, auf dem der X-Server läuft.

Protokoll

Die Kommunikationen, die der X-Server mittels XDMCP vornehmen kann, um eine Anmeldungsmaske für seinen Arbeitsplatz zu arrangieren, haben drei Varianten, die als 'Direct', 'Broadcast' und 'Indirect' bezeichnet werden. In der ersten Variante fordert der X-Server *xdm* auf einem Rechner seiner Wahl direkt auf, ihn mit der Anmeldungsmaske des betroffenen Rechners zu versorgen. In der zweiten Variante wird die Aufforderung auf jeden Rechner in der Netzdomaine ausgeweitet, und der erste, der einstimmt, darf seine Anmeldungsmaske am X-Server ausgeben. Die letzte Variante verlagert die Kontrolle über die Ausgabe von Anmeldungsmasken deutlich zum Hostrechner – der X-Server fordert einen bestimmten *xdm* auf, nicht seine eigene Anmeldungsmaske bei ihm auszugeben, sondern einen willigen *xdm* für ihn zu finden.

Praxis

Die praktische Umsetzung des Protokolls, um ein Netzwerk einzurichten, besteht aus zwei Teilen. Zum einen bestimmt man an jedem Arbeitsplatz, der mit der Anmeldungsmaske eines anderen Rechners versorgt werden soll, welche Variante der Absprache der X-Server verwendet und welchen Hostrechner er anspricht. Die meisten solcher Arbeitsplätze sind X-Terminals, bei denen das Einstellungsmenü zur Festlegung dieser Daten verwendet wird. Mehrere Beispiele sind den Abbildungen dieses Kapitels zu entnehmen. In den übrigen Fällen werden die Variante und der *xdm*-Rechner direkt als Option beim Aufruf des X-Servers angegeben.

Der zweite Teil der Steuerung liegt am angesprochenen Hostrechner und bestimmt, wie *xdm* auf die Aufforderung eines X-Servers reagiert. Hier würde man z.B. festlegen, daß die Anmeldungsmaske eines sicherheitsempfindlichen Rechners nie an bestimmten fernen Arbeitsplätzen ausgegeben wird. Das erwünschte Verhalten wird in der Datei */usr/lib/X11/xdm/Xaccess* definiert, deren Namensverweis ebenfalls in der allgemeinen Konfigurationsdatei */usr/lib/X11/xdm/xdm-config* eingetragen ist:

```
$ cat /usr/lib/X11/xdm/xdm-config
...
DisplayManager.servers:        /usr/lib/X11/xdm/Xservers
DisplayManager.access:         /usr/lib/X11/xdm/Xaccess
...
```

Nachfolgend wird genauer erläutert, wie man das Einstellungsmenü des X-Terminals einstellt und die *Xaccess*-Datei ausfüllt, um die Verteilung von Anmeldungsmasken bei den einzelnen Varianten der Kommunikation den jeweiligen Bedürfnissen anzupassen.

Die direkte Variante

In dieser Variante der XDMCP-Kommunikation wird *xdm* an einem fernen Rechner direkt vom X-Server am Arbeitsplatz aufgefordert, eine Anmeldungsmaske bei ihm

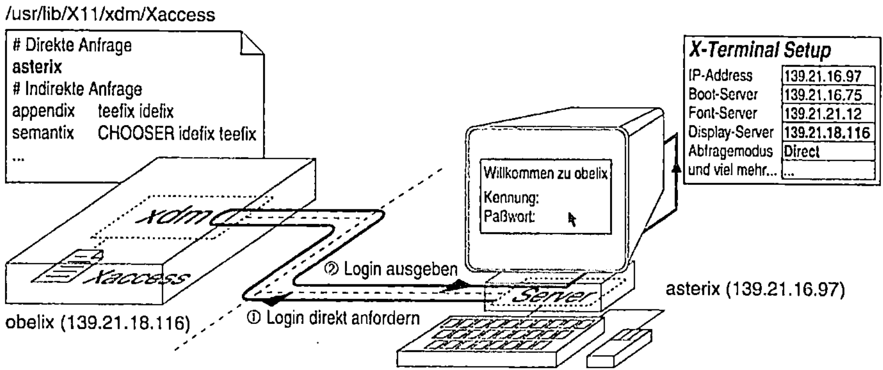

Abb. 7.5   Die direkte XDMCP-Anfrage. Anhand der Einträge im Einstellungsmenü nimmt der X-Server am X-Terminal *asterix* Verbindung zu *xdm* am Hostrechner *obelix* auf und fordert ihn direkt auf, die Arbeitsplatzverwaltung am X-Terminal *asterix* zu übernehmen. *xdm* sucht einen entsprechenden Eintrag von *asterix* in seiner *Xaccess* und gibt gegebenenfalls seine Anmeldungsmaske an *asterix* aus.

auszugeben. An einem X-Terminal werden die Variante 'Direct' und die Netzadresse oder der Name des anzusprechenden *xdm*-Rechners im Einstellungsmenü eingetragen. An anderen Arbeitsplätzen, bei denen der X-Server explizit gestartet wird, muß die Option '-query *Rechnername*' dem bestehenden Startbefehl hinzugefügt werden. Die Kontrolle, welche Anmeldungsmaske erscheint, übernimmt eindeutig der Arbeitsplatz.

Jeder Rechner im Netz, der *xdm* laufen läßt, muß darauf gefaßt sein, daß er von einem fernen Arbeitsplatz auf diese Weise angesprochen wird. Hier bestimmt die *Xaccess*-Datei, welche Arbeitsplätze seine Anmeldungsmaske haben dürfen und schränkt dadurch den Zugang zu dem Rechner schon vor der Ausgabe einer Anmeldungsmaske ein. Die Namen der zugelassenen Arbeitsplätze werden in der *Xaccess*-Datei aufgelistet, dabei können die Jokerzeichen '*' und '?' (repräsentiert ein beliebiges Zeichen) zur Ausweitung des Geltungsbereiches verwendet werden. Um Arbeitsplätze explizit auszuschließen, wird das Ausrufezeichen '!' dem Namen vorangestellt. Jede Angabe muß auf einer eigenen Zeile erscheinen, sonst nimmt sie eine andere Bedeutung an (siehe unten):

```
$ cat /usr/lib/X11/xdm/Xaccess
# Loginmaske dieses Rechners an folgenden fernen Arbeitsplätzen zulassen
xterm1
*ix
# aber nicht an folgenden
!xterm2
...
```

Wenn der Name des anfragenden Arbeitsplatzes mit einem positiven Eintrag der *Xaccess*-Datei übereinstimmt, gibt *xdm* seine Anmeldungsmaske an dem fernen Arbeitsplatz aus.

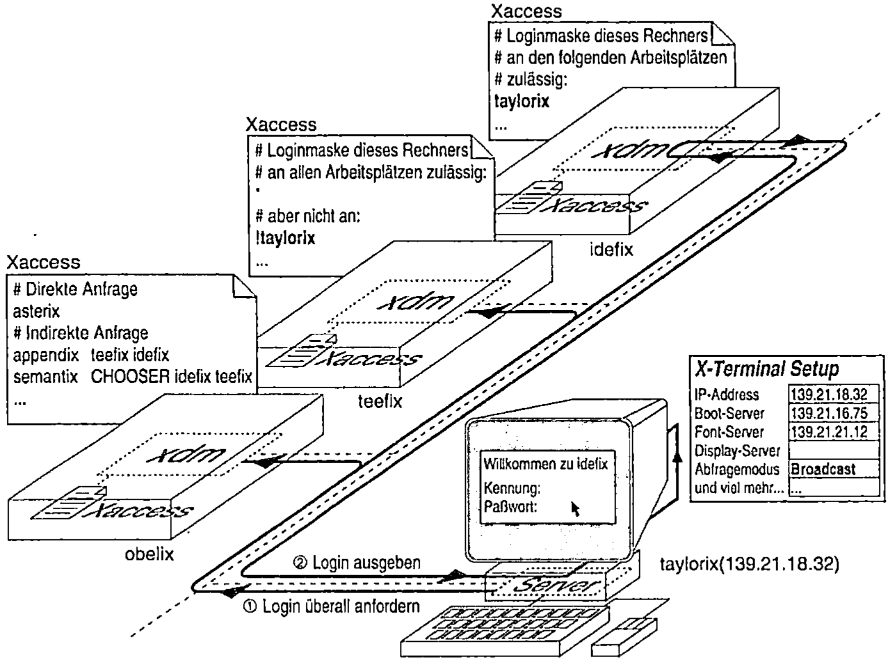

Abb. 7.6 Die Rundfunk- oder 'Broadcast'-XDMCP-Anfrage. Das X-Terminal *taylorix* fordert *xdm* an jedem Hostrechner in der Netzdomaine auf, die Arbeitsplatzverwaltung an *taylorix* zu übernehmen. Der erste *xdm*, der einen passenden Eintrag zu *taylorix* in seiner *Xaccess*-Datei findet und positiv reagiert, gibt seine Anmeldungsmaske an *taylorix* aus.

Die Rundfunk (Broadcast)-Variante

In einem Netzwerk mit vielen Hostrechnern, die alle die gleichen Dienste zur Verfügung stellen, will man sich nicht unbedingt an einem bestimmten, sondern an irgendeinem Rechner anmelden. Für diesen Fall stellt man am X-Terminal die Variante 'Broadcast' statt 'Direct' ein. Beim expliziten Aufruf des X-Servers gibt man die Option '-broadcast' statt '-query *Rechnername*' an. Dadurch wird jeder *xdm*-Rechner in der Netzwerkdomaine angesprochen.

Das Verfahren am angesprochenen Rechner bleibt unverändert – der erste, der einen passenden Eintrag in seiner *Xaccess*-Datei findet, gibt seine Anmeldungsmaske am Arbeitsplatz aus. Speziell wegen dieser Variante ist es wichtig, den Inhalt der *Xaccess*-Datei genau zu überdenken. Wenn man verhindern möchte, daß jeder die Anmeldungsmaske eines Rechners bekommen kann, sollte man auf jeden Fall die Angabe von '*' vermeiden.

Die indirekte Variante

Eine Eigenschaft der 'direkten' und 'Rundfunk'-Varianten ist, daß die Steuerung der Maskenausgabe, bis auf die mögliche Ablehnung durch einen *xdm*-Rechner, an den Arbeitsplätzen oder X-Terminals liegt. In größeren Netzen bildet dies ein administratives Hindernis, da man Änderungen nur direkt am X-Terminal vornehmen kann. Daraus ergeben sich Probleme, wenn man zum Beispiel zehn X-Terminals, die von einem Hostrechner versorgt werden, auf einen anderen umstellen möchte. Unter solchen Umständen, benutzt man die indirekte Variante der XDMCP-Kommunikation, die den Schwerpunkt der Steuerung zum Hostrechner verlagert. An allen betroffenen X-Terminals werden die Variante 'Indirect' und die Netzadresse oder der Name eines bestimmten *xdm*-Rechners im Einstellungsmenü eingetragen. Beim expliziten Aufruf eines X-Servers gibt man dagegen die Option '-indirect *Rechnername*' an.

Dem ausgewählten Rechner wird die Suche nach einem Hostrechner für einen anfragenden Arbeitsplatz überlassen, er spielt daher eine Vermittlerrolle zwischen Hostrechnern und Arbeitsplätzen oder X-Terminals. Wenn der angesprochene *xdm* den Arbeitsplatz als direkten Eintrag (wie oben) in seiner *Xaccess*-Datei findet, gibt er seine eigene Anmeldungsmaske am Arbeitsplatz aus. Sonst sucht er einen 'indirekten' Eintrag des anfragenden Arbeitsplatzes in seiner *Xaccess*-Datei. Ein 'indirekter' Eintrag ist, im Gegensatz zu den 'direkten' Einträgen, nicht alleinstehend, sondern ihm folgt eine Liste von Hostrechnern oder anderen Stichworten, und er hat eine der drei folgenden Formen:

Arbeitsplatz	*Hostrechner1 Hostrechner2 ...*
Arbeitsplatz	CHOOSER *Hostrechner1 Hostrechner2 ...*
Arbeitsplatz	CHOOSER BROADCAST

Der Ablauf bei der ersten Form ist unkompliziert; eine indirekte Anfrage von einem Arbeitsplatz wird an alle Rechner in der anschließenden Liste ('die Hostliste') weitergeleitet. Der erste unter ihnen, der einen passenden, direkten Eintrag des Arbeitsplatzes in seiner *Xaccess*-Datei findet, gibt seine Anmeldungsmaske an dem Arbeitsplatz aus. Dieses Verfahren ähnelt der 'Rundfunk'-Variante der Kommunikation, nur wird die Menge von angesprochenen Hostrechnern explizit eingeschränkt. Jokerzeichen sind weiterhin bei der Angabe von Arbeitsplätzen, aber nicht von Hostnamen zulässig. Bei Hostnamen wird dagegen ein anderer Mechanismus eingesetzt, indem Gruppen von Hostnamen Kurznamen zugewiesen werden. Der Kurzname kann anschließend anstelle der ganzen Gruppe verwendet werden.

```
$ cat /usr/lib/X11/xdm/Xaccess
...
%gallier          obelix idefix ...
appendix          %gallier
...
```

Um zu schildern, wie die indirekte Variante zur Zentralisierung der Anmeldungsverwaltung führen kann, folgt ein konkretes Beispiel: Man stelle sich ein Netzwerk mit den Hostrechnern *obelix*, *idefix*, *teefix* und *meister* vor. Ebenfalls angeschlossen sind zehn Tektronix-, zehn Visual- und zehn NCD-X-Terminals. Sie sollen Anmeldungsmasken von *obelix*, *idefix* bzw. *teefix* erhalten. Der erste Schritt ist, an jedem X-Terminal die XDMCP-Variante auf 'Indirect' und den *xdm*-Rechner auf *meister* oder dessen Netzwerkadresse zu setzen. Dadurch wird *meister* die Steuerung der Anmeldungsmaskenvergabe netzweit überlassen. Auf *meister* wird die *Xaccess*-Datei mit indirekten Einträgen ausgefüllt, um alle indirekten Anfragen

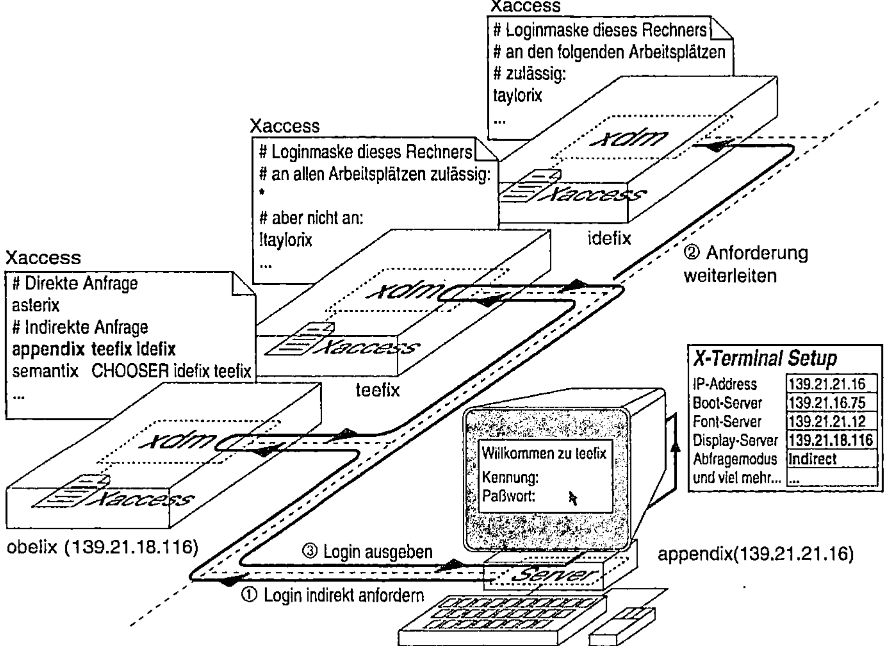

Abb. 7.7   Die indirekte XDMCP-Anfrage. Der X-Server am X-Terminal *appendix* nimmt Verbindung zu *xdm* am Hostrechner *obelix* auf und überläßt ihm die Vermittlung eines willigen Hostrechners. *xdm* sucht einen Eintrag zu *appendix* in seiner *Xaccess*-Datei und leitet die Anfrage an *teefix* und *idefix* entsprechend weiter. Darauf reagiert *teefix* positiv und gibt seine Maske an *appendix* aus.

der verschiedenen X-Terminals an den entsprechenden Host weiterzuleiten. Dagegen enthalten die *Xaccess*-Dateien auf den Hostrechnern *obelix*, *idefix* und *teefix* nur noch direkte Einträge, um den zugehörigen X-Terminals den eigentlichen Zugang zu gewährleisten:

```
$ hostname
meister
$ cat /usr/lib/X11/xdm/Xaccess
tek*              obelix
ncd*              idefix
vis*              teefix

...
$ rsh obelix cat /usr/lib/X11/xdm/Xaccess
tek*
$ rsh idefix cat /usr/lib/X11/xdm/Xaccess
ncd*
$ rsh teefix cat /usr/lib/X11/xdm/Xaccess
vis*
```

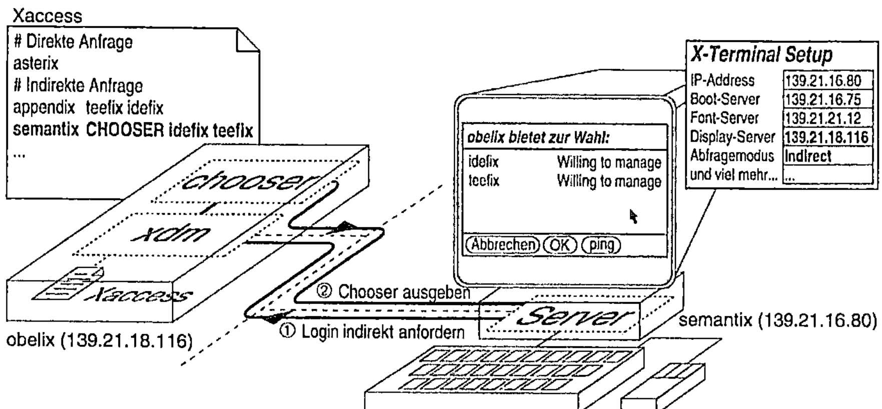

Abb. 7.8 Der Chooser. Ab X Version 'X11R5' reagiert *xdm* auf die indirekte Anfrage eines X-Servers mit dem sog. Chooser, wenn der entsprechende Eintrag in der *Xaccess*-Datei mit dem Stichwort 'CHOOSER' gekennzeichnet ist. Der Chooser gibt eine Liste von bereitwilligen Hostrechnern am X-Terminal aus – damit kann der Anwender den Rechner auswählen, an dem er sich anmeldet.

Ab X Version 'X11R5' kann das spezielle Stichwort 'CHOOSER' bei der Zusammenstellung eines indirekten Eintrages in der *Xaccess*-Datei verwendet werden. Wie bisher werden die einzelnen Hostrechner in der anschließenden Hostliste gefragt, ob sie bereit sind, ihre Anmeldungsmaske an dem anfragenden Arbeitsplatz auszugeben. Erscheint das zusätzliche Stichwort 'BROADCAST', so werden alle Rechner in der Netzdomaine gefragt. Aber statt dem ersten zusagenden Hostrechner die Verwaltung eines Arbeitsplatzes zu überlassen, wird die gesamte Liste der bereitwilligen Hostrechner am Arbeitsplatz ausgegeben, und der Anwender kann selbst wählen, an welchem Hostrechner er sich anmeldet.

Mit einer der drei XDMCP-Varianten wird die Übernahme der Verwaltung eines Arbeitsplatzes durch *xdm* an einem bestimmten Hostrechner vereinbart. Egal welche Variante verwendet wird, der Fortlauf des Verfahrens ist gleich und ähnelt der Verwaltung eines lokalen X-Servers: *xdm* legt einen neuen *xdm*-Prozeß für die exklusive Verwaltung des jeweiligen Arbeitsplatzes an. Dieser läuft im *xdm*-Zyklus fort und bereitet die Ausgabe der Anmeldungsmaske vor – wie im nächsten Kapitel beschrieben.

7.6 Zusammenfassung

Dieses Kapitel behandelte den Aufruf von *xdm* und die Absprache mittels XDMCP zwischen einem X-Server und *xdm*, die der Übernahme der Arbeitsplatzverwaltung durch *xdm* vorausgeht. In der Praxis dreht es sich meistens um Einträge in nur drei Quellen: die *Xservers*-Datei, die *Xaccess*-Datei und das Einstellungsmenü. Im lokalen Fall, zum Beispiel auf einer Workstation, entfällt die XDMCP-Absprache, und die Einrichtung besteht daraus, den Startbefehl für den X-Server in die Konfigurationsdatei *Xservers* einzutragen und *xdm* in einer Bootdatei der Workstation aufzurufen.

Im netzweiten Fall, zum Beispiel um einen X-Terminal an eine Workstation anzuschließen, müssen zwei Aspekte berücksichtigt werden. Zum einen stellt man das Einstellungsmenü des X-Terminals so ein, daß der X-Server Verbindung mit einer der XDMCP-Varianten zur Workstation nach Einschalten des X-Terminals aufnimmt. Zweitens muß ein entsprechender Eintrag in der *Xaccess*-Datei der angesprochenen Workstation gemacht werden, so daß *xdm* die Ausgabe der Anmeldungsmaske am X-Terminal gestattet oder eine indirekte Anfrage weiterleitet.

Damit ist die erste Phase des *xdm*-Zyklus (siehe Abb. 6.1) zu Ende. Zu diesem Zeitpunkt läuft *xdm* und es steht fest, daß er die Verwaltung eines lokalen oder fernen Arbeitsplatzes übernimmt – allein zu diesem Zweck ist ein neuer *xdm*-Prozeß angelegt worden – sein weiterer Verlauf wird als nächstes beschrieben. Der ursprüngliche *xdm*-Prozeß 'horcht' weiterhin auf die Verbindungsaufnahme von anderen Arbeitsplätzen im Netz.

⑧ Die Ausgabe der Anmeldungsmaske

8.1 Einführung

Dieses Kapitel setzt die detaillierte Behandlung der Einrichtung von *xdm* mit der zweiten Phase des *xdm*-Zyklus fort (Abb. 6.1 und 8.1). Es werden dabei zwei weitere Einträge in der zentralen Konfigurationsdatei *xdm-config* vorgestellt: 'resources' und 'setup'. Beim ersten kann eine Ressourcendatei angegeben werden, deren Inhalt vor der Maskenausgabe zum X-Server mittels *xrdb* übertragen wird. Mit den enthaltenen Ressourcen wird das Aussehen und Verhalten der Anmeldungsmaske beeinflußt. Bei 'setup' kann ein allgemeines Skript angegeben werden, das *xdm* ebenfalls vor der Maskenausgabe ausführt. In diesem Skript werden weitere Anpassungen durchgeführt, die nicht mit Ressourcen erreicht werden können.

Diese Phase des *xdm*-Zyklus ist unkompliziert und benötigt nur wenige Erklärungen. Daher ist es möglich, in diesem Kapitel mehrere Abstecher in die X-Umgebung zu machen. Dabei werden die Verwendung von *cpp*-Anweisungen in

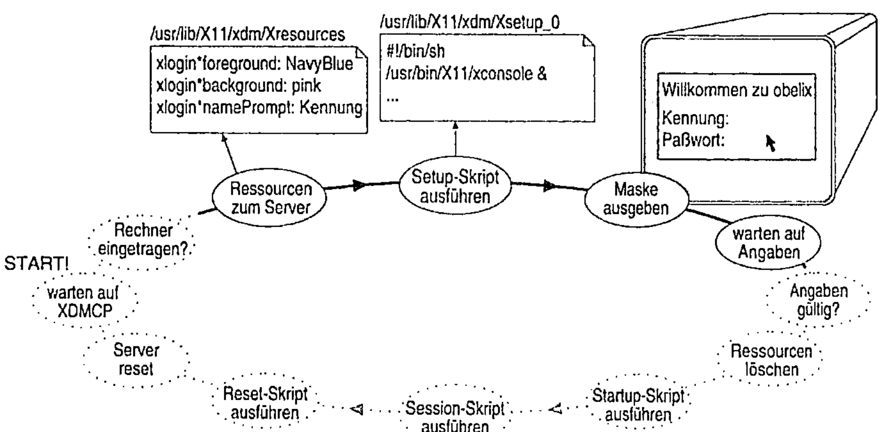

Abb. 8.1 Ausgabe der Anmeldungsmaske durch *xdm*. Nachdem die Verwaltung eines Arbeitsplatzes mittels XDMCP vereinbart wird, überträgt *xdm* eine Ressourcendatei mittels *xrdb* zum X-Server und führt ein Setup-Skript aus. Anschließend gibt er die Anmeldungsmaske am Arbeitsplatz aus.

Ressourcendateien, eine neue Widget-Eigenschaft namens *translations* und die Einstellung der Tastatur durch den Standard-Client *xmodmap* erläutert.

8.2 Die Übertragung von Ressourcen zum X-Server

Kurz bevor die Anmeldungsmaske ausgegeben wird, besteht durch *xdm* noch die Möglichkeit, Ressourcen zu setzen. *xdm* sucht nämlich den Eintrag einer Ressourcendatei in seiner zentralen Konfigurationsdatei *xdm-config* und überträgt deren Inhalt gegebenenfalls zum X-Server mittels *xrdb*:

```
$ cat /usr/lib/X11/xdm/xdm-config

...

DisplayManager*resources:          /usr/lib/X11/xdm/Xresources

...
```

Da die Anmeldungsmaske und der Chooser auf Basis des X-Toolkits (allerdings nicht mit Motif- sondern Athena-Widgets) entwickelt wurden, kann ihr Aussehen in dieser Phase noch durch Ressourcen eingestellt werden. Dafür bildet die Datei *Xresources* den idealen Ablageort. Für die Details der setzbaren Ressourcen wird der Leser auf die X-Dokumentation verwiesen. Hier ein einfaches Beispiel, das die verwendeten Beschriftungen auf deutsche Texte umsetzt.

```
$ cat /usr/lib/X11/xdm/Xresources
xlogin*greeting:          Willkommen zu obelix
xlogin*namePrompt:        Name:
xlogin*passwdPrompt:      Paßwort:
xlogin*fail:              Ungültige Angaben, bitte versuchen Sie es erneut!
Chooser*label.label:      obelix stellt die folgenden Hostrechner zur Wahl:
Chooser*cancel.label:     Abbrechen
Chooser*acceptit.label:   OK
Chooser*ping.label:       ping
```

Diese Ressourcen haben eine Schwäche; sie gelten für alle Anmeldungsmasken, egal an welchen Arbeitsplätzen sie ausgegeben werden. Dieses Problem kann auf zwei Arten gelöst werden:

Arbeitsplatzangabe in der 'xdm-config'

Die Definition der Ressourcendatei, die von *xdm* zum X-Server übertragen wird, gehört zu den Ressourcen von *xdm*, die abhängig vom Arbeitsplatz oder vom Arbeitsplatztyp gemacht werden können. Diese Eigenschaft der *xdm-config* wurde schon im Kapitel 6 beschrieben. Dabei wird der Bezeichner ($DISPLAY) oder die Klasse eines spezifischen Arbeitsplatzes anstelle des Jokerzeichens in die Spezifikation eingefügt, wie das folgende Beispiel zeigt:

```
$ cat /usr/lib/X11/xdm/xdm-config
...
DisplayManager*resources:                /usr/lib/X11/xdm/Xresources
DisplayManager.asterix_0.resources:      /usr/lib/X11/xdm/Xresources_asterix
DisplayManager.VISUAL-X19TURBO.resources:  /usr/lib/X11/xdm/Xresources_visual
...
```

Bei dieser Konfiguration werden die Ressourcen, die in der Datei *Xresources* enthalten sind, zu jedem Arbeitsplatz übertragen mit zwei Ausnahmen: Der Arbeitsplatz 'asterix:0' erhält die Ressourcen in *Xresources_asterix* und allen 'Visual'-Arbeitsplätzen werden diejenigen in *Xresources_visual* zugeordnet. Jede Datei enthält die entsprechenden Einstellungen für den jeweiligen Arbeitsplatz.

xrdb und cpp

Die andere Methode, das Aussehen der Anmeldungsmaske dem Arbeitsplatz anzupassen, nutzt eine bisher unerwähnte Leistung des X-Clients *xrdb* aus: Mit *xrdb* können Ressourcen von bestimmten Eigenschaften des jeweiligen Arbeitsplatzes abhängig gemacht werden, zum Beispiel davon, ob der Monitor farbig ist, oder welche Größe der Monitor hat. Bevor *xrdb* den Inhalt einer Ressourcendatei zum X-Server überträgt, holt er sich Informationen zum aktuellen Arbeitsplatz vom X-Server und läßt den Inhalt der Datei mit dem C-Preprozessor *cpp* anhand von diesen Informationen filtern. Um diese Informationen zu benutzen, könnte die Ressourcendatei *Xresources* wie folgt erweitert werden:

```
$ cat /usr/lib/X11/xdm/Xresources
#ifdef COLOR
xlogin*Foreground:        NavyBlue
xlogin*Background:        LightSkyBlue
xlogin*greetColor:        red
Chooser*Foreground:       NavyBlue
Chooser*Background:       LightSkyBlue
#else
xlogin*Foreground:        black
xlogin*Background:        white
Chooser*Foreground:       black
Chooser*Background:       white
#endif
xlogin*greeting:          Willkommen zu CLIENTHOST
xlogin*namePrompt:        Name:
xlogin*passwdPrompt:      Paßwort:
xlogin*fail:              Ungültige Angaben, bitte versuchen Sie es erneut!
Chooser*label.label:      CLIENTHOST bietet zur Wahl:
Chooser*cancel.label:     Abbrechen
Chooser*acceptit.label:   OK
Chooser*ping.label:       ping
```

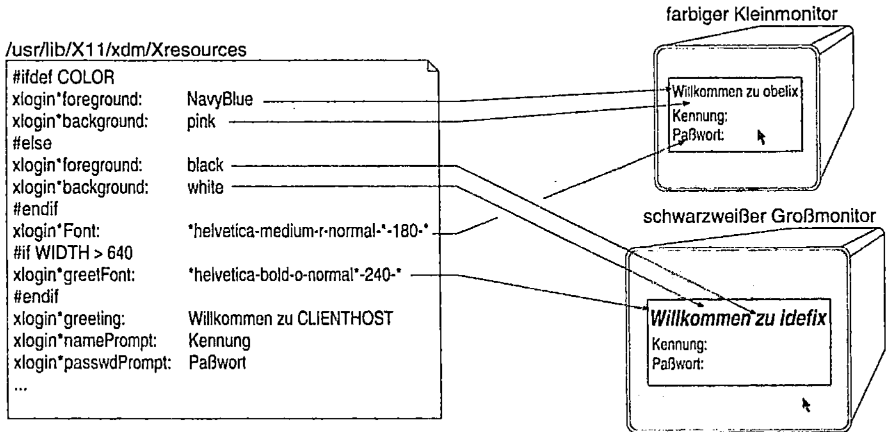

Abb. 8.2 *xrdb* und *cpp*. Ressourcendateien, die mit *xrdb* zum X-Server übertragen werden, können *cpp*-Anweisungen enthalten, um die Ressourcen von den Eigenschaften des jeweiligen Arbeitsplatzes (hier Farbe und Größe) abhängig zu machen.

Auf das Verfahren wird nicht detailliert eingegangen, hier nur die zwei wichtigsten Eigenschaften: Zum einen werden bestimmte symbolische Platzhalter, z.B. CLIENTHOST, SERVERHOST, WIDTH, HEIGHT, die in der Ressourcendatei auftreten, durch ihre jeweiligen Werte ersetzt (zum Beispiel asterix, obelix, 1024, 768). Auf diese Weise wird in der gezeigten Anmeldungsüberschrift die Angabe 'CLIENTHOST' gegen den Namen des aktuellen *xdm*-Rechners ersetzt. Für weitere Informationen zur gesamten Menge der gültigen Platzhalter wird auf die Standarddokumentation von *xrdb* verwiesen. Zum anderen bilden Zeilen, die mit '#' anfangen, diesmal nicht Kommentare, sondern Anweisungen an *cpp*, die nachfolgenden Blöcke von Ressourcen nur unter bestimmten Umständen zuzulassen. In diesem Beispiel werden die drei farbigen Einstellungen für die Anmeldungsmaske nur dann zum X-Server übertragen, wenn der Monitor tatsächlich Farbe (COLOR) unterstützt. Für Informationen zu den Anweisungen wird auf die Standarddokumentation von *cpp* verwiesen.

Diese Erweiterung gilt nur für Ressourcendateien, die mittels *xrdb* zum X-Server übertragen werden – andere Ressourcenquellen werden nicht mit dem *cpp*-Programm gefiltert.

Die Bedeutungen der verschiedenen Ressourcen, die in den bisherigen Beispielen verwendet wurden, stellen, zumindest für Leser mit Kenntnissen der englischen Sprache, kein Problem dar. Jetzt wird eine neue Ressource vorgestellt, deren Bedeutung und Einsatz etwas unverständlicher erscheint.

Die Translationstabelle der Anmeldungsmaske

Die verschiedenen Ressourcen, die bis jetzt besprochen wurden, dienen hauptsächlich dem ästhetischen Aufbau der Anmeldungsmaske bzw. des Choosers. Die Anmeldungsmaske besitzt jedoch eine weitere Ressource, die sogenannte *Translationstabelle*, die einen funktionellen Einfluß auf die Maske ausübt und dabei ein ganz bestimmtes Problem lösen kann:

Dieses Problem tritt etwas später im *xdm*-Zyklus auf, und zwar nach der Anmeldung eines Benutzers (siehe Abb. 8.1 oder 6.1). In jener Phase wird ein Skript (die Session) ausgeführt, das die Arbeitsumgebung des angemeldeten Anwenders aufbaut. Im Standardfall werden der Fensterverwalter und ein Terminalemulator für ihn gestartet, aber wenn der Anwender ein eigenes Skript anlegt, wird statt dessen dieses ausgeführt. Dabei hat der Anwender die Wahl, entweder die Standardumgebung zu nehmen oder eine eigene nach Belieben zu gestalten. In der Phase vor der Anmeldung ist ein Aspekt zu beachten: Unterläuft dem Anwender ein Fehler in der Erstellung eines eigenen Session-Skripts, so tritt ein Problem auf, wenn er das nächste Mal versucht, sich anzumelden. Bei jedem Anmeldungsversuch wird er durch den Fehler gleich wieder abgemeldet. Das heißt, er gerät in einen Teufelskreis, da er sich erst erfolgreich anmelden müßte, um den Fehler zu beheben.

Die Lösung dieses Problems liegt schon in einer früheren Phase des *xdm*-Zyklus, nämlich bei der Zusammenstellung der *Xresources*-Datei. Hier können Vorkehrungen durch eine entsprechende Ressourcendefinition der Anmeldungsmaske getroffen werden. Damit bewirkt man, daß durch Abschließen der Maske mit der Taste 'F1' statt 'Return' nicht das (fehlerhafte) Anwenderskript, sondern ein Standardskript ausgeführt wird. Auf diese Weise gelingt dem Anwender der Zugang zum System wieder, und er kann sein Skript überprüfen. Die erforderliche Definition sieht folgendermaßen aus:

```
xlogin*login.translations:   #override\
        <Key>Return:         set-session-argument() finish-field()\n\
        Ctrl<Key>Return:     set-session-argument(failsafe) finish-field() \n\
        <Key>F1:             set-session-argument(failsafe) finish-field()
```

Auf Anhieb wirkt diese Einstellung kompliziert, dennoch läßt sie sich mit etwas Hintergrundwissen verstehen. Die Ressource 'translations' verweist auf die Translationstabelle der Anmeldungsmaske. Diese Tabelle wird intern im Widget (namens 'login') gehalten und bestimmt das Laufzeitverhalten der Maske. Sie enthält einen Satz von Zuordnungen zwischen Ereignissen, die beim Widget eintreffen, und Aktionen, die das Widget darauf hin durchführt. Zum Beispiel reagiert das Widget auf das Drücken einer Taste bei der Angabe der Kennung, indem es das Zeichen am Bildschirm zeichnet.

In dem obigen Beispiel wird die eingebaute Translationstabelle der Anmeldungsmaske mittels Ressourcen den eigenen Bedürfnissen angepaßt, indem sie um drei Einträge ergänzt wird. Jeder Eintrag befindet sich auf einer eigenen Zeile und hat zwei Teile – auf der linken Seite steht die Bezeichnung einer bestimmten Ereignisfolge (Eingabetaste, Strg-Eingabetaste usw.), auf der rechten Seite dagegen steht die Serie von Aktionen, die auszuführen ist, wenn die jeweilige Ereignisfolge eintrifft. Hier gibt man eine besondere Aktion der Maske 'set-session-argument' an, die sich das angegebene Argument ('failsafe' bzw. nichts) merkt. Später wird dieses als Argument beim Aufruf des Session-Skripts (*Xsession*) übergeben. Die Definition könnte so verstanden werden:

```
xlogin*login.translations:          #um die folgenden Einträge ergänzen
        Eingabetaste gedrückt?       setze Session-Argument auf nichts, schließ ab
        Ctrl-Eingabetaste gedrückt?  setze Session-Argument auf 'sicher', schließ ab
        F1-Taste gedrückt?           setze Session-Argument auf 'sicher', schließ ab
```

Das Session-Skript kann prüfen, ob es mit dem Argument 'failsafe' aufgerufen wurde, und vermeidet gegebenenfalls die Ausführung des fehlerhaften Anwenderskripts. Dieser Teil des Verfahrens wird im nächsten Kapitel erläutert.

Ein allgemeines Wort zu Translationstabellen: Sie sind eigentlich nicht *xdm*-spezifisch, im Gegenteil, fast alle Widgets (bis auf die optimierten 'Gadget'-Varianten) besitzen eine Translationstabelle – sie bilden daher ein mächtiges Instrument zur Anpassung des allgemeinen Verhaltens eines X-Clients. Trotzdem bleiben sie eine bewundernswerte Einrichtung, die bei den nüchternen Ansprüchen der meisten Anwender bzw. Administratoren selten zum Einsatz kommt. Der interessierte Leser findet eine formale Beschreibung der Zusammenstellung von Translationstabellen in der Standarddokumentation. Auf jeden Fall sollte man einen Blick in die bestehende *Xresources*-Datei werfen, um zu prüfen, ob ein solcher Eintrag vorhanden ist. Wenn nicht, ist es sinnvoll, die obere Definition den bestehenden Ressourcen hinzuzufügen. Die Tasten, die man betätigen müßte, um eine 'sichere' Arbeitsumgebung zu bekommen, sollte man sich für zukünftige Pannen merken.

8.3 Das Xsetup-Skript

Der letzte Abschnitt beschrieb, wie die Ressourcendatei 'Xresources' verwendet werden kann, um spezifische Vorgaben für das Aussehen und Verhalten der Anmeldungsmaske und des Choosers festzulegen. In älteren Versionen von X (X11R4 oder älter) gibt *xdm* als nächstes die Anmeldungsmaske am Arbeitsplatz aus. Die neueste Version von X (X11R5) enthält jedoch eine weitere Vorstufe zur Maskenausgabe: *xdm* sucht den Eintrag eines 'Setup'-Skripts für den jeweiligen Arbeitsplatz in der *xdm-config* und führt dieses gegebenenfalls aus. Ansonsten hat man erst *nach* einer erfolgreichen Anmeldung die Möglichkeit, ein Skript (z.B. *Xstartup*) auszuführen.

```
$ cat /usr/lib/X11/xdm/xdm-config
...
DisplayManager*setup:       /usr/lib/X11/xdm/Xsetup
DisplayManager._0.setup:    /usr/lib/X11/xdm/Xsetup_console
...
```

Das Setup-Skript dient hauptsächlich dazu, Einstellungen des Arbeitsplatzes vorzunehmen, die nicht durch Ressourcen erreicht werden können. Zum Beispiel kann man die Hintergrundfarbe des Monitors oder die genaue Belegung der Tastatur in dieser Phase festlegen. Auf jeden Fall ist bei der Einrichtung des Skripts Sorgfalt geboten: Das eigentliche Anmeldungsverfahren darf nicht durch irgendwelche X-Clients gestört werden. Vorsichtshalber sollte das Skript immer im voraus ausprobiert werden, bevor es in die *xdm-config* eingetragen wird. Nachfolgend werden drei

Aufgaben beschrieben, die sinnvollerweise in das Setup-Skript eingebaut werden können.

Hintergrundfenster anpassen

Verschiedene Eigenschaften vom Hintergrund des Bildschirms, z.B. dessen Farbe, Muster und Cursor, können im Setup-Skript festgelegt werden. Dieser Hintergrund wird als Fenster (das *Root-Fenster*) behandelt, aber da es nicht einem X-Client sondern dem X-Server selbst gehört, kann es nicht durch Ressourcen beeinflußt werden. Statt dessen wird der Standard-Client *xsetroot* verwendet, um dem X-Server die gewünschten Einstellungen mitzuteilen: Sie werden als Optionen beim Aufruf von *xsetroot* angegeben. Zum Beispiel wird durch den folgenden Aufruf im Setup-Skript der gemusterte Hintergrund auf eine ebene blaue Fläche umgestellt:

```
$ cat /usr/lib/X11/xdm/Xsetup
#!/bin/sh
/usr/bin/X11/xsetroot -solid SkyBlue

...
```

Schon dieser einfache Aufruf hat zwei Schwächen. Zum einen sind vielleicht manche Arbeitsplätze nicht farbig – dann müssen arbeitsplatzspezifische Skripts angelegt und die entsprechenden Verweise in *xdm-config* eingetragen werden. Zum anderen können mehrere Bildschirme an einem Arbeitsplatz (insbesondere bei CAD/CAM-Systemen) angeschlossen sein. Solche Arbeitsplätze benötigen ein spezifisches Setup-Skript, in dem *xsetroot* für jeden Bildschirm aufgerufen wird – da sonst nur der erste auf blau umgestellt wird. Um sie einzeln anzusprechen, muß der genaue Display-Bezeichner, d.h. mit Bildschirmnummer, beim Aufruf von *xsetroot* angegeben werden. In der Regel tritt dieser Fall nur an der Konsole einer Workstation auf:

```
$ cat /usr/lib/X11/xdm/Xsetup_console
#!/bin/sh
/usr/bin/X11/xsetroot -display :0.0 -solid SkyBlue
/usr/bin/X11/xsetroot -display :0.1 -solid SkyBlue

...
```

Manche Lieferanten stellen weitere (nicht Standard-) X-Clients zur Verfügung, die eine Verallgemeinerung des Skripts ermöglichen. Zum Beispiel liefert 'Silicon Graphics' den X-Client *xlistscrns*, der die Display-Variablen der einzelnen Bildschirme eines Arbeitsplatzes auflistet. Er kann mit der folgenden Schleife eingesetzt werden:

```
$ cat /usr/lib/X11/xdm/Xsetup
#!/bin/sh
screens=`/usr/bin/X11/xlistscrns`
for screen in $screens
        do
        /usr/bin/X11/xsetroot -solid SkyBlue -display $screen
        done

...
```

Clients starten

Als zweite Aufgabe, die sich im Setup-Skript durchführen läßt, können weitere X-Clients gestartet werden. Dies beschränkt sich in der Regel auf das Starten des Standard-Clients *xconsole* (ab X11R5 verfügbar) im Setup-Skript der Konsole. Der X-Client *xconsole* fängt Meldungen des Betriebssystems, die direkt zur Konsole (/dev/console) geschickt werden, ab und leitet sie in ein Fenster (ähnlich *xterm*) um. Sonst würden solche Meldungen unter Umständen unkontrolliert am Bildschirm erscheinen.

```
$ cat /usr/lib/X11/xdm/Xsetup_console
...
/usr/bin/X11/xconsole -iconic
...
```

Bei diesem Aufruf sind zwei Aspekte zu beachten: Erstens muß er nicht mit '&' abgeschlossen werden, da er sich automatisch als Daemonprozeß in den Hintergrund stellt, d.h. das Skript wird nicht bis zu seiner Beendigung aufgehalten. Zweitens wirkt die Angabe von '-iconic' erst nach der Anmeldung am Arbeitsplatz, dann erscheint der X-Client *xconsole* als Icon am Monitor. Die enthaltenen Meldungen können kontrolliert werden, indem man durch Doppelklicken des Icons das Fenster auf seine volle Größe umschaltet.

Weitere Einstellungen für *xconsole*, z.B. dessen Geometrie, können entweder beim Aufruf als Option angegeben oder durch Ressourcen in der *Xresources_console*-Datei festgelegt werden. Welche Eigenschaften sich einstellen lassen kann der Standarddokumentation entnommen werden.

Außer *xconsole* sollte es nicht notwendig sein, irgendwelche anderen, nicht-administrativen X-Clients im Setup-Skript aufzurufen. Insbesondere wird aus Sicherheitsgründen davon abgeraten, X-Clients zu einer attraktiven Darstellung des Hintergrunds (z.B. als Aquarium) einzusetzen, wenn man nicht die *genaue* Funktionsweise des jeweiligen X-Clients kennt.

Tastaturbelegung

Die letzte hier beschriebene Aufgabe des Setup-Skripts betrifft die Eingabe von Zeichen an der Tastatur. Besonders im mehrsprachigen Europa kommt es häufig zu Problemen, wenn die Einstellung des Arbeitsplatzes nicht mit der jeweiligen Tastatur übereinstimmt. Es fehlen beispielsweise Tasten für Sonderzeichen 'ö', 'ü' usw. oder sie sind vorhanden, bleiben aber ohne Wirkung. Der folgende Abschnitt beschreibt zuerst die allgemeine Behandlung der Zeicheneingaben unter X und dann die Anpassungen, die anhand des Standard-Clients *xmodmap* im Setup-Skript und anderswo vorgenommen werden können.

Das Erscheinen eines Zeichens, wenn man eine Taste an der Tastatur drückt, wird von den meisten Anwendern für selbstverständlich gehalten. Aber im Hintergrund läuft eine ganze Kette von Vorgängen ab. Als erstes benachrichtigt der X-Server den X-Client, daß eine Taste gedrückt wurde und als letztes beauftragt der X-Client den X-Server ein Zeichen darzustellen. Dazwischen können eine ganze Reihe Probleme auftreten. Einerseits muß der X-Server über die angeschlossene Tastatur korrekt informiert sein (deutsch, englisch...), sonst teilt er unter Umständen einem X-Client die falsche Taste oder gar nichts mit. Andererseits muß er erwünschte Erweiterungen kennen – man möchte vielleicht eine englische Tastatur so einstellen, daß das Drücken der Alt-Taste mit 'o' ein 'ö' ergibt.

Die Lösung zum ersten Problem findet man bereits beim Starten des X-Servers. Die genaue Form hängt vom Hersteller ab, aber oft kann ein Verweis auf eine Einstellungsdatei für die jeweilige Tastatur als Option beim Aufruf des X-Servers angegeben werden. Eine solche Datei enthält Informationen über die einzelnen Tasten und deren Beschriftungen für einen bestimmten Tastaturtyp. Beispielsweise unterstützt der Silicon Graphics X-Server beim Aufruf die Angabe einer Option '-keymap':

```
$ ls /usr/lib/X11/input
BEL.xkm          DEU.xkm          SWE.xkm          USA.xkm
...

$ cat /usr/lib/X11/xdm/Xservers
:0               /usr/bin/X11/X   -keymap DEU.xkm
...
```

Bei X-Terminals befindet sich dagegen eine Option zur Angabe der jeweiligen Tastatur im Einstellungsmenü.

Die Lösung zum zweiten Problem erfolgt durch den Standard-Client *xmodmap*. Damit kann man einem laufenden X-Server kleinere Anpassungen oder Erweiterungen der Tastatureinstellung mitteilen, sofern die aktuelle nicht zufriedenstellend ist. Sollte zum Beispiel keine passende Datei oder Option zur Voreinstellung des X-Servers gefunden werden, erfolgt die gesamte Einstellung durch *xmodmap*. Bevor auf die Verwendung von *xmodmap* eingegangen wird, ist es notwendig, einige Begriffe zur Tastatureinstellung zu erläutern.

Keycodes, Keysyms und Moderators

Die Basis der Tastatureinstellung bilden zwei Tabellen, die im X-Server gehalten werden. Sie legen zum einen die Belegung der Tastatur fest und zum anderen, welche Tasten als Steuertasten agieren. Um diese Tabellen zu erklären, werden jetzt die wichtigen Begriffe *Keycode, Keysym* und *Moderator* schrittweise beschrieben.

Zuerst stelle man sich eine deutsche Tastatur vor – aber statt der üblichen Beschriftungen werden die Tasten nur mit Zahlen beschriftet. Jede Zahl identifiziert genau eine Taste und wird ein *Keycode* genannt. Bei einer bestimmten Art von Tastatur bleiben sie immer gleich – dagegen können sie zwischen verschiedenen Arten von Tastaturen stark variieren.

Als nächstes stellt man sich einen Karton vor, der mit alten Tasten von verschiedenen Tastaturen gefüllt ist. Die einzelnen Beschriftungen, die auf den Tasten zu finden sind, werden *Keysyms* genannt. Das sind nicht nur die ganzen druckbaren Zeichen wie 'a' – 'z', 'A' – 'Z', '0' – '9', 'ü', 'ö', sondern auch 'F1' – 'F10', 'Escape', 'Return', usw. Für *jede* Beschriftung gibt es ein Keysym.

Die erste *Belegungstabelle* im X-Server enthält die Belegung der einzelnen Keycodes (d.h. der physischen Tasten) mit Keysyms (deren Beschriftungen) für die angeschlossene Tastatur. Jede Taste kann bis zu vier Keysyms haben, zum Beispiel '4' und '$' oder 'o', 'O', 'ö' und 'Ö'. Je nachdem welche Umschalttasten zur glei-

feste tastatur-spezifische Keycodes

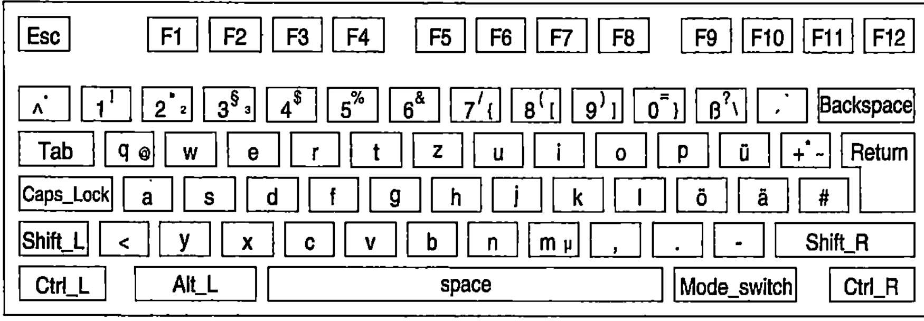

+ flexible Belegungstabelle Keycodes→Keysyms

Keycode	Keysyms - je nach Shift und Mode_switch			
	Normal	Shift	Mode_switch	Shift+Mode_s.
10	Control_L			
11	Caps_Lock			
12	Shift_R			
13	Shift_L			
14	Escape			
15	1	exclam	onesuperior	
16	Tab			
17	q	Q	at	
18	a	A	A	
...				
44	n	N	N	
45	8	parenleft	bracketleft	
46	9	parenright	bracketright	
47	l	l		
48	o	O		
49	l	L		

Keycode	Keysyms - je nach Shift und Mode_switch			
	Normal	Shift	Mode_switch	Shift+Mode_s.
50	odiaeresis	Odiaeresis		
51	m	M		
52	comma	semicolon		
53	0	equal	braceright	
54	ssharp	question	backslash	
55	p	P		
56	udiaeresis	Udiaeresis		
57	adiaeresis	Adiaeresis		
58	Return			
59	period	colon		
60	minus	underscore		
...				
90	space			
91	Alt_L			
92	Mode_switch			
...				

= effektive Beschriftung der Tastatur

Abb. 8.3 Die Belegungstabelle einer Tastatur. Die oberste Abbildung zeigt die einzelnen Keycodes einer bestimmten Tastatur. Die Belegungstabelle weist ihnen einen Satz von Standard-Keysyms zu, um der Tastatur eine effektive Beschriftung zu verleihen (unten).

chen Zeit gedrückt sind, wird zwischen den verschiedenen Keysyms gewechselt. Dadurch bestimmt die Belegungstabelle die effektive Beschriftung der gesamten Tastatur – sie sollte mit der eigentlichen Beschriftung übereinstimmen!

Die zweite Tabelle legt die Details der verschiedenen Steuertasten wie 'Control' oder 'Shift' fest. Auf Anhieb könnte man meinen, sie sei hinfällig, denn die Belegungstabelle enthält schon diese Informationen. Wozu benötigt man also eine zweite Tabelle? Ihr liegt die hohe Zahl von möglichen Beschriftungen oder Keysyms

Moderator	Keycodes
shift	12, 13
lock	11
control	10, 93
mod1	91
mod2	
mod3	
mod4	
mod5	92

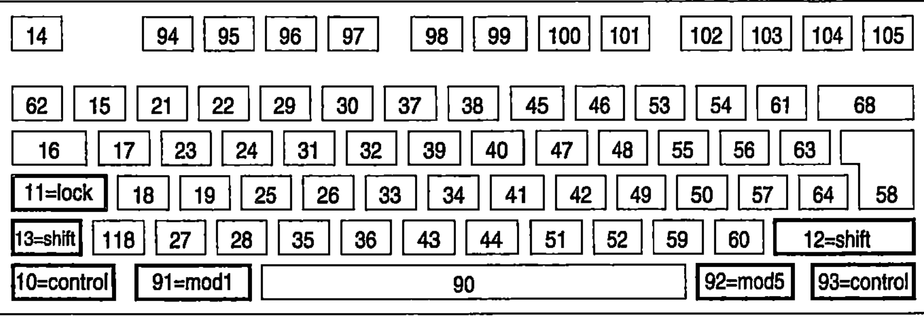

Abb. 8.4 Die Moderatorentabelle. Die Moderatorentabelle legt die Zuordnung von einem begrenzten Satz von logischen Steuertasten oder Moderatoren zu den Tasten einer Tastatur fest. Jeder Moderator kann mehreren (oder keinen) Tasten zugeordnet sein.

zugrunde, die als Steuertasten agieren können: es gibt ein Keysym für die linke Umschalttaste, noch eines für die rechte, noch ein Paar für die Alt-Tasten, noch ein Paar für die Control-Tasten, ... Außerdem besitzt jede Tastatur nur eine Untermenge der möglichen Steuertasten. Um diese Vielfalt einzugrenzen, verwendet X acht *logische* oder *abstrakte* Steuertasten, die *Moderatoren* genannt werden: 'shift', 'lock', 'control' und 'mod1'-'mod5'. 'mod1' ist auch als Alt- oder Metataste bekannt. Die *Moderatorentabelle* legt den konkreten Bezug zwischen den logischen Moderatoren und physischen Keycodes für die jeweilige Tastatur fest.

Die Behandlung der Umschalttasten verdient Aufmerksamkeit. Um ein konkretes Beispiel anhand der in Abb. 8.3 gezeigten Tastatur zu geben: Drückt man eine 'Shift'-Taste zusammen mit der Taste '8', so erhält man '('. Drückt man dagegen die rechte Alt-Taste mit '8', so erhält man '['. Dieses Verhalten wird durch die folgenden Einträge in den Tabellen bestimmt. Erstens sind die drei Keysyms für '8', '(' und '[' dem Keycode der entsprechenden Taste (45) in der Belegungstabelle zugeordnet. Nun muß noch festgelegt werden, welche Tasten die Umstellung von '8' auf '(' bzw. '[' bestimmen. Für den ersten Fall sind die Tasten 12 und 13 als Moderator 'shift' in der Moderatorentabelle eingetragen. Für die Umschaltung auf '[' gibt es dagegen keinen festen Moderator. Statt dessen ist die rechte Alt-Taste (92) als *irgendein* unbelegter Moderator 'mod5' *und* als Keysym 'Mode_switch' in der Belegungstabelle eingetragen – zusammen haben sie die erwünschte Auswirkung.

Der Einsatz dieser zwei Tabellen im X-Server ergibt einen für die Arbeit in der X-Umgebung entscheidenden Vorteil: X-Clients bleiben unabhängig von der angeschlossenen Tastatur, da der X-Server die Umsetzung der hardwareabhängigen Tasten in hardwareunabhängige Keysyms bzw. Moderatoren für sie vornimmt. Auf diese logischen Gegenstücke zu den physischen Tasten müssen die X-Clients lediglich reagieren. Dies erleichtert unter anderem die Erstellung von Translationstabellen, da die enthaltenen Ereignisfolgen mit Keysyms und Moderatoren zusammengestellt werden. Zum Beispiel ist die Einstellung von der Anmeldungsmaske anhand der Translationstabelle (siehe oben), bei 'Ctrl<key>Return' eine sichere Session auszuführen, unabhängig von den physischen Tasten, die gerade als Control-Taste und Return-Taste dienen. Dies ist bei *xdm* besonders wichtig, da er die Ausgabe seiner Anmeldungsmaske auf viele verschiedene Arbeitsplätze (mit unterschiedlichen Tastaturen) umlenken kann.

xmodmap

Der Standard-Client *xmodmap* bildet die praktische Seite der Einstellung von der Tastatur. Als erstes kann man damit die aktuelle Belegungstabelle ausgeben – dabei erscheinen die Keysyms in Klammern (die Hexadezimalzahlen können ignoriert werden):

```
$ xmodmap -pk

...

Keycode   Keysym(Keysym)
Value     Value(name)                  ...

...

14        0xff1b (Escape)
15        0x0031 (1)          0x0021(exclam)          0x00b9 (onesuperior)
16        0xff09 (Tab)
17        0x0071 (q)          0x0051 (Q)              0x0040 (at)

...

44        0x006e (n)          0x004e (N)
45        0x0038 (8)          0x0028 (parenleft)      0x005b (bracketleft)
46        0x0039 (9)          0x0029 (parenright)     0x005d (bracketright)

...
```

Ohne Option gibt *xmodmap* die aktuelle Moderatorentabelle aus. Dabei werden die acht Standard-Moderatoren und die Tasten, die ihnen gerade zugeordnet sind, aufgelistet. Die Tasten werden zum einen mit Keycodes (als Hexadezimalzahlen in Klammern) und zum anderen mit deren Keysyms (laut Belegungstabelle) identifiziert:

```
$ xmodmap

...

shift        Shift_L (0x0d), Shift_R (0x0c)
lock         Caps_Lock (0x0b)
control      Control_L (0x0a), Control_R (0x5d)
mod1         Alt_L (0x5b)
mod2
mod3
mod4
mod5         Mode_switch (0x5c)
```

Der X-Client *xmodmap* gibt nicht nur Informationen aus, sondern kann Änderungen an beiden Tabellen vornehmen. Nachfolgend wird beschrieben wie *xmodmap* eingesetzt wird, um den Zugang zu deutschen Buchstaben auf einer englischen Tastatur zu ermöglichen. Aber bevor man experimentiert, sollte man vorsichtshalber Kopien der voreingestellten Tabellen in Dateien abspeichern, da es manchmal schwierig ist, unerwünschte Änderungen rückgängig zu machen. Versuche sollten innerhalb einer normalen Session ausprobiert werden, bevor man sie in ein Setup-Skript (siehe unten) einbaut.

Um die bestehende Tastatureinstellung zu verändern wird *xmodmap* mit dem Namen einer Datei aufgerufen. In dieser Datei werden die erwünschten Änderungen abgelegt. Der folgende Aufruf erweitert die Belegung der Tasten 'a', 'o', 'u' und 's' um ihre deutschen Gegenstücke 'ä', 'Ä', usw. Anschließend kann auf diese in Kombination mit der 'Mode_switch'-Taste zugegriffen werden (Mode_switch-'a' ergibt 'ä', Shift-Mode_switch-'a' ergibt 'Ä' usw.). Falls keine Mode_switch-Taste vorhanden ist, wird weiter unten erklärt, wie man eine definieren kann.

```
$ cat test.key
keycode 18 =        a        A        adiaeresis        Adiaeresis
keycode 48 =        o        O        odiaeresis        Odiaeresis
keycode 40 =        u        U        udiaeresis        Udiaeresis
keycode 19 =        s        S        ssharp
$ xmodmap test.key
$
```

Diese Datei hat eine gewisse Schwäche, da man die Keycodes der Tasten erst kennen muß – meistens hat man keinen Plan der jeweiligen Tastatur (und die Keycodes hängen von der Tastatur ab; der Plan in Abb. 8.3 kann aller Wahrscheinlichkeit nach nicht als Vorlage genommen werden). Um dies zu umgehen, kann man das aktuelle Keysym der Taste, die man eigentlich setzen möchte, zur Identifizierung angeben. Diese Variante weist den zweiten Vorteil auf, daß sie auf jede Tastatur anwendbar ist. Es wird aber vorausgesetzt, daß die aktuelle Belegung der Tastatur korrekt ist.

```
$ cat test.key
keysym a =        a        A        adiaeresis        Adiaeresis
keysym o =        o        O        odiaeresis        Odiaeresis
keysym u =        u        U        udiaeresis        Udiaeresis
keysym s =        s        S        ssharp
$ xmodmap test.key
$
```

Unabhängig davon, ob man die 'keysym'- oder 'keycode'-Variante nimmt, gibt es drei Informationsquellen, von denen man Gebrauch machen kann. Erstens werden fertige Belegungstabellen für verschiedene Tastaturarten mit den meisten Systemen ausgeliefert. Je nach Ausführung werden sie in Dateien mit einer Endung wie '.km' in einem Unterordner von */usr/lib/X11* (z.B. *input* oder ähnliches) gespeichert. Findet man keine passende Tabelle für die angeschlossene Tastatur, dienen diese Dateien auf jeden Fall als exzellente Vorlage für eine eigene Tabelle. Zweitens enthält die Datei */usr/include/X11/keysymdef.h* die Namen von allen zulässigen

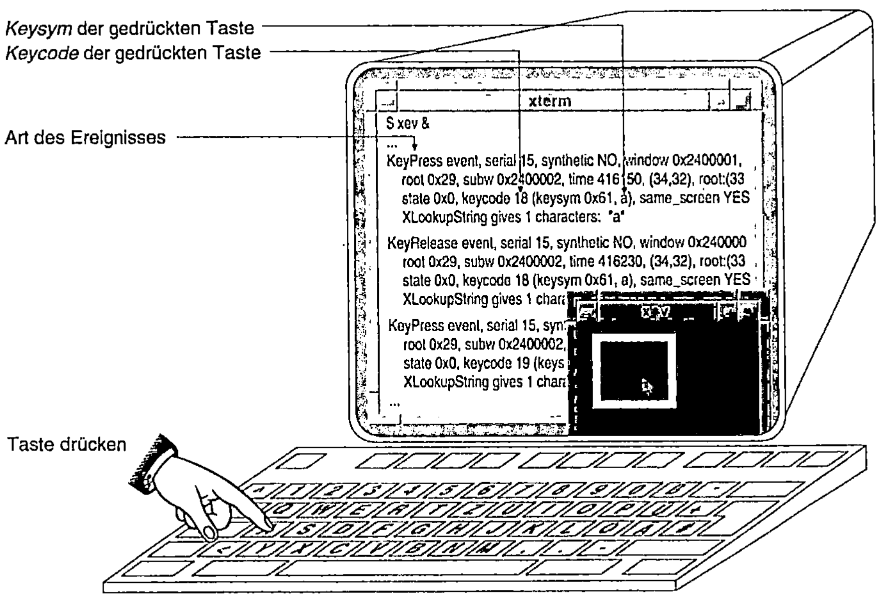

Abb. 8.5 *xev*. Der Standard-Client *xev* liefert zahllose Informationen zu Ereignissen, die von einem Fenster (mit dem weißen Rahmen) empfangen werden. Um Keycodes oder Keysyms einer Tastatur zu erfahren, sollte man die Maus in den Rahmen hineinbewegen und dann beliebige Tasten tippen.

Keysyms, falls man einen Namen nicht kennt (darin sind sie mit dem Anhänger 'XK_' versehen), kann man ihn dort erfahren. Drittens liefert der Standard-Client *xev* zahllose Informationen zu Ereignissen – darunter Tastendrücke. Aus dessen Ausgabe lassen sich die Keycodes für alle Tasten entnehmen.

Es kann sein, daß die Einträge in *test.key* dem Schein nach wirkungslos bleiben. Dies liegt wahrscheinlich an der aktuellen Einstellung der 'Mode_switch'-Taste. Sie ist entweder falsch oder nicht vorhanden. Mit *xmodmap* sollte man zuerst die bestehenden Tabellen anschauen – vielleicht sehen sie so aus:

```
$ xmodmap
...
shift           Shift_L (0x0d), Shift_R (0x0c)
lock            Caps_Lock (0x0b)
control         Control_L (0x0a), Control_R (0x5d)
mod1            Alt_L (0x5b), Alt_R (0x5c)
mod2
mod3
mod4
mod5
$ xmodmap -pk | fgrep Alt_L
91                      Alt_L
$ xmodmap -pk | fgrep Alt_R
92                      Alt_R
```

Dies würde bedeuten, daß keine Taste als 'Mode_switch' definiert ist. Unter solchen Umständen übernimmt man dafür eine (hier die rechte) der zwei Tasten, die als Moderator 'mod1' definiert sind. 'mod1' dient als reine 'Alt-Taste', beispielsweise um Motif-Menüs runterzuklappen, und könnte dann nur noch mit der linken Taste (Keycode 91) aktiviert werden. Mit der rechten Taste (Keycode 92) greift man auf 'ä', 'ö' usw. zu. Um dies zu erreichen, erweitert man die Datei *test.key* um die folgenden Einträge:

```
$ cat >> test.key
remove Mod1 = Alt_R
keysym Alt_R = Mode_switch
add Mod5 = Mode_switch
$
```

Alle drei Zeilen bewirken Änderungen der gleichen physischen Taste (Keycode 92): Die erste Zeile entfernt ihre Definition als Moderator (dann funktioniert nur noch die linke Taste (Keycode 91) als Alt-Taste). Die zweite Zeile ordnet ihr das Keysym 'Mode_switch' zu. Die letzte Zeile definiert sie als den Moderator 'mod5', der bisher unbelegt war.[3]

Wenn eine Datei genügend getestet worden ist, kann der Aufruf von *xmodmap* mit dieser Datei als Parameter in das Setup-Skript eingefügt werden. Dabei ist zu beachten, daß die Einstellungen zu dem jeweiligen Arbeitsplatz passen müssen: falls jeder eine andere Tastaturart hat, müssen arbeitsplatzspezifische Setup-Skripts angelegt werden, in denen der Zugriff auf eine geeignete Datei erfolgt. So könnte das gesamte Setup-Skript für die Konsole aussehen:

```
$ cat /usr/lib/X11/xdm/Xsetup_console
#!/bin/sh
/usr/bin/X11/xsetroot -solid LightBlue -display $screen
/usr/bin/X11/xconsole -iconic
/usr/bin/X11/xmodmap /usr/lib/X11/xmodmap/console.keys
$
```

8.4 Ausgabe der Anmeldungsmaske

Nachdem *xdm* die *Xresources*-Datei zum X-Server mittels *xrdb* übertragen und das Setup-Skript ausgeführt hat, wird die Anmeldungsmaske am fernen Arbeitsplatz ausgegeben. Diese Umlenkung geschieht mit den üblichen X-Mitteln, jedoch ist die explizite Angabe einer '-display'-Option nicht erforderlich (oder möglich), da die Informationen noch implizit durch die XDMCP-Kommunikation im *xdm*-Prozeß vorhanden sind. Anschließend wartet *xdm* nur noch auf die Anwenderangaben der Kennung und des Paßwortes.

---

[3] Falls ganz bestimmte Tasten an einer Workstation völlig ohne Wirkung bleiben (insbesondere bei *xev*), liegt dies wahrscheinlich an einer inkorrekten Einstellung der Tastatur auf Betriebssystemebene durch den Befehl *mapkey*.

8.5   Zusammenfassung

Das letzte Kapitel behandelte die Einrichtung vom Anmeldungsverfahren in Netzen durch *xdm* – dabei wurde die Bekanntschaft mit zwei Konfigurationsdateien gemacht: *Xservers* und *Xaccess*. In diesem Kapitel wurde die Behandlung von *xdm* mit der Anpassung der Anmeldung anhand von zwei weiteren Dateien, *Xresources* und *Xsetup*, fortgesetzt.

In der *Xresources*-Datei können Ressourcen abgelegt werden, die das Aussehen und Verhalten der Anmeldungsmaske, z.B. deren Farbe oder Schrift, dem jeweiligen Arbeitsplatz anpassen. Sie werden vor der Ausgabe der Maske zum X-Server am Arbeitsplatz mittels *xrdb* übertragen.

Danach wird das *Xsetup*-Skript von *xdm* ausgeführt. Die Verwendung dieses Skripts bleibt offen aber beschränkt sich üblicherweise auf die folgenden Aufgaben: Der Hintergrund des Monitors wird mit *xsetroot* eingestellt, bestimmte X-Clients (z.B. *xconsole*) werden gestartet und die Tastaturbelegung wird mit *xmodmap* festgelegt.

Als nächstes gibt *xdm* seine Anmeldungsmaske am Arbeitsplatz aus und wartet auf Anwenderangaben – sein Verhalten danach bildet das Thema des nächsten Kapitels.

 # Die allgemeine Arbeitsumgebung

9.1 Einführung

Dieses Kapitel schließt die detaillierte Behandlung der Einrichtung von *xdm* mit der dritten und letzten Phase des *xdm*-Zyklus ab (Abb. 6.1 und 9.1). In den bisherigen Kapiteln wurde erläutert, wie *xdm* eingerichtet wird, um die Verwaltung von ausgewählten Arbeitsplätzen zu übernehmen und anschließend entsprechende Anmeldungsmasken auszugeben. Jetzt geht es darum, die Dateien, auf die *xdm* zugreift, so aufzubauen, daß der Anwender eine Standardarbeitsumgebung bekommt, wenn er sich erfolgreich angemeldet hat. Die nachfolgenden Kapitel setzen das Thema Arbeitsumgebung fort und zeigen, wie ein Anwender Dateien anlegt, damit er nicht die Standardumgebung, sondern seine eigene spezielle Umgebung erhält.

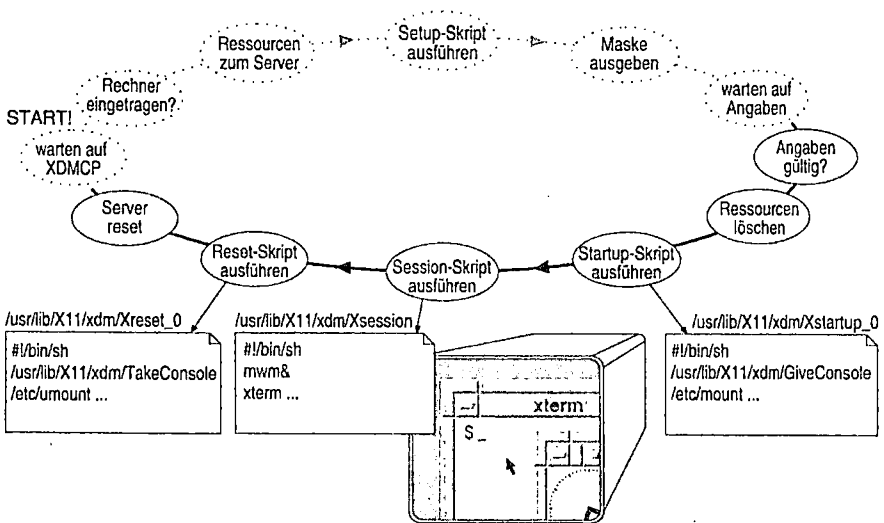

Abb. 9.1 Aufstellung der Arbeitsumgebung durch *xdm*. Nach Ausgabe der Anmeldungsmaske wartet *xdm* auf gültige Anwenderangaben. Sind diese erfolgt, tritt man aus Anwendersicht in eine sogenannte Sitzung ein, aus Systemsicht dagegen baut *xdm* eine Arbeitsumgebung für den Anwender anhand der gezeigten Skripte auf.

9.2 Überblick

Zuletzt wurde das Anmeldungsverfahren bis zur Ausgabe der Anmeldungsmaske beschrieben. Nachdem eine gültige Kombination von Kennung und Paßwort angegeben wurde, tritt *xdm* in die interessanteste Phase seines Zyklus ein: Sie bestimmt welche Arbeitsumgebung der angemeldete Anwender erhält. Zum Beispiel kann es sein, daß nach der Anmeldung nur ein Terminalemulator automatisch gestartet wird. Dann muß man sich bei jeder Anmeldung die Mühe machen, alle weiteren X-Clients, die benötigt werden, selbst zu starten. Die Umgebung kann aber auch so eingerichtet werden, daß man sofort eine maßgeschneiderte Umgebung erhält – alle benötigten X-Clients sind dann bereits aktiv und befinden sich schön geordnet auf dem Monitor.

Zu diesem Zweck führt *xdm* seine Reihe von Aufgaben, die in Abb. 9.1 gezeigt sind, fort. Analog zu den anderen Phasen seines Zyklus, läßt sich fast jede Aufgabe durch Ressourceneinträge in der zentralen Konfigurationsdatei *xdm-config* den jeweiligen Bedürfnissen anpassen. Vor allem aber hält *xdm* die anfängliche Gestaltung des Monitors völlig offen, indem er jene Aufgabe einem anderen X-Client oder Skript überläßt. Der X-Client oder das Skript wird als 'session' in der *xdm-config* eingetragen. Die Leistung von *xdm* besteht darin, das Skript im richtigen Moment mit einer entsprechenden Umgebung auszuführen.

Bei der Einrichtung der Arbeitsumgebung gibt es dann eine gewisse Teilung der Zuständigkeit zwischen *xdm* selbst und den von ihm ausgeführten Skripten. Als nächstes werden die reinen *xdm*-Aktivitäten erläutert – sie bilden den stabilen Rahmen des Anmeldungsverfahrens. Anschließend wird auf die eher praktische Seite der Einrichtung, nämlich auf die verschiedenen Skripte, eingegangen. Diese Skripte sind nicht sonderlich kompliziert, sie spielen aber eine Schlüsselrolle beim Aufbau einer anwenderfreundlichen X-Umgebung.

9.3 xdm-Aufgaben

Die erste und unentbehrliche Aufgabe von *xdm*, nachdem Kennung und Paßwort eingegeben wurden, betrifft die Sicherheit des Hostrechners. Als erstes prüft *xdm*, ob die Angaben gültig sind, bevor er den Zugang zu einem Hostrechner gewährt. Fehlerhafte Angaben werden mit dem Text, der als Ressource 'fail' in der *Xresources* definiert wurde (siehe letztes Kapitel), abgelehnt. Bei korrekten Angaben geht *xdm* zu den nachfolgenden Aufgaben über:

Zugangskontrolle zum Arbeitsplatz einrichten

Als nächstes sucht *xdm* einen 'authorize' Eintrag für den jeweiligen Arbeitsplatz in der *xdm-config*. Falls ein positiver Eintrag dafür vorhanden ist, richtet *xdm* die Umgebung so ein, daß die benutzerbezogene Zugangskontrolle für den Arbeitsplatz eingeschaltet ist. Damit wird verhindert, daß andere Anwender auf dem gleichen Rechner oder anderen Rechnern ihre X-Clients ohne Zustimmung auf diesen

Arbeitsplatz umlenken können. Die folgenden Einträge würden diese Kontrolle auf allen Arbeitsplätzen, mit Ausnahme von 'asterix', einschalten:

```
$ cat /usr/lib/X11/xdm/xdm-config
...
DisplayManager*authorize:                    true
DisplayManager.asterix_0.authorize:          false
...
```

Sollte 'authorize' eingeschaltet sein, jedoch ohne Unterstützung vom X-Server an einem bestimmten Arbeitsplatz, dann hat die Anmeldungsmaske an jenem Monitor eine besondere Überschrift als visuellen Hinweis, daß die Umgebung dort nicht so sicher ist, wie erwünscht. Diese Überschrift läßt sich folgendermaßen als Ressource in der *Xresources* einstellen:

```
$ cat /usr/lib/X11/xdm/Xresources
...
xlogin*unsecureGreeting: CLIENTHOST – Vorsicht, dieser Arbeitsplatz ist nicht sicher!
...
```

Die Details dieser benutzerbezogenen Zugangskontrolle wurden im Kapitel 4 im Zusammenhang mit der allgemeinen Umlenkung von X-Clients und dem Schutz gegen deren Mißbrauch erläutert. Im wesentlichen hängt das Verfahren von einem besonderen Schlüssel ab, der sich im Heimatverzeichnis eines angemeldeten Anwenders in der Datei *.Xauthority* befindet. Ein X-Client kann nur auf den Arbeitsplatz umgelenkt werden, wenn er auf den gleichen Schlüssel zugreifen kann. Damit sind die meisten anderen Anwender ausgeschlossen, da die Leseberechtigung der Datei auf den aktuellen Anwender eingeschränkt ist. Der Anwender kann aber anderen Anwendern den Zugang zu seinem Arbeitsplatz anhand des Standard-Clients *xauth* gestatten (siehe Kapitel 4).

Die eigentliche Funktion von *xdm* in dieser Phase ist einen gültigen Schlüssel für die aktuelle Sitzung mit dem X-Server zu vereinbaren und diesen dann in die *.Xauthority* des angemeldeten Anwenders abzulegen. Bevor dieser Vorgang abgeschlossen ist, können gar keine X-Clients am Arbeitsplatz bedient werden:

```
$ cd
$ date
Mon Sep 27 10:30:50 MDT 1993
$ id
uid = 103(barton) gid = 18(user)
$ ls -l .Xauthority
-rw------- 1 barton    user       ...       10:29      .Xauthority
$
```

Der Schlüssel gilt nur für die aktuelle Sitzung und wird nach der Abmeldung von *xdm* wieder entfernt.

Ressourcen löschen

. Im nächsten Schritt werden alle Ressourcen, die am X-Server gelagert sind – nämlich die, die *xdm* zuvor mittels *xrdb* dorthin übertragen hat – wieder entfernt. Daher würde es wenig bringen, Ressourcendefinitionen für allgemeine X-Clients, die erst nach einer Anmeldung erscheinen, in die *Xresources* einzutragen. Diese Datei dient ausschließlich der Einstellung von X-Clients, die bis zur Anmeldung erscheinen (allem voran die Anmeldungsmaske).

Nach dieser Löschaktion kommt *xdm* zu der Ausführung von drei Skripten (oder Programmen), die einen wesentlichen Einfluß auf die Arbeitsumgebung haben. Sie werden in der *xdm-config* unter den Namen 'startup', 'session' und 'reset' eingetragen und gehören zu den Ressourcen, die arbeitsplatzspezifisch definiert werden können. Die folgenden Einträge sind typisch und setzen die drei Ressourcen auf allgemeine Skripte, mit Ausnahme der Konsole, die eigene Startup- und Reset-Skripte erhält:

```
$ cat /usr/lib/X11/xdm/xdm-config
...
DisplayManager._0.startup:     /usr/lib/X11/xdm/Xstartup_console
DisplayManager*startup:        /usr/lib/X11/xdm/Xstartup
DisplayManager*session:        /usr/lib/X11/xdm/Xsession
DisplayManager._0.reset:       /usr/lib/X11/xdm/Xreset_console
DisplayManager*reset:          /usr/lib/X11/xdm/Xreset
...
```

Im folgenden wird die Ausführung der einzelnen Skripte durch *xdm* erläutert. Da es sich hier lediglich um die reinen *xdm*-Aktivitäten handelt, werden konkrete Beispiele für den Inhalt der Skripte erst weiter unten vorgestellt.

Startup

Zuerst führt *xdm* das Startup-Skript für den Arbeitsplatz aus. Wichtig ist, daß das Skript als *root* oder Superuser aufgerufen wird. Daher bildet das Startup-Skript eine geeignete Stelle, administrative Aufgaben, die Superuser-Berechtigung benötigen, für den Anwender vorzunehmen. Zum Beispiel kann man hier den Befehl, das Heimatverzeichnis des Anwenders von einem Fileserver zu montieren, von *xdm* ausführen lassen.

Um die Zusammenstellung des Skripts zu erleichtern, setzt *xdm* bestimmte Umgebungsvariablen, auf die das aufgerufene Skript jederzeit zugreifen kann. Drei von diesen Variablen sind besonders nützlich: 'DISPLAY' enthält den genauen Arbeitsplatzbezeichner, 'USER' enthält die Kennung des jeweiligen Anwenders und 'HOME' enthält den Pfadnamen seines Heimatverzeichnisses.

In jedem Falle achtet *xdm* auf das Ergebnis der Ausführung: Bei einem fehlerhaften Abschluß (exit 1) bricht *xdm* die aktuelle Anmeldung ohne weitere Erklärung für den Anwender ab und stellt die Anmeldungsmaske wieder dar. Diese Eigenschaft kann auch verwendet werden, um die Anmeldung von bestimmten Anwendern zu sperren (siehe unten).

Session

Sobald die Ausführung des Startup-Skripts abgeschlossen ist, sucht *xdm* den 'session'-Eintrag für den jeweiligen Arbeitsplatz in der *xdm-config*. Diese sogenannte Session ist der Höhepunkt des *xdm*-Zyklus, und zwar aus folgendem Grund: Alle *xdm*-Aktivitäten, die in diesem und den vergangenen Kapiteln beschrieben wurden, verfolgen das gleiche Ziel, die lokale oder ferne Arbeit eines Anwenders an einem Hostrechner zu ermöglichen. Nun also ist es soweit – an einem bestimmten Arbeitsplatz wurde eine Anmeldungsmaske ausgegeben, ein Anwender hat sich dort erfolgreich identifiziert und bestimmte Vorbereitungen wurden im Startup-Skript durchgeführt – jetzt gilt es, die Arbeitsumgebung für den Anwender aufzubauen. Und genau diesen Aufbau überläßt *xdm* dem Skript oder Programm, das als 'session' in der *xdm-config* eingetragen ist. Dieses ist in der Regel ein Shell-Skript, es startet zum Beispiel den Fensterverwalter und einen Terminalemulator. Damit bestimmt es das eigentliche Wesen einer Sitzung für den Anwender.

Ähnlich wie beim Startup-Skript, setzt *xdm* Umgebungsvariablen, auf die das Session-Skript zugreifen kann. Ansonsten unterscheidet sich die Ausführung des Session-Skripts in zweifacher Hinsicht von der Ausführung des Startup-Skripts: Zum einen wird das Session-Skript aus Gründen der Sicherheit nicht als *root*, sondern unter der Kennung des jeweiligen Anwenders ausgeführt. Daher können nur solche Befehle im Session-Skript verwendet werden, zu deren Ausführung der Anwender berechtigt ist. Zum anderen wird das Skript mit dem Argument 'failsafe' aufgerufen, wenn die Angabe von Kennung und Paßwort in der Anmeldungsmaske mit 'F1' oder 'Strg-Return' abgeschlossen wurde. Die entsprechende Einstellung von *xdm* anhand der Translationstabelle wurde im letzten Kapitel beschrieben. Wie dieses Argument vom Skript zu behandeln ist, wird von *xdm* offen gelassen.

Das Session-Skript bestimmt auch die Dauer der Sitzung: Solange, das Session-Skript noch läuft, bleibt die Sitzung aktiv. Aber sobald das Skript sich beendet, wird der Anwender abgemeldet und die Anmeldungsmaske wieder dargestellt. Das liegt daran, daß *xdm* auf den Abschluß des Skripts wartet, bevor er die nächsten (Aufräum-)Aufgaben in seinem Zyklus abarbeitet. Die Session-Skripte verwenden verschiedene Methoden, um die Beendigung des Skripts durch den Anwender zu ermöglichen – sie werden weiter unten beschrieben. In der Regel ist es so, daß eine bestimmte Aktion des Anwenders, z.B. das Schließen des Terminalemulators, zum Abschluß des Skripts führt.

Reset

Mit der Beendigung des Session-Skripts, wickelt *xdm* eine Reihe von Aktionen ab, welche die Abmeldung des Anwenders vollziehen und wieder zur Ausgabe der Anmeldungsmaske führen. Als erstes wird der Eintrag eines Reset-Skripts in der *xdm-config* gesucht. Dieses ist der logische Gegensatz zum Startup-Skript und wird wieder mit der gleichen Umgebung sowie *root*- oder Superuser-Berechtigung ausgeführt. Es ermöglicht, Einrichtungen des Startup-Skripts, die nur während einer Sitzung benötigt werden, bei der Abmeldung des Anwenders wieder abzubauen. Zum Beispiel, kann ein vom Fileserver für die Dauer der Sitzung montiertes Heimatverzeichnis wieder abmontiert werden.

Initialisierung des X-Servers

Als letzte Aufgabe in seinem Zyklus initialisiert *xdm* den X-Server. Das hat zur Folge, daß alle X-Clients, die noch an dem Arbeitsplatz vorhanden sind, sofort beendet werden. Damit ist der Bildschirm wieder klar und *xdm* kann erneut einen Anmeldungszyklus beginnen, der wieder zur Ausgabe der Anmeldungsmaske führt.

Nachdem die Aufrufreihenfolge und die grundsätzlichen Aufgaben der einzelnen Skripte geklärt sind, werden die drei Skripte *Xstartup, Xreset* und *Xsession* detailliert besprochen. Sie sind sehr wichtig, denn zusammen bilden sie den wesentlichen Teil der X/Motif-Arbeitsumgebung. Meistens muß man sie nicht selbst erstellen, weil sie gleich mit dem System geliefert werden. Je nach Lieferant können alle drei unterschiedliche Formen annehmen, aber sie richten sich in der Regel nach den Standardskripten, die weiter unten mit ihren möglichen Ergänzungen vorgestellt werden.

Auch wenn *xdm* nicht zur Arbeitsplatzverwaltung im Einsatz ist, lassen sich die Skripte an anderen Stellen zum Aufbau einer X-Arbeitsumgebung einsetzen.

9.4 Die Startup- und Reset-Skripte

Das Startup-Skript dient in erster Linie dazu, als Superuser Vorbereitungen für den Eintritt eines Anwenders in eine Sitzung zu treffen. Das Reset-Skript dagegen ermöglicht, beliebige Aufräumarbeiten als Superuser *nach* einer Sitzung vorzunehmen. In einfacheren Systemen besteht meist wenig Bedarf an aufwendigen Startup- oder Reset-Skripte und sie beschränken sich in der Regel auf höchstens ein paar Befehle. Allerdings verdienen die Skripte, die in der Standardausführung von X ab Version 'X11R5' erscheinen, ein paar Erklärungen. Die neuen Einträge sehen wie folgt aus:

```
$ cat xdm-config
...
DisplayManager._0.startup:    /usr/lib/X11/xdm/GiveConsole
DisplayManager._0.reset:      /usr/lib/X11/xdm/TakeConsole
...
$ cat /usr/lib/X11/xdm/GiveConsole
#!/bin/sh
chown $USER /dev/console
$ cat /usr/lib/X11/xdm/TakeConsole
#!/bin/sh
chmod 622 /dev/console
chown root /dev/console
$
```

Worin liegt der Vorteil dieser Umstellung von */dev/console*? Sie dient mit dazu, ein Sicherheitsproblem zu lösen, das in den Versionen von X vor X11R5 auftritt. Dort nämlich werden Systemmeldungen, die zur Konsole */dev/console* geschickt werden, in das Fenster eines *xterms* umgelenkt, falls der *xterm* mit der Option '-C' aufgerufen wurde. Dies war als nette Einrichtung gedacht, um solche Meldungen während einer Sitzung beobachten zu können. Der Nachteil der Lösung besteht nun darin, daß *jeder* Anwender (auch an fernen Arbeitsplätzen) *xterm* auf diese Art aufrufen kann. Aber nur derjenige, welcher zuletzt gestartet hat, erhält die Meldungen – leider merkt der Administrator an der Hauptkonsole nichts davon.

In X11R5 kann *xterm* wieder mit '-C' oder der neue X-Client *xconsole* auch von jedem aufgerufen werden, aber diesmal lenken sie die Meldungen nur um, wenn der Aufrufer gleichzeitig der Eigentümer von */dev/console* ist. Dies ist normalerweise *root*, damit sind folglich alle anderen Anwender ausgenommen. So also wird dieses grundlegende Sicherheitsproblem gelöst. Die Handhabung an der Hauptkonsole, wenn diese unter X mit *xdm* verwaltet wird, bliebe jedoch fragwürdig, da man nur Meldungen sehen könnte, wenn man sich als *root* anmeldet. Deswegen gibt es die konsole-spezifischen Skripte 'GiveConsole' und 'TakeConsole': Sie stellen den Eigentümer von */dev/console* für die Dauer der Sitzung auf den angemeldeten Anwender. Das heißt, jeder, der sich an der *Hauptkonsole* anmeldet, kann System-meldungen mittels *'xterm -C'* bzw. *xconsole* ausgeben lassen.

Die Standardskripte können jederzeit ergänzt werden – aber dabei ist Vorsicht geboten, da die enthaltenen Befehle mit Superuser-Berechtigung ausgeführt werden. Denkbar ist zum Beispiel, den 'mount'-Befehl für Filesysteme in das Startup-Skript einzufügen. Als Gegenstück dazu kann man den 'umount'-Befehl, um das Filesystem gleich nach der Abmeldung des Anwenders wieder abzumontieren, in das Reset-Skript einfügen. Hier noch ein paar weitere Beispiele:

Anmeldungssperre

Wie oben erwähnt, achtet *xdm* auf den Rückgabewert des Startup-Skripts und bricht bei einem fehlerhaften Abschluß *(exit 1)* die aktuelle Anmeldung ab. Das nächste Beispiel nützt diese Eigenschaft aus, um die Anmeldung von bestimmten Anwendern an fernen Arbeitsplätzen zu sperren. Dabei ist der Einsatz der verschie-denen Umgebungsvariablen in *Xstartup* zu beachten:

```
$ cat /usr/lib/X11/xdm/xdm-config
...
DisplayManager._0.startup:      /usr/lib/X11/xdm/GiveConsole
DisplayManager*startup:         /usr/lib/X11/xdm/Xstartup
...
$ cat /usr/lib/X11/xdm/Xstartup
#!/bin/sh
if [ -f $HOME/.xNoRemoteLog ]; then
        echo Xstartup rejected login attempt by $USER at $DISPLAY > /dev/console
        echo Xstartup rejected login attempt by $USER at $DISPLAY
        exit 1
fi
$
```

Das Startup-Skript für die Hauptkonsole bleibt unverändert und läßt die An-meldung von jedem dort zu. Für alle anderen durch *xdm* verwalteten Arbeitsplätze, gilt das gezeigte Startup-Skript. Dieses prüft, ob die Datei *.xNoRemoteLog* im Heimatverzeichnis des Anwenders vorhanden ist. Wenn ja, kehrt das Skript durch *'exit 1'* an den Aufrufer, *xdm,* zurück, und *xdm* gibt die Anmeldungsmaske gleich wieder aus. Das Skript hat die Schwäche, daß der Anwender keinen visuellen Hinweis darauf erhält, warum er sich an dem Arbeitsplatz nicht anmelden kann. Um die Handhabung etwas zu verbessern, werden zwei kurze Mitteilungen an */dev/console* und an die Standardausgabe geschickt. Die erste wird an der Hauptkonsole beobachtet (falls *xconsole* oder *'xterm -C'* da läuft). Die zweite Meldung wird von *xdm* abgefangen und in die Fehlerdatei *xdm-errors* umgelenkt. Sie ist wie folgt in der *xdm-config* eingetragen:

```
$ cat /usr/lib/X11/xdm/xdm-config
...
DisplayManager.errorLogFile:   /usr/lib/X11/xdm/xdm-errors
...
$
```

Die Datei *xdm-errors* enthält Meldungen, die *xdm* selbst erzeugt und solche, die von den verschiedenen *xdm*-Skripten auf die Standardausgabe ausgegeben werden. Falls Probleme bei *xdm* auftreten, ist ein Blick in diese Datei oft aufschlußreich.

Ersatz für Setup

Das *Startup*-Skript wird auch als Ersatz für das *Setup*-Skript eingesetzt. Zur Erinnerung: dieses nimmt administrative Aufgaben zur Voreinstellung vom Arbeitsplatz *vor* der Ausgabe der Anmeldungsmaske wahr. Ein Ersatz dafür ist in zwei Fällen erforderlich: Entweder hat man nicht die neueste Version X11R5, ab der das *Setup*-Skript unterstützt wird, oder man hat sie, läßt sie aber mit der höchsten Sicherheitsoption laufen. Diese wird durch die Ressource 'grabServer' in der *xdm-config* eingeschaltet und bestimmt, daß *xdm* alle anderen Kommunikationen mit dem X-Server ausschließt, bis sich jemand anmeldet. Man sagt dazu auch, daß *xdm* einen *Server-Grab* (schnappen) macht. Unter solchen Umständen hätte es keinen Sinn, *xsetroot* oder ähnliches aufzurufen, daher führt *xdm* das *Setup*-Skript nicht aus. In beiden Fällen gehören Aufgaben wie die Einstellung der Tastatur mittels *xmodmap* in das *Startup*-Skript, obwohl deren Ausführung nicht unbedingt Superuser-Berechtigung benötigt. So kann dann das *Startup*-Skript für die Hauptkonsole aussehen:

```
$ cat /usr/lib/X11/xdm/xdm-config
...
DisplayManager*grabServer:    true
DisplayManager._0.startup:    /usr/lib/X11/xdm/Xstartup_console
...
$ cat /usr/lib/X11/xdm/Xstartup_console
#!bin/sh
/usr/lib/X11/xdm/GiveConsole
/usr/bin/X11/xmodmap       /usr/lib/X11/xmodmap/keys.console
...
$
```

9.5 Das Session-Skript

Das Session-Skript bestimmt für den Anwender den groben Ablauf einer Sitzung. Im Gegensatz zu den bisherigen Einstellungen und Skripten, die selten zwingend notwendig sind, muß ein Session-Skript für eine effektive Anmeldung vorhanden sein. Zu diesem Zweck gehört das Skript *Xsession* (zusammen mit *GiveConsole* und *TakeConsole*) zur Standardausführung von X. Dieses Skript wird als nächstes erläutert, danach wird auf mögliche Ergänzungen eingegangen.

Doch bevor fortgefahren wird, sollte man sich den momentanen Status des Anmeldevorgangs nochmals in Erinnerung rufen: Aus Anwendersicht hat ein Anwender die Anmeldungsmaske an einem Arbeitsplatz mit seiner Kennung und seinem Paßwort korrekt ausgefüllt – damit ist die Maske verschwunden und der Anwender sitzt augenblicklich vor einem vollkommen leeren Bildschirm. Aus Systemsicht dagegen hat *xdm* in seinem Zyklus bestimmte Authentifizierungsaufgaben durchgeführt und muß jetzt dem Anwender eine vernünftige Arbeitsumgebung bieten. Dazu sucht er den Eintrag eines Session-Skripts für den Arbeitsplatz in der *xdm-config* und führt dieses aus.

Die unmittelbaren Folgen für den Anwender dürften schon bekannt sein: Das Fenster des Terminalemulators erscheint am Monitor und der Anwender kann seine Arbeit beginnen. Um sich wieder abzumelden, genügt es, die enthaltene Shell durch 'logout', 'exit' oder 'Strg-D' zu beenden. Für den Anwender verhält sich die Anmeldung und Abmeldung unter X weitgehend wie das herkömmliche UNIX-Verfahren – außer daß der Anwender unter X mehr zwischen An- und Abmeldung unternehmen kann.

Wie aber sieht der Ablauf aus der Sicht des Systems aus? Um das erkennen zu können, muß man den Inhalt des Skripts etwas näher betrachten – es ist nicht kompliziert, aber etwas länger als die Beispiele bisher. Hier ist der Text des Standardskripts, wie es funktioniert, wird gleich danach beschrieben:

```
$ cat /usr/lib/X11/xdm/xdm-config
...
DisplayManager*session:                    /usr/lib/X11/xdm/Xsession
...
$ cat /usr/lib/X11/xdm/Xsession
#!/bin/sh
# redirect error messages if possible                              ①
if [ -d $HOME -a -w $HOME ]; then
        exec > $HOME/.xsession-errors 2>&1
fi
# check for failsafe                                               ②
case $# in
1)
        case $1 in
        failsafe)
                if [ -f /usr/bin/X11/xterm ]; then
                        exec /usr/bin/X11/xterm -geometry 80x24 -ls
                fi
                ;;
        esac
esac

# run user specified session if present                           ③
startup=$HOME/.xsession
if [ -f $startup ]; then
        if [ -x $startup ]; then
                exec $startup
        else
                exec $SHELL $startup
        fi
fi

# send user specified resources to server if present              ④
resources=$HOME/.Xresources
if [ -f $resources -a -x /usr/bin/X11/xrdb ]; then
        /usr/bin/X11/xrdb -load $resources
fi
# run motif window manager if present                             ⑤
if [ -x /usr/bin/X11/mwm ]; then
        /usr/bin/X11/mwm &
fi
# controlling process is terminal emulator                        ⑥
if [ -x /usr/bin/X11/xterm ]; then
        /usr/bin/X11/xterm -ls
else
        echo Serious error in $0 – /usr/bin/X11/xterm not found.
fi

# session over
$
```

Die erste Aktion ① des Skripts betrifft die Ausgabe von Fehlermeldungen. Wie oben beschrieben, lenkt *xdm* Meldungen, die im Skript mit *echo* oder ähnlichem ausgegeben werden, in die zentrale *xdm*-Fehlerdatei */usr/lib/X11/xdm/xdm-errors* um. Als Folge davon werden Fehlermeldungen der jeweiligen Sitzung mit denen der anderen Sitzungen vermischt. Um dies zu vermeiden, lenkt die Aktion ① alle Meldungen während einer Sitzung in eine eigene sitzungsspezifische Datei *$HOME/.xsession-errors* um. Wenn also Schwierigkeiten innerhalb einer Sitzung auftreten, sollte man Fehlermeldungen zuerst in der eigenen *.xsession-errors* und dann in der zentralen *xdm-errors* suchen.

Als nächstes prüft das Skript in Aktion ②, ob ihm Argumente beim Aufruf übergeben wurden. Dies hängt mit der Translationstabelle der Anmeldungsmaske zusammen. Im letzten Kapitel wurde beschrieben, wie sie so eingestellt wird, daß *xdm* das Session-Skript mit dem Argument 'failsafe' aufruft, falls die Angabe der Kennung und des Paßwortes mit 'F1' statt 'Return' abgeschlossen wurde. Hier sieht man die andere Seite des Verfahrens – wenn das Skript mit dem 'failsafe'-Argument tatsächlich aufgerufen wird, reagiert das Skript entsprechend darauf, indem es seine Aktivitäten auf etwas ganz zuverlässiges beschränkt: Es startet den Terminalemulator und zwar mit dem UNIX-Befehl *exec*. Dadurch wird die Ausführung des Skripts abgebrochen – an dessen Stelle läuft der Terminalemulator weiter. Man sagt, daß das Skript vom Emulator überlagert wird.

Vorausgesetzt, daß kein 'failsafe'-Argument entdeckt wurde, läuft das Skript weiter und prüft als nächstes in ③, ob sich ein anwenderspezifisches Skript, namens *.xsession*, im Heimatverzeichnis des Anwenders befindet. Sollte diese Datei gefunden werden, wird sie mit *exec* aufgerufen. Somit wird das Standardskript von einem anwenderspezifischen Skript überlagert. Auf diese Weise hat man immer die Wahl, eine eigene Sitzung nach Belieben zu gestalten – man braucht lediglich die alternativen Befehle, die man ausführen möchte, in die Datei *.xsession* im eigenen Heimatverzeichnis abzulegen. Welche Befehle das sind, bleibt offen. Andere Anwender können sich wie sonst anmelden und erhalten weiterhin die Standardsitzung.

Die verschiedenen Ausweichoptionen des Standardskripts sind jetzt vorbei, und das Skript befaßt sich nur noch mit dem eigentlichen Aufbau einer Standardsitzung für den Anwender. Dazu dienen seine letzten drei Aktionen ④, ⑤ und ⑥. In ④ prüft *xdm*, ob der Anwender eine eigene Ressourcendatei *.Xresources* in seinem Heimatverzeichnis gespeichert hat und überträgt diese gegebenenfalls zum X-Server mittels *xrdb*. Dann startet das Skript den Fensterverwalter *mwm* in Aktion ⑤. Dabei ist zu beachten, daß *mwm* im Hintergrund (mit '&') gestartet wird. Sonst würde *mwm* den weiteren Verlauf des Skripts ungewollt aufhalten – bis man ihn wieder beendet.

Diese Eigenschaft ist eine grundlegende Regelung unter X: Wenn der Ablauf eines Skripts bis zur Beendigung eines X-Clients aufgehalten werden soll, ruft man den X-Client im Vordergrund (ohne &) auf. Dafür gibt es ein gutes Beispiel, nämlich die letzte Aktion ⑥ des Skripts. Hier wird der Terminalemulator *xterm* im Vordergrund gestartet. Das ist wichtig, da *xdm* gleich nach Abschluß des Skripts den X-Server initialisiert und seine Anmeldungsmaske wieder ausgibt. Um *xdm* davon abzuhalten, verhindert man den Abschluß des Skripts, indem *xterm* im Vordergrund gestartet wird. Dann liegt die Abmeldung in den Händen des Anwenders – er braucht

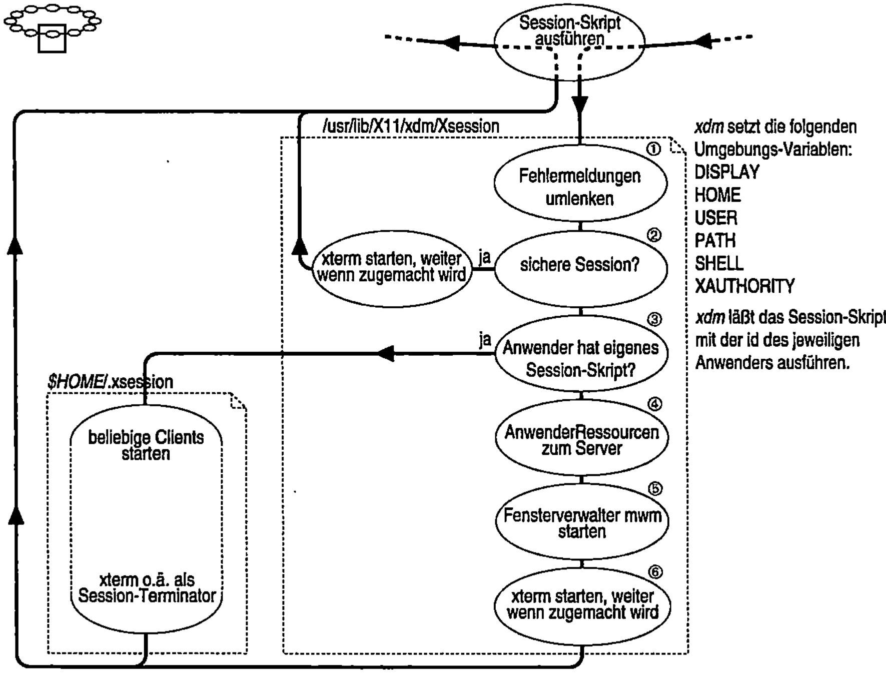

Abb. 9.2   Funktionalität des Standard-Session-Skripts. Das Session-Skript läßt sich in die gezeigten Aktionen aufgliedern – die UNIX-Befehle für jede Aktion können anhand der Nummer (①, ②, usw.) im Session-Skript (siehe Haupttext) gefunden werden.

lediglich den Emulator zu schließen. Aber solange er ihn nicht beendet, kann er weitere X-Clients starten und seine Arbeit fortsetzen.

Damit ist die eigentliche Funktionalität der Standard-Session beschrieben. Die Abb. 9.2 zeigt die einzelnen Aktionen, die vorgenommen werden. Falls das Skript diese Form hat, kann man während einer Sitzung anhand des UNIX-Befehls *ps* nachvollziehen, wie die verschiedenen Prozesse gestartet werden. Allerdings wird diese Aufgabe erschwert, wenn der Terminalemulator auch mit *exec* aufgerufen wird.

Eine wichtige Feinheit muß jedoch beachtet werden: Das Skript selbst ist unabhängig vom Arbeitsplatz, an dem sich der Anwender anmeldet. Dieser Eigenschaft liegt ja die Einstellung der Umgebung durch *xdm* zugrunde. Der explizite Einsatz der 'HOME'-Variable ist offensichtlich, aber etwas unauffälliger greift jeder gestartete X-Client auf die 'DISPLAY'-Variable zu und verwendet ihren Wert, um seine Bedienung auf den jeweiligen Arbeitsplatz umzulenken. Für die entsprechende Einstellung der 'DISPLAY'-Variable sorgt *xdm*. Als Folge davon tauchen alle X-Clients am richtigen Arbeitsplatz auf, ohne daß ein expliziter Hinweis darauf im Skript zu finden ist.

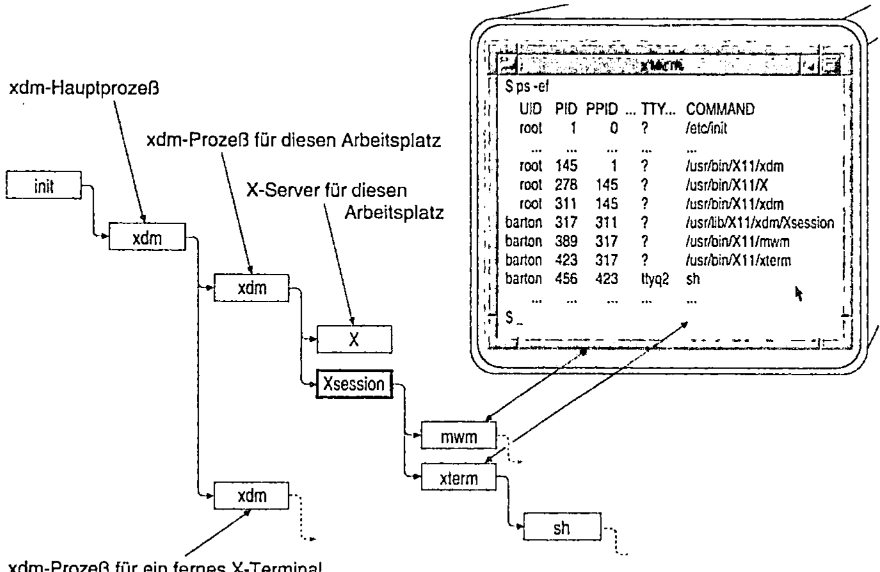

Abb. 9.3 Die Aufrufhierarchie unter *xdm*. Abgebildet ist der Bildschirm gleich nach der Anmeldung an einer Workstation. Mit dem UNIX-Befehl *ps* kann man nachvollziehen, wie *xdm* das Session-Skript ausführt und wie dieses anschließend den Fensterverwalter und den Emulator startet.

Mit dieser Version des Skripts hat man im Grunde wenig Flexibilität. Wenn die eigene Wunschsitzung auch nur von einem einzigen Terminalemulator abweicht, besteht nur noch die Möglichkeit, ein eigenes Session-Skript im Heimatverzeichnis abzulegen. Es folgen jetzt einige Vorschläge zur Anregung, wie man das Standard-Session-Skript ergänzen kann, um den Wünschen von einem breiteren Kreis von Anwendern nachzukommen.

Bei Veränderungen des Session-Skripts gilt eine Faustregel – das Skript *muß* allgemein und absolut zuverlässig bleiben. Unsichere oder anwenderspezifische Befehle gehören in die *.xsession* des jeweiligen Anwenders.

Weitere X-Clients starten

Sehr oft entspricht die Standardsitzung den Vorstellungen der Anwender – bis auf einen Punkt: Sie möchten, daß weitere X-Clients gleich nach der Anmeldung automatisch gestartet werden. Mit dem oberen Skript muß man dafür eine eigene *.xsession* anlegen, welche die Aufrufe der X-Clients enthält, obwohl man mit dem Rest des Skripts (*xrdb*, *mwm*, usw.) zufrieden ist. Um das zu umgehen, kann man die folgende Aktion vor dem Aufruf des Terminalemulators in das Session-Skript einfügen:

```
# run extra user clients if present
clients=$HOME/.xclients
if [ -f $clients ]; then
        if [ -x $clients ]; then
                $clients
        else
                $SHELL $clients
        fi
fi
```

Mit dieser Ergänzung sucht das Standard-Session-Skript die Datei *.xclients* im Heimatverzeichnis des Anwenders. Falls diese vorhanden ist, führt es die Datei aus, aber im Gegensatz zum Aufruf von *.xsession* mit *exec* läuft das Skript danach unverändert weiter. In die *.xclients*-Datei kann man die Aufrufe (im Hintergrund mit '&') der erwünschten X-Clients einfügen. Wenn die Datei nicht direkt ausführbar ist, verwendet das Skript für die Ausführung explizit die Shell *$SHELL*. Die Variable *$SHELL* gehört zu den Umgebungsvariablen, die von *xdm* gesetzt werden. Dazu liest *xdm* die zentrale Datei */etc/passwd*, um die richtige Shell für den aktuellen Anwender zu erfahren. Eine *.xclients*-Datei kann wie folgt aussehen:

```
$ cd
$ cat .xclients
# Clock top right, extra emulator bottom left
/usr/bin/X11/xclock -geometry -0+0 &
/usr/bin/X11/xterm -geometry +0-0 &
$
```

Eine verwandte Schwäche des Standard-Session-Skripts ist das Setzen von Umgebungsvariablen. Dazu ein konkretes Beispiel: Möchte man, daß *mwm* auf sprachenspezifische Einstellungen zugreift, muß die $LANG-Variable *vor* seinem Aufruf im Session-Skript gesetzt sein. Dieses Problem läßt sich ebenfalls durch den Einbau einer kleinen Aktion in das Skript lösen:

```
# set user variables if present
xenv=$HOME/.xenv
if [ -f $xenv ]; then
        . $xenv
fi
```

Falls im Heimatverzeichnis vorhanden, wird die Datei *.xenv* mit '.' ausgeführt: Dadurch können Variablen in *.xenv* gesetzt werden und für den Rest des Session-Skripts wirksam sein. Die Datei kann zum Beispiel den folgenden Inhalt haben:

```
$ cat .xenv
# my variables for x environment
LANG=De_DE
export LANG
$
```

Andere Arten, die Sitzung zu beenden

Momentan schließt man den gestarteten Terminalemulator, um eine Sitzung zu Ende zu bringen. Man sagt auch, daß der Emulator der steuernde Prozeß ist. Darauf erhält man jedoch keinen konkreten Hinweis — man muß es eben wissen. Wenn man weitere Emulatoren startet, passiert es aber leicht, daß man sich unbeabsichtigt abmeldet (möglicherweise mit Verlust von bestimmten Daten), indem man aus Versehen den falschen Emulator schließt. Um das zu vermeiden, kann man statt des Emulators den Fensterverwalter für die Prozeßsteuerung verwenden. Dann hat der letzte Teil des Skripts folgendes Aussehen:

```
# start terminal emulator
if [ -x /usr/bin/X11/xterm ]; then
        /usr/bin/X11/xterm -ls &
fi
# controlling process is motif window manager
if [ -x /usr/bin/X11/mwm ]; then
        /usr/bin/X11/mwm
else
        echo Serious error in $0 - /usr/bin/X11/mwm not found.
fi
# session over
```

In diesem Fall muß man den Fensterverwalter beenden, um die Sitzung zu Ende zu bringen. Dies kann anhand des Hintergrundmenüs von *mwm* ausgelöst werden. Die entsprechende Einstellung von *mwm*, z.B. die Beschriftung einer Menüoption mit 'Abmeldung', wird im nächsten Kapitel erläutert.

Die verschiedenen Möglichkeiten, eine Sitzung zu beenden, sind damit nicht erschöpft: Manche Hersteller haben einen besonderen X-Client, der ausschließlich als steuernder Prozeß dient. Beispielsweise gehört der X-Client *reaper* zum Lieferumfang von Silicon Graphics. Er wird als letzter in deren Session-Skript aufgerufen. Der *reaper* hat selbst keine Oberfläche, er kontrolliert lediglich die Anwesenheit einer bestimmten Property des Root-Fensters am X-Server ('_SGI_SESSION'). Erst wenn diese Property gelöscht wird, beendet er sich und damit die Sitzung. Den Befehl zum Löschen dieser Property fügt man beispielsweise im Menü des Fensterverwalters ein. Die Abmeldung erfolgt dann durch die Auswahl des entsprechenden Menüpunktes.

Andere Ausweichoptionen

Das Session-Skript prüft in Aktion ②, ob es mit dem Argument 'failsafe' aufgerufen wurde. In diesem Fall führt es eine *sichere Sitzung* aus. Die Prüfung der Aufrufargumente läßt sich so erweitern, daß das Skript auf verschiedene Argumente reagiert. Bei jedem Argument erhält man eine andere Art von Sitzung. So kann zum Beispiel dieser Teil des Skripts ergänzt werden, um ein alternatives Skript *Xsession_games* bei Erhalt des Arguments 'games' auszuführen. Dieses ermöglicht den Eintritt in eine spezielle Spielumgebung:

```
# check for failsafe or games
case $# in
1)
            case $1 in
            failsafe)
                        if [ -f /usr/bin/X11/xterm ]; then
                                    exec /usr/bin/X11/xterm -geometry 80x24 -ls
                        fi
                        ;;
            games)
                        if [ -f /usr/lib/X11/xdm/Xsession_games ]; then
                                    exec /usr/lib/X11/xdm/Xsession_games
                        fi
                        ;;
            esac
esac
```

Gleichzeitig muß man die Translationstabelle der Anmeldungsmaske in der *xdm*-Ressourcendatei *Xresources* erweitern, um auf den Abschluß der Maske mit einer bestimmten Funktionstaste entsprechend zu reagieren. Nach Bedarf kann die Begrüßungsüberschrift der Maske anders gefaßt werden, damit der Anwender Hinweise auf die verschiedenen Möglichkeiten erhält:

```
$ cat /usr/lib/X11/xdm/Xresources

...
xlogin*greeting:            Willkommen zu CLIENTHOST (F1=sicher, F2=Spiele)
xlogin*login.translations:  #override\
            <Key>Return:     set-session-argument() finish-field()\n\
            Ctrl<Key>Return: set-session-argument(failsafe) finish-field() \n\
            <Key>F1:         set-session-argument(failsafe) finish-field() \n\
            <Key>F2:         set-session-argument(games) finish-field()
...
$
```

Eigenschaften des jeweiligen Arbeitsplatzes berücksichtigen

In den obigen Beispielen wurde das Session-Skript ergänzt, um den diversen Wünschen von Anwendern nachzukommen. Damit wird vermieden, daß jeder Anwender ein eigenes Session-Skript anlegen muß. Man kann die Abhängigkeit des Skripts vom Arbeitsplatz analog betrachten: Grundsätzlich können verschiedene Arbeitsplätze unter *xdm* ihre eigenen Session-Skripts haben. Wenn sie sich aber kaum von einander unterscheiden, ist es sinnvoller, das Standardskript statt dessen zu ergänzen.

Hier wird gezeigt, wie das Session-Skript die Größe des Emulators der Größe des Bildschirms anpassen kann:

```
# calculate width of monitor
width=`/usr/bin/X11/xdpyinfo | awk '/dimensions/ {print $2}' | awk '{FS="x"}{print $1}'`
# set geometry according to width
if [ "$width" -lt 1024 ]; then
        geom=80x20+30+30
else
        geom=80x40+50+50
fi

...

if [ -x /usr/bin/X11/xterm ]; then
        /usr/bin/X11/xterm -ls -geometry $geom &
fi

...
```

Der erste Befehl filtert die Breite des Bildschirms in Pixeln aus den Informationen zum Arbeitsplatz, die der Standard-Client *xdpyinfo* liefert. Die Geometrie des Emulators wird dann auf deren Basis eingestellt. Dieses Verfahren kann auch an anderer Stelle verwendet werden, um bestimmte Eigenschaften des jeweiligen Arbeitsplatzes zu erfahren – nur ist es in den meisten Fällen günstiger, die Leistungen von *xrdb* dafür in Anspruch zu nehmen.

9.6 Zusammenfassung

In diesem Kapitel wurde die Behandlung von *xdm* mit der letzten Phase seines Zyklus abgeschlossen. Dabei wurde die Bekanntschaft mit drei entscheidenden Einträgen in der zentralen Konfigurationsdatei *xdm-config* gemacht: 'startup', 'session' und 'reset'. Sie verweisen auf Skripte, welche die Arbeitsumgebung für einen angemeldeten Anwender aufbauen. Beispielsweise startet das Session-Skript einen Terminalemulator und den Fensterverwalter. Die Skripte kann der Administrator editieren und damit einen maßgebenden Einfluß auf den Ablauf einer Standardsitzung ausüben.

Um das gesamte *xdm*-Verfahren wieder in Erinnerung zu bringen, sollte man nochmals einen Blick auf den zugrundeliegenden *xdm*-Aktivitätenzyklus in Abb. 6.1 werfen. Jede Phase des Zyklus wird durch Einträge in der zentralen *xdm*-Konfigurationsdatei *xdm*-config gesteuert. Die wichtigsten davon stellten die letzten drei Kapitel isoliert vor. Jetzt wird zum ersten Mal der gesamte Inhalt einer typischen *xdm-config* aufgelistet – man sollte versuchen, sich an den Bezug der einzelnen Einträge zu den verschiedenen Phasen von *xdm* zu erinnern. Zur Hilfe sind die Seitennummern der entsprechenden Erläuterungen auf der rechten Seite angegeben:

```
$ cat /usr/lib/X11/xdm/xdm-config
DisplayManager.servers:                        /usr/lib/X11/xdm/Xservers              ( 78)
DisplayManager.accessFile:                     /usr/lib/X11/xdm/Xaccess               ( 84)
DisplayManager.errorLogFile:                   /usr/lib/X11/xdm/xdm-errors            (114)
! console specific settings
DisplayManager._0.setup:                       /usr/lib/X11/xdm/Xsetup_console        ( 96)
DisplayManager._0.startup:                     /usr/lib/X11/xdm/GiveConsole           (112)
DisplayManager._0.reset:                       /usr/lib/X11/xdm/TakeConsole           (112)
! class specific settings
DisplayManager.VISUAL-X19TURBO.resources:      /usr/lib/X11/xdm/Xresources_visual
! settings for all servers
DisplayManager*grabServer:                     false                                 (114)
DisplayManager*resources:                      /usr/lib/X11/xdm/Xresources           ( 92)
DisplayManager*setup:                          /usr/lib/X11/xdm/Xsetup               ( 96)
DisplayManager*authorize:                      true                                  (109)
DisplayManager*startup:                        /usr/lib/X11/xdm/Xstartup             (112)
DisplayManager*session:                        /usr/lib/X11/xdm/Xsession             (116)
```

Diese Datei bildet die Basis für das Starten eines lokalen X-Servers, die Ausgabe der Anmeldungsmaske an verschiedenen Arbeitsplätzen und den Ablauf einer Standardsitzung. Damit ist die Erläuterung der allgemeinen Einrichtung der X/Motif-Umgebung abgeschlossen. Als nächstes wird die Anpassung des Fensterverwalters *mwm* an die eigenen Bedürfnisse vorgestellt.

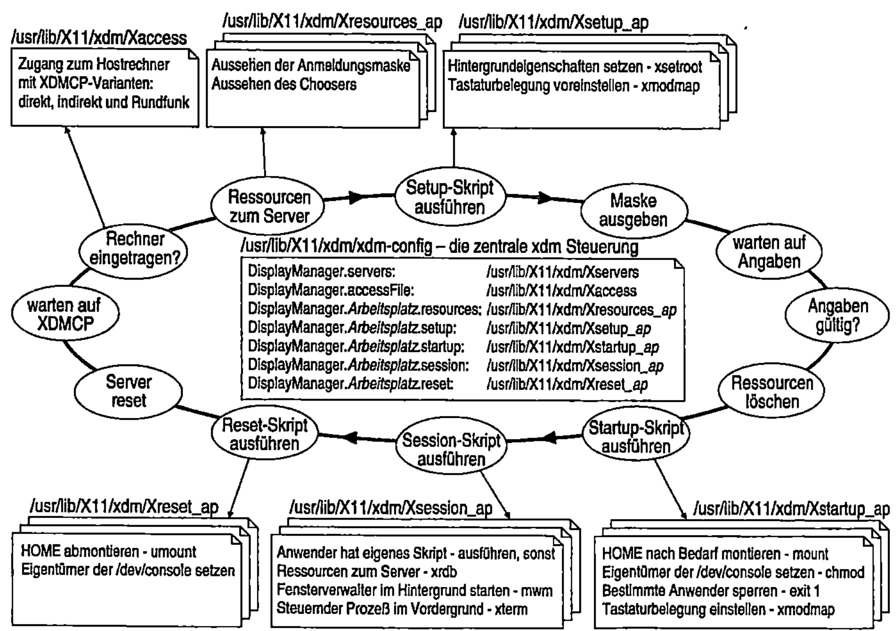

Abb. 9.4   Zusammenfassung der *xdm*-Steuerung. Die zentrale *xdm*-Konfigurationsdatei 'xdm-config' steuert, auf welche Skripte *xdm* in den einzelnen Phasen seines Zyklus zugreift. Die Aufgaben, die üblicherweise in den verschiedenen Skripten erledigt werden, sind schematisch abgebildet.

10 Die Anpassung von mwm

10.1 Einführung

Die letzten Kapitel befaßten sich mit der allgemeinen Arbeitsplatzverwaltung durch *xdm*. Dieses Kapitel behandelt die Einrichtung des Fensterverwalters *mwm*, der nach der Anmeldung an einem Arbeitsplatz den wichtigsten Baustein der Arbeitsumgebung für den Anwender bildet. In seiner Grundausführung sind die bekannten Leistungsmerkmale wie die Fensterrahmen und das Hintergrundmenü schon enthalten. Aber *mwm* ist ein besonders flexibler X-Client und läßt sich in fast jeder Hinsicht diversen Bedürfnissen anpassen. In diesem Kapitel wird auch beschrieben, wie man sinnvolle Anpassungen an Aussehen und Verhalten vornehmen kann, um die Handhabung des Arbeitsplatzes zu erleichtern.

Die Einrichtung von *mwm* erfolgt auf zwei Arten. Erstens sucht *mwm* auf herkömmliche Weise zutreffende Ressourcendefinitionen in den üblichen Ablageorten im System. Hier kann man Ressourcen ablegen, um verschiedene Eigenschaften von *mwm* einzustellen. Sie werden im nächsten Abschnitt erläutert. Zweitens greift *mwm* auf eine spezielle Datei namens *mwmrc* zu. Diese enthält bestimmte Einstellungen für *mwm*, deren Definition mit Ressourcen nicht möglich ist. Die *mwmrc* wird im letzten Abschnitt besprochen.

10.2 mwm-Ressourcen

mwm unterstützt ungefähr achtzig Ressourcen, die zur Anpassung von allen nur möglichen Eigenschaften des Fensterverwalters verwendet werden können. In der Praxis hält sich die Zahl der Ressourcen, von denen man wirklich Gebrauch macht, in Grenzen, und die Anpassung erweist sich als unproblematisch. Hier wird eine kleine aber nützliche Untermenge davon in Form einer Ressourcendatei für *mwm* vorgestellt. Sie bildet nicht unbedingt eine optimale Einstellung von *mwm* – sie soll eher zur Anregung dienen, mit den Ressourcen zu experimentieren, um eine Umgebung nach eigenem Geschmack einzurichten. Es wird vorgeschlagen, daß man die einzelnen Schritte wie gezeigt ausprobiert, um deren Auswirkung gleich am Monitor zu beobachten.

Bei der Zusammenstellung von Ressourcen tritt immer die Frage auf, an welchem Ort man die Definitionen abspeichert, um die gewünschte Wirkung zu erhalten. Die gesamte Palette von Orten, die ein X-Client nach Einstellungen absucht,

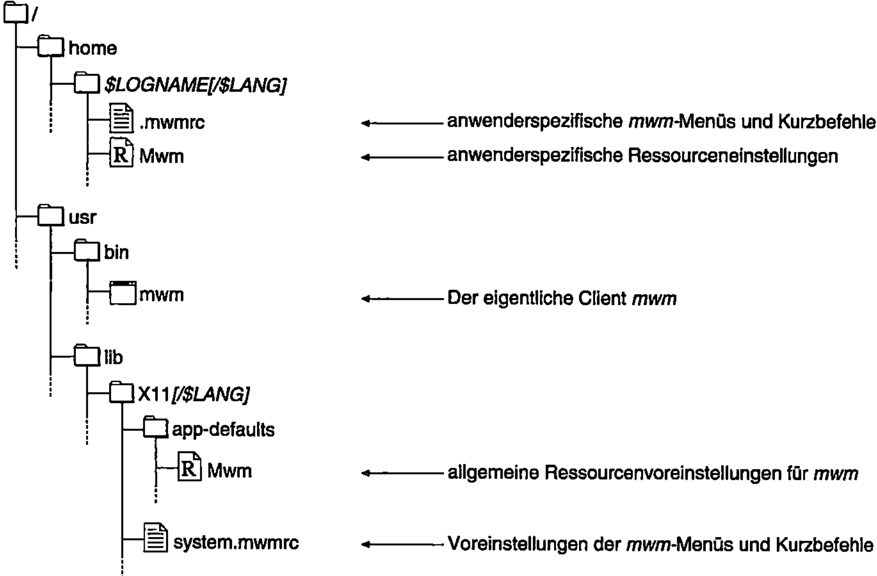

Abb. 10.1 Die *mwm*-Dateienumgebung. Aussehen und Arbeitsweise von *mwm* lassen sich durch Ressourcen und die spezielle Konfigurationsdatei *mwmrc* beeinflussen.

wurde schon im Kapitel 5 erläutert und ist in Abb. 5.7 abgebildet. Hier wird die Entscheidung erleichtert, denn die vorgestellten Einstellungen sind client-, anwender- und sprachenspezifisch. Man legt sie daher in der Datei mit dem Klassennamen von *mwm*, nämlich 'Mwm', im Ordner *$HOME/$LANG* ab: Diese *Mwm*-Ressourcendatei wird bei jedem Starten von *mwm* automatisch gelesen.

Die folgende Befehlsserie legt die Ressourcendatei mit ein paar grundsätzlichen Definitionen an, die einerseits die Schriftart der Fenstertitel und des Fenstermenüs und andererseits die Farben der Fensterrahmen einstellen. Dabei bildet der Rahmen des aktiven Fensters eine Ausnahme – er wird mit einer besonderen Farbe gekennzeichnet, um ihn von den übrigen abzuheben.

```
$ cd
$ echo $LANG
De
$ cd De
$ ls Mwm
$ cat >Mwm
! Meine Einstellungen für mwm
Mwm*fontList:          -*-helvetica-*-bold-*-14-*
Mwm*foreground:        black
Mwm*background:        pink
<Strg-D>
(mwm neu starten!)
```

Die Änderungen wirken nicht sofort – man muß *mwm* erneut starten, erst dann liest er die Datei. Dazu wählt man entweder die entsprechende Option im Hintergrundmenü von *mwm* (siehe Abb. 10.4), oder falls diese fehlt, kann man *mwm* beenden und manuell von einem Terminalemulator aus erneut starten. (Diesen Umstand muß man nicht lange ertragen: Am Ende dieses Kapitels wird erläutert, wie man eine fehlende Option in das Hintergrundmenü einfügen kann.) Wenn man keine Änderungen an den verschiedenen Fensterrahmen beobachtet, liegt dies wahrscheinlich daran, daß die neuen Ressourcendefinitionen entweder gar nicht gelesen oder noch von anderen Definitionen überlagert werden. Um dieses zu bestätigen, überträgt man die Datei zum X-Server mit *xrdb* und startet *mwm* erneut. Dies dürfte dann die erwünschte Wirkung haben – es bleibt noch zu prüfen, ob die Variable *$LANG* schon beim Aufruf von *mwm* korrekt gesetzt war, und es gilt noch die verschiedenen Ablageorte für Ressourcen nach entgegengesetzten Einstellungen abzusuchen.

Als nächstes wird die Datei mit weiteren Ressourcen ergänzt, deren Namen dem Leser vielleicht nicht bekannt vorkommen, die aber weitere Elemente des Aussehens am Monitor bestimmen:

```
$ cat >>Mwm
Mwm*activeForeground:        black
Mwm*activeBackground:        red
Mwm*resizeBorderWidth:       8
Mwm*iconPlacement:           left top
Mwm*iconPlacementMargin:     15
<Strg-D>
(mwm neu starten!)
```

Die ersten zwei Definitionen setzen die Farben des *aktiven* Fensterrahmens. Die Eigenschaft 'resizeBorderWidth' bezieht sich auf die Breite eines Fensterrahmens in Pixeln – damit kann man nach Bedarf etwas Platz am Monitor sparen. Die letzten zwei Einstellungen betreffen die Positionierung von Icons und sind besonders nützlich, da das voreingestellte Verhalten von *mwm* (alle Icons unten links) nicht optimal ist. Die gezeigte Definition der Eigenschaft 'iconPlacement' bestimmt, daß Icons in Reihen von *links* nach rechts geordnet werden. Die erste Reihe wird *oben* angefangen. Wenn man oft Fenster am unteren Rand des Monitors positioniert, ist eine solche Einstellung zu bevorzugen, da man keine Icons dabei abdeckt. Als letztes bestimmt 'iconPlacementMargin' den Abstand der Icons zum Rand des Monitors.

Zum Thema Icons gibt es eine interessante Alternative zur herkömmlichen Verwaltung am Monitor: Mit den folgenden Einstellungen stellt man *mwm* so um, daß alle Icons zusammen in einem eigenen Fenster oder 'Iconbehälter' gesammelt werden, statt im Hintergrund frei zu schweben. Bei diesem Schema wird *jedes* Fenster durch ein Icon im Iconbehälter vertreten. Icons, deren Fenster offen sind, stellt *mwm* grau dar, um sie von den anderen zu unterscheiden. Die Position und Größe des Behälters wird mit der Ressource 'iconBoxGeometry' bestimmt. Dabei ist etwas Vorsicht geboten, denn die Einheiten der Angaben sind nicht Pixel, sondern Reihen bzw. Spalten von Icons. Die folgenden Definitionen legen einen Iconbehälter an mit Platz für zwei Reihen von je drei Icons:

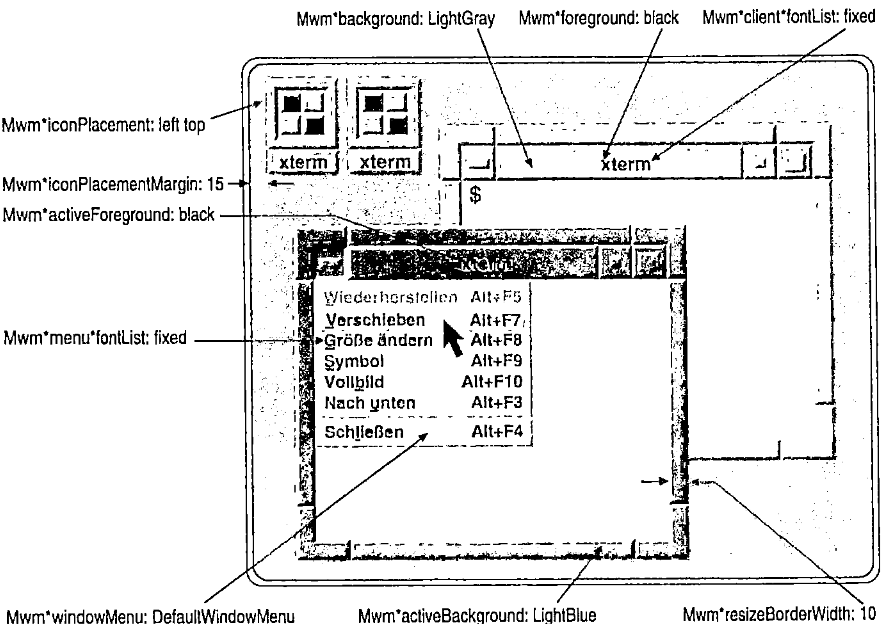

Abb. 10.2 *mwm*-Ressourcen. Die Abbildung zeigt die Auswirkung einer Auswahl von *mwm*-Ressourcen zur Einstellung des Aussehens von *mwm*. Falls keine Definition für eine Ressource spezifiziert wird, berechnet *mwm* einen optimalen Wert für den jeweiligen Arbeitsplatz.

```
$ cat >>Mwm
Mwm*useIconBox:          true
Mwm*iconBoxGeometry:     3x2+20+20
Mwm*iconBoxTitle:        Icons
<Strg-D>
```
(mwm neu starten!)

Bisher beschränkte sich der Einfluß der vorgestellten Ressourcen auf das Aussehen der Fenster und Icons. Aber die eigentliche Arbeitsweise unter *mwm* läßt sich ebenso mit Ressourcen einstellen. Die folgenden Ergänzungen zur Ressourcendatei *Mwm* bilden ein gutes Beispiel dafür:

```
$ cat >>Mwm
Mwm*interactivePlacement:    true
Mwm*showFeedback:            all
Mwm*positionIsFrame:         false
<Strg-D>
```
(mwm neu starten!)

Welche Auswirkung haben diese Einstellungen auf die Arbeitsweise unter *mwm*? Die erste Ressource schaltet die automatische Positionierung von Fenstern durch *mwm* aus: Normalerweise erscheint das Fenster eines neu gestarteten X-Clients automatisch an einer bestimmten, vielleicht ungünstigen Stelle am Monitor.

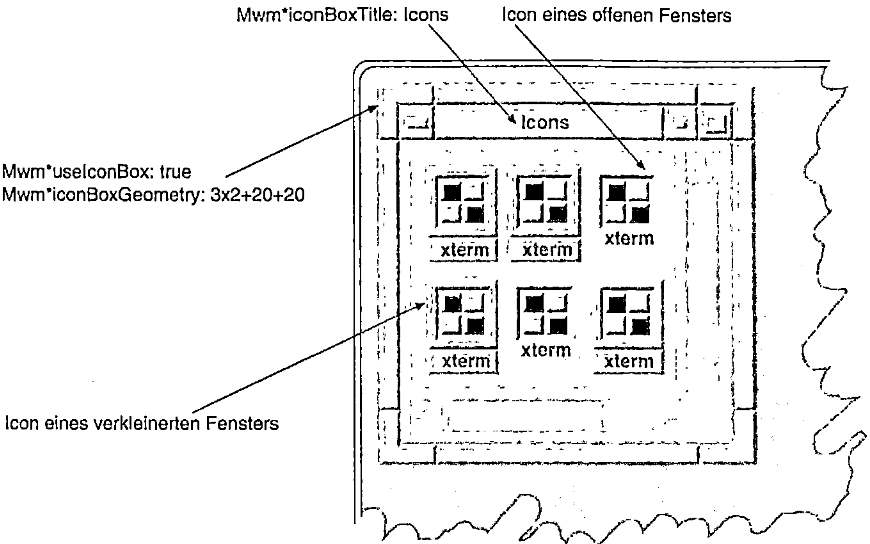

Abb. 10.3 Der Iconbehälter. Der Bildschirmausschnitt zeigt den *mwm*-Iconbehälter, der verwendet werden kann, um Icons zu verwalten. Jedes Fenster wird mit einem Icon im Behälter vertreten – der Zustand des Icons zeigt, ob das jeweilige Fenster verkleinert ist oder nicht.

Erst nachträglich läßt sich das Fenster anhand dessen Rahmens zur bevorzugten Stelle verschieben. Mit der Ressource 'interactivePlacement' stellt man *mwm* so um, daß die Positionierung von Fenstern dagegen von vornherein in den Händen des Anwenders liegt. Der Ablauf ist dann folgender: Wenn man einen X-Client startet, verändert sich vorerst die Form des Mauspfeils. Anschließend erscheint das Client-Fenster an genau der Stelle, an der man die Maus als nächstes betätigt.

Die nächste Ressource 'showFeedback' betrifft die Rückmeldungen, die man während der Arbeit mit *mwm* erhält. Hierzu gehören zum Beispiel die Abfragen, ob man 'wirklich *mwm* neu starten oder beenden' möchte. Die gezeigte Einstellung schaltet alle Rückmeldungen ein. Gerade in Bezug auf die Positionierung von Fenstern hat dies den Vorteil, daß die Position eines Fensters während seiner Verschiebung in der Bildschirmmitte ausgegeben wird.

Die letzte Ressource 'positionIsFrame' betrifft wieder die Fensterpositionierung durch die Angabe der Option '-geometry' beim Aufruf eines X-Clients. Bereits im Kapitel 4 wurde ein Problem bei deren Einsatz beschrieben. Zur Erinnerung: Wenn man die Position eines laufenden X-Clients mit *xwininfo* abliest und sie beim erneuten Aufruf des X-Clients mit der Option '-geometry' angibt, erscheint das neue Fenster nicht genau an der richtigen Stelle. Diesem Problem liegt die Interpretierung der Fensterposition durch *mwm* zugrunde. Er meint, daß die erwünschte Position sich auf den äußeren Rahmen bezieht – dagegen liefert *xwininfo* Informationen zum enthaltenen Client-Fenster. Daher ist die Position des Fensters um genau eine Rahmenbreite verschoben. Mit der gezeigten Einstellung der Ressource 'positionIsFrame' teilt man *mwm* mit, daß die Geometrieangaben sich auf das eigentliche Client-Fenster beziehen sollen.

Um das Thema Arbeitsweise unter *mwm* weiter zu verfolgen, werden nun die zwei Ressourcen 'focusAutoRaise' und 'keyboardFocusPolicy' vorgestellt. Mit ihnen kann man nach Bedarf den Umgang mit Fenstern unter *mwm* schlagartig umstellen, und zwar auf eine Weise, die auf einem PC oder Macintosh undenkbar wäre. Beide Ressourcen betreffen die Eingabe in Fenstern. Grundsätzlich gilt: Tastatureingaben werden nur vom aktiven Fenster empfangen. Die Frage ist aber, wie aktiviert man ein Fenster und was passiert, wenn man ein Fenster aktiviert hat? Normalerweise aktiviert man ein Fenster, indem man es mit der Maus anklickt. Anschließend bringt *mwm* das aktive Fenster automatisch in den Vordergrund, um seine volle Fläche sichtbar zu machen. Dieses voreingestellte Verhalten von *mwm* läßt sich leicht umstellen. Erstens bestimmt die Ressource 'focusAutoRaise', ob ein aktiviertes Fenster automatisch in den Vordergrund gebracht wird. Die folgende Einstellung schaltet dieses Verhalten aus – dann muß man beispielsweise den Rahmen eines Fensters explizit anklicken, um es in den Vordergrund zu bringen:

```
$ cat >>Mwm
Mwm*focusAutoRaise:        false
<Strg-D>
(mwm neu starten!)
```

Zweitens kann man anhand der Ressource 'keyboardFocusPolicy' definieren, auf welche Weise ein Fenster aktiviert wird. Die voreingestellte Aktivierung durch Mausbetätigung nennt man *'explicit'* Fokus. Dagegen läßt sich *mwm* aber auch so einrichten, daß es genügt, die Maus in ein Fenster hineinzubewegen – ohne das Fenster explizit anzuklicken. Diese Art der Aktivierung nennt man *'pointer'* Fokus, sie wird wie folgt eingestellt:

```
$ cat >>Mwm
Mwm*keyboardFocusPolicy:    pointer
<Strg-D>
(mwm neu starten!)
```

Theoretisch klingt diese Umstellung unbedeutend, aber in der Praxis hat sie einen wesentlichen Einfluß auf die Bedienung des Arbeitsplatzes. Wie mit den anderen vorgestellten Einstellungen muß man nicht unbedingt die gezeigten Werte nehmen – man sollte die Ressourcendatei *Mwm* eher als Vorlage sehen und verschiedene Änderungen ausprobieren, bis *mwm* dem eigenen Geschmack entspricht. Auch andere *mwm*-Ressourcen, die hier nicht beschrieben werden, könnten hinzugefügt werden.

Die bisherigen Ressourcen wurden ausschließlich mit dem Jokerzeichen '*' zusammengestellt und beziehen sich daher auf den gesamten X-Client *mwm*. Im allgemeinen Ressourcenverfahren kann eine Ressource aber auch so verfeinert werden, daß sie lediglich auf ganz bestimmte Elemente einer Client-Oberfläche wirkt. Dieses Prinzip gilt auch bei *mwm*-Ressourcen und wird als nächstes beschrieben:

Der Gültigkeitsbereich von mwm-Ressourcen

Man stelle sich die folgende Aufgabe vor: Die Überschriften der einzelnen Fenster am Monitor sollen in einer großen Schrift dargestellt werden – aber die restlichen Beschriftungen, z.B. der Menüoptionen, sollen unverändert bleiben. Wie ist diese

Aufgabe zu lösen? Wer die Details des Ressourcenverfahrens noch in Erinnerung hat, kommt gleich auf die Lösung: Die Ressourcendefinition muß ergänzt werden, um den Wirkungsbereich der Einstellung einzuschränken. Die folgende Definition hat die erwünschte Wirkung:

```
Mwm*client*fontList:          -*-helvetica-*-bold-*-18-*
```

Das Stichwort 'client' verdient etwas Aufmerksamkeit. Damit legt man fest, daß die Einstellung sich lediglich auf Elemente der einzelnen *Fensterrahmen* beschränkt – Menüs, Dialoge oder Icons bleiben ausgeschlossen. Um sie anzusprechen, gibt man die alternativen Stichworte 'menu', 'feedback' oder 'icon' an.[4]

Das ist jedoch noch nicht alles, denn nur bestimmte *mwm*-Ressourcen lassen sich auf diese Weise zusammenstellen. Das sind Eigenschaften wie 'fontList', 'foreground', 'background' u.ä.: Sie werden *komponentenspezifische* Ressourcen genannt. Andere *mwm*-Ressourcen, etwa 'keyboardFocusPolicy' oder 'useIconBox', sind offensichtlich nicht auf irgendwelche einzelnen Komponenten anwendbar. Der Großteil der *mwm*-Ressourcen gehört zu dieser Kategorie: Sie werden *mwm-spezifische* Ressourcen genannt und dürfen nur mit einem einzelnen Jokerzeichen ohne weitere Stichworte in Ressourcendefinitionen angegeben werden.

Es gibt jedoch noch eine letzte, kleine Kategorie von *mwm*-Ressourcen, nämlich die *client-spezifischen*. Deren Wirkung läßt sich auf bestimmte X-Clients einschränken. Dazu wird eine Ressource mit dem Namen oder Klassennamen eines X-Clients wie im folgenden Beispiel ergänzt:

```
Mwm*XClock*clientDecoration:      -maximize
Mwm*XClock*clientFunctions:       -maximize      .
```

Die erste Definition verwendet die (bisher unerwähnte) Eigenschaft 'clientDecoration'. Sie bestimmt, welche Funktionalität der Rahmen eines Fensters besitzt. Darunter versteht man nicht nur die Bedienelemente wie die Symbol- und Vollbild-Knöpfe, sondern auch, ob das Fenster überhaupt vergrößert oder verkleinert werden kann. Die gezeigte Definition entfernt den 'Vollbild'-Knopf vom Rahmen aller Uhren. Die zweite Eigenschaft 'clientFunctions' bildet ein Gegenstück zu 'clientDecorations' und setzt fest, welche Optionen im Fenstermenü vorhanden sind. Diesmal wird die 'Vollbild'-Option aus dem Fenstermenü aller Uhren entfernt.

Sinnvolle Einsatzfälle für die Anwendung von *mwm*-Ressourcen auf spezielle Komponenten oder X-Clients kommen eigentlich selten vor, das Thema wird deswegen hier nicht weiter vertieft. Sollte doch einmal der Bedarf bestehen, können Details der Standarddokumentation entnommen werden.

10.3 Menüs, Maustasten und Kurzbefehle

Bisher wurde eine ganze Reihe von *mwm*-Ressourcen besprochen. Darunter befanden sich zum Beispiel Ressourcen zur Einstellung der verschiedenen Farben und

---

[4] Strikt gesehen weicht diese Art, den Gültigkeitsbereich einer Ressourceneinstellung einzuschränken, von der Standarddefinition anhand der Widget-Hierarchie einer Client-Oberfläche ab.

Art	Ressourcename	mögliche Werte	Wirkung
mwm-spezifisch	configFile	*Dateipfad*	Spezifiert eine spezielle *mwmrc*-Datei
	buttonBindings	*Name*	Nennt eine Mauszuordnungstabelle in der *mwmrc*
	keyBindings	*Name*	Nennt eine Kurzbefehltabelle in der *mwmrc*
	interactivePlacement	true I false	Anwender positioniert neue Fenster
	keyboardFocusPolicy	explicit I pointer	Auf welche Weise ein Fenster aktiviert wird
	positionIsFrame	true I false	Interpretierung einer Geometrieangabe
	resizeBorderWidth	*Pixelzahl*	Rahmenbreite von Dialogen
	frameBorderWidth	*Pixelzahl*	Rahmenbreite von Hauptfenstern
	showFeedback	all I move I ...	Kontrolliert Ausgabe von Informationen
	iconAutoPlace	true I false	Automatische Positionierung von Icons
	iconPlacement	left I right I ...	Schema der Icon-Positionierung
	useIconBox	true I false	Icons in einem speziellen Behälter verwalten
	iconBoxGeometry	*SpaltenxReihen*	Größe des Iconbehälters, falls vorhanden
	iconBoxTitle	*Titel*	Überschrift des Iconbehälters, falls vorhanden
komponenten-spezifisch	background	*Farbe*	Hintergrundfarbe der mwm-Komponenten
	foreground	*Farbe*	Farbe der verschiedenen mwm-Beschriftungen
	fontList	*Schrift*	Schrift der verschiedenen mwm-Beschriftungen
	activeBackground	*Farbe*	Hintergrundfarbe des aktiven Fensterrahmens
	activeForeground	*Farbe*	Vordergrundfarbe des aktiven Fensterrahmens
client-spezifisch	clientDecorations	all I border I ...	Zusammenstellung des Fensterrahmens
	clientFunctions	all I resize I ...	Zusammenstellung des Fenstermenüs
	windowMenu	*Name*	Nennt ein Fenstermenü in der *mwmrc*
	focusAutoRaise	true I false	Aktives Fenster automatisch nach vorne bringen

Tab. 10.1 *mwm*-Ressourcen. Aufgelistet sind die wichtigsten *mwm*-Ressourcen. Möchte man eine Einstellung nur auf bestimmte Komponenten oder X-Clients wirken lassen, können komponenten- oder client-spezifische Ressourcendefinitionen ergänzt werden, um den Gültigkeitsbereich entsprechend einzuschränken.

Schriften, die *mwm* zum Zeichnen der Fensterrahmen verwendet. Es bleiben jedoch noch ein paar wichtige Aspekte der *mwm*-Konfigurierung zu besprechen. Zum einen kann man *mwm* so einrichten, daß er ein spezielles Fenster- oder Hintergrundmenü anzeigt. Dieses Menü kann Sonderoptionen oder eigene (deutsche) Texte enthalten. Zum anderen kann die allgemeine Reaktion von *mwm* auf Anwenderaktionen den eigenen Bedürnissen angepaßt werden. So möchte man vielleicht, daß das Hintergrundmenü bei Betätigung der *linken* statt der rechten Maustaste erscheint.

Hier spielen drei *mwm*-Ressourcen eine Rolle – 'windowMenu', 'buttonBindings' und 'keyBindings'. Mit der ersten Ressource legt man fest, welches Fenstermenü von *mwm* verwendet wird. Die nächste Ressource 'buttonBindings' bestimmt die Zuordnung von *mwm*-Aktionen (z.B. ein Fenster in den Vordergrund zu bringen) zur Betätigung der Maus (z.B. Drücken der linken Maustaste auf einen Fensterrahmen). Die letzte Ressource 'keyBindings' dient dem gleichen Zweck, aber diesmal für Eingaben an der Tastatur. Um gleich mit einem konkreten Beispiel anzufangen – eine Ressourcendatei für *mwm* kann die folgenden Definitionen enthalten:

```
Mwm*windowMenu:        MyWindowMenu
Mwm*buttonBindings:     MyButtonBindings
Mwm*keyBindings:        MyKeyBindings
```

Man sieht, daß die eigentlichen Beschreibungen der Menüs und Zuordnungen nicht direkt angegeben werden – sie wären für eine Ressource zu umfangreich. Statt dessen verweisen die Namen 'MyWindowMenu', 'MyButtonBindings' und 'MyKeyBindings' auf detaillierte Definitionen, die in einer anderen *mwm*-Konfigurationsdatei festgehalten werden: der sogenannten *mwmrc*. Diese ist keine Ressourcendatei, sondern eine Datei, die speziell auf *mwm* zugeschnitten ist und eine eigene Syntax besitzt, um die mühelose Zusammenstellung von Menüs und 'Bindings' für *mwm* zu ermöglichen. Damit befaßt sich der nächste Abschnitt. Um noch kurz bei den Ressourcen zu bleiben, sollte ein Punkt im Auge behalten werden: Die Definitionen von vielen verschiedenen Menüs und 'Bindings' mit unterschiedlichen Namen können in der speziellen *mwm*-Konfigurationsdatei enthalten sein. Mit den oberen Ressourcen steuert man, auf welche Definitionen unter den vorhandenen *mwm* eigentlich zugreift. Auf diese Weise kann man zum Beispiel durch den einfachen Austausch eines Namens in der Ressourcendatei ein völlig anderes Fenstermenü erhalten.

Die allgemeine Konfiguration von *mwm* in der Datei *mwmrc* läßt sich leicht verstehen, wenn man zuerst die Funktionsweise von *mwm* etwas genauer anschaut. Dem Anwender erscheint zum Beispiel die Verschiebung eines Fensters als eine einzige Aktion, aber eigentlich besteht sie aus *zwei* Aktionen: Erstens macht der Anwender bestimmte Eingaben, um das Ganze in Gang zu bringen. Das kann zum Beispiel die Eingabe des Kurzbefehls Alt<F7> sein. Zweitens führt *mwm* anschließend eine entsprechende Aktion aus. In diesem Beispiel verändert *mwm* die Form des Cursors und ermöglicht es, den Umriß des Fensters mit der Maus zu ziehen.

Auf diese Weise lassen sich alle Interaktionen mit *mwm* in Anwendereingabe und entsprechende *mwm*-Aktion leicht trennen. Die Zuordnung zwischen beiden ist nicht fest in *mwm* programmiert, sondern wird in der *mwmrc*-Datei festgehalten. Es genügt, die Definitionen in der Datei zu editieren, um das Verhalten von *mwm* umzustellen. Man kann zum Beispiel festlegen, daß die Verschiebung eines Fensters durch einen alternativen Kurzbefehl angestoßen wird. Die folgenden Abschnitte erläutern, wie man *mwm* auf diese Weise anpassen kann. Zuerst wird beschrieben, wo eine solche Konfigurationsdatei abgelegt wird. Dann wird der grobe Dateiinhalt erläutert, bevor auf die einzelnen Definitionen eingegangen wird. Dabei werden die Standarddefinitionen und mögliche Ergänzungen dazu vorgestellt.

Die mwmrc-Datei

Genaugenommen gibt es keine einzelne *mwmrc*-Datei, sondern mehrere: *mwm* sucht eine bestimmte Reihe von Orten nach der ersten passenden Datei ab. Zuerst sucht *mwm* die Datei *$LANG/.mwmrc* oder *.mwmrc* im Heimatverzeichnis des Anwenders. In ihr kann ein Anwender seine persönliche Einstellung für *mwm* festhalten. Wenn keine Konfiguration dort gefunden wird, setzt *mwm* die Suche im Standardverzeichnis */usr/lib/X11* nach den Dateien *$LANG/system.mwmrc* und *system.mwmrc* fort. Möchte man eine andere Datei verwenden, kann diese mit der

Ressource 'configFile' spezifiziert werden. Auf jeden Fall bricht *mwm* die Suche beim ersten Treffer ab und ignoriert alle übrigen Dateien.

Vorerst ist die Standarddatei */usr/lib/X11/system.mwmrc* eine exzellente Vorlage, man sollte eine Kopie davon mit dem Namen *.mwmrc* im eigenen Verzeichnis *$HOME/$LANG* anlegen. (Dies hat den Vorteil, daß sich die Ressourcendatei *Mwm* und die Konfigurationsdatei *.mwmrc* im gleichen Ordner befinden.) Mit der eigenen Kopie kann man die vorgestellten Ergänzungen ausprobieren, ohne daß andere Anwender davon betroffen werden. So kann man beispielsweise eine deutsche Version der *mwmrc* hier erstellen und testen. Wenn sie fertig ist, speichert man die Datei als */usr/lib/X11/$LANG/system.mwmrc* ab – dann erhält *jeder* Anwender, der seine *$LANG*-Variable vor dem Aufruf von *mwm* entsprechend setzt, die deutsche Version von *mwm*.

Nun zur eigentlichen Datei: Wie sieht der Inhalt einer *mwmrc* aus? Um diese Frage am schnellsten zu beantworten, wirft man einen Blick auf die Standarddatei *system.mwmrc*, die im Anhang vollständig aufgelistet wird. Auf Anhieb wirkt sie etwas umfangreich, trotzdem ist ihre Grobstruktur unkompliziert: Die Datei besteht aus einer Reihe von abgeschlossenen Tabellen von Anwenderaktionen und entsprechenden *mwm*-Aktionen. Jede Tabelle fängt mit einem der Stichworte 'Buttons', 'Keys' oder 'Menu' und einem beliebigen Namen zur späteren Identifizierung der Tabelle an. Das jeweilige Stichwort legt die Art der Tabelle fest: Bei 'Buttons' enthält die Tabelle einen Satz von Mausaktionen auf der linken Seite gegenüber *mwm*-Aktionen auf der rechten Seite. 'Keys' enthält eine Tabelle von Kurzbefehlen und entsprechenden *mwm*-Aktionen. Als letztes definiert 'Menu' einen Satz von Menüoptionen und zugehörigen *mwm*-Aktionen. Danach folgen die einzelnen Einträge der Tabellen zwischen geschweiften Klammern. Schematisch sieht die *mwmrc* so aus:

```
Buttons          Satzname
{
        Mausklick        ...        mwm-Aktion
        Mausklick        ...        mwm-Aktion
        ...
}


Keys      Satzname
{
        Kurzbefehl       ...        mwm-Aktion
        Kurzbefehl       ...        mwm-Aktion
        ...
}


Menu      Menüname
{
        Menüoption       ...        mwm-Aktion
        Menüoption       ...        mwm-Aktion
        ...
}
...
```

Art der Aktion	Name und Parameter	Wirkung
Aktionen auf *ein* Fenster	f.normalize f.move f.resize f.minimize f.maximise f.raise f.lower f.kill	ikonisiertes Fenster auf normale Größe zurückwandeln Fenster verschieben Fenster vergrößern oder verkleinern Fenster ikonsieren Fenster als Vollbild zeigen Fenster nach vorne bringen Fenster nach hinten senken Fenster schließen
Aktionen auf *alle* Fenster	f.next_key [icon|window|transient] f.prev_key [icon|window|transient] f.circle_up [icon|window] f.circle_down [icon|window] f.pack_icons f.refresh	nächstes Fenster aktivieren (nicht bei 'pointer' Fokus) letztes Fenster aktivieren (nicht bei 'pointer' Fokus) unterstes Fenster nach oben bringen oberstes Fenster nach unten schicken alle Icons wieder ordnen läßt alle Fenster neu zeichnen
Aktionen auf Menüs	f.menu *Menüname* f.post_wmenu f.title f.separator	Das genannte Menü soll aufgeklappt werden Das Fenstermenü soll aufgeklappt werden legt einen Fenstertitel für ein Menü fest fügt einen Trenner zwischen Menüoptionen ein
Aktionen auf mwm u.a.	f.restart f.quit_mwm f.set_behaviour f.exec *Befehl*	startet mwm erneut beendet mwm schaltet mwm zwischen Einstellungen führt den angegebenen UNIX-Befehl aus

Tab. 10.2 *mwm*-Aktionen. Die Tabelle zeigt die wichtigsten Aktionen, die *mwm* unterstützt. Die Namen, die in der zweiten Spalte erscheinen, können in der *mwmrc*-Konfigurationsdatei angegeben werden, um die einzelnen Aktionen zu identifizieren.

Die detaillierte Struktur der Datei ist allerdings etwas komplizierter, da die Definition der Anwenderaktionen auf der linken Seite eines Eintrages von der Art der jeweiligen Tabelle abhängt. Damit befassen sich die nächsten Abschnitte. Die Definition der *mwm*-Aktionen dagegen ist wesentlich einfacher und hat immer die gleiche Form. Jede Aktion, die *mwm* ausführen kann, hat einen festen Namen, zum Beispiel werden die Aktionen zur Verschiebung und Vergrößerung eines Fensters 'f.move' bzw. 'f.resize' genannt. Die Tabelle in Tab. 10.2 faßt die Aktionen mit ihren Namen zusammen. Diese Namen verwendet man in der *mwmrc*, um die gewünschten *mwm*-Aktionen zu identifizieren. Meistens genügt es, den Namen einfach anzugeben, aber manche Aktionen bedürfen noch eines Parameters, der ebenfalls angegeben werden muß. Auf jeden Fall werden die wichtigsten darunter in den nächsten Absätzen erläutert.

Im folgenden werden die Tabellen im einzelnen besprochen – angefangen mit der Definition des Hintergrundmenüs bis zur Definition von Kurzbefehlen.

Das Hintergrundmenü

Die Definition des Hintergrundmenüs bildet eine ideale Einführung in die *mwmrc*, denn sie hat eine besonders übersichtliche Form: Die Definition setzt sich ausschließlich aus den Beschriftungen der einzelnen Menüoptionen und den Namen der *mwm*-Aktionen zusammen, die bei Auswahl der Optionen aufgerufen werden. Der folgende Ausschnitt aus der Datei */usr/lib/X11/system.mwmrc* zeigt die charakteristische Zusammenstellung des Standard-Hintergrundmenüs:

```
$ cd /usr/lib/X11
$ cat system.mwmrc

...

Menu RootMenu
{
        "Root Menu"         f.title
        "New Window"        f.exec "xterm &"
        "Shuffle up"        f.circle_up
        "Shuffle down"      f.circle_down
        "Refresh"           f.refresh
        no-label            f.separator
        "Restart..."        f.restart
}
...
```

Obwohl die physikalische Auswirkung der verschiedenen Optionen durch ihre Bedienung an der Oberfläche bekannt sein dürfte, erfordern die entsprechenden *mwm*-Aktionen etwas Erklärung. Die drei Aktionen 'f.circle_up', 'f.circle_down' und 'f.refresh' sind normale Fensterfunktionen – sie lassen die Überlappung der Fenster umstellen oder alle Fenster neu zeichnen. Die übrigen Aktionen haben eigentlich keinen konkreten Bezug zu Fenstern. 'f.title' legt die Überschrift des Menüs fest und die 'f.separator' fügt einen Trennstrich zwischen Menüoptionen ein. Die Aktion 'f.restart' veranlaßt *mwm*, alle Informationsquellen erneut zu lesen und sich dementsprechend anzupassen. Diese Option ist dann besonders nützlich, wenn man neue Ressourcen- oder *mwmrc*-Definitionen schnell ausprobieren möchte.

Die Aktion 'f.exec' ist etwas interessanter: Sie nimmt einen beliebigen UNIX-Befehl als Parameter und führt diesen mit einer Shell aus, wenn die passende Menüoption selektiert wird. Im Standardmenü begnügt man sich gewöhnlich mit dem einfachen Aufruf eines Terminalemulators, man kann aber genausogut einen umfangreichen Befehl oder den Namen eines Skripts zur Ausführung angeben. Beim netzweiten Einsatz von X sollte man im Auge behalten, daß der Befehl auf dem Rechner ausgeführt wird, auf dem *mwm* selbst läuft. Dabei überträgt *mwm* dem aufgerufenen Befehl die Umgebungsvariable 'DISPLAY', so daß ein gestarteter X-Client automatisch am richtigen Arbeitsplatz erscheint, falls an einem fernen Arbeitsplatz gearbeitet wird.

Das Standardmenü dient nur als Voreinstellung des Fensterverwalters, in der Regel wird man es auf die eigenen Bedürfnisse umstellen. Dazu editiert man die Menüdefinition in der persönlichen Konfigurationsdatei *$HOME/$LANG/.mwmrc*. Dabei können Beschriftungen verändert werden sowie Einträge entfernt oder den bestehenden hinzugefügt werden. Der folgende Ausschnitt zeigt ein typisches Beispiel:

```
$ cd
$ cd $LANG
$ cat .mwmrc

...

Menu RootMenu
{
        "Root Menü"        f.title
        "Neues Fenster"    f.exec "xterm &"
        "Uhr"              f.exec "xclock &"
        "Nächstes"         f.circle_up
        "Letztes"          f.circle_down
        no-label           f.separator
        "Neu starten..."   f.restart
        "Abmelden..."      f.quit_mwm
}
...
```

Die Aktion um *mwm* zu beenden, 'f.quit_mwm', ist am Ende des Menüs hinzugefügt worden. Nach der Anmeldung am System kommt es jedoch eher selten vor,
daß man ohne den Fensterverwalter arbeiten möchte: Wozu dient dann also diese
Option? Sie ist für den Fall, daß *mwm* als der steuernde Prozeß im Session-Skript
agiert. Dann bewirkt die Auswahl der Option nicht nur die Beendigung von *mwm*,
sondern auch gleich die Abmeldung des Anwenders vom System – daher die
Beschriftung der Option als 'Abmelden...'.

Das neue Menü enthält als Beispiel einen Eintrag für eine Uhr. Würde man alle
X-Clients, die man starten möchte, dem Menü hinzufügen, wäre das Menü bestimmt
zu groß und unübersichtlich. Um dieses Problem zu bewältigen, gibt es *Untermenüs*.
Dabei stellt man ein Untermenü aus einer Gruppe von verwandten Optionen zusammen und hängt dieses bei einer Option des Hauptmenüs ein: Wird sie betätigt, so
klappt das Untermenü automatisch auf und es kann auf die enthaltenen Optionen
zugegriffen werden. Die *mwmrc* läßt sich leicht ergänzen, um dieses Verhalten zu
unterstützen. Zuerst stellt man die Definition des Untermenüs wie folgt zusammen
und bezeichnet sie mit einem eindeutigen Namen:

```
Menu Clients
{
        "Shell"            f.exec "xterm &"
        "Uhr"              f.exec "xclock &"
        "Taschenrechner"   f.exec "xcalc &"
        ...                ...
}
...
```

Zweitens muß das Untermenü in das Hauptmenü anhand der *mwm*-Aktion
'f.menu' eingehängt werden, indem man eine neue Option in die Definition des
Hauptmenüs einfügt. Sie setzt sich aus der Beschriftung der Option, der Aktion
'f.menu' und dem Namen des aufzuklappenden Untermenüs folgendermaßen
zusammen:

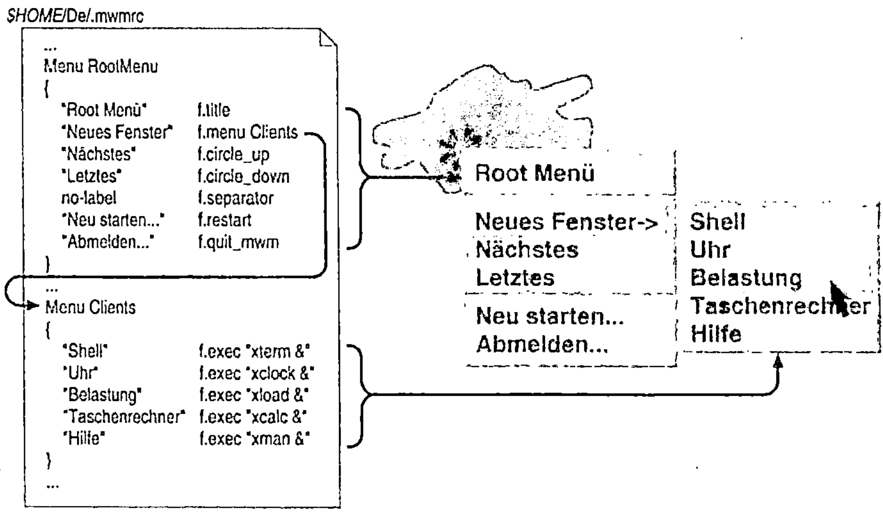

Abb. 10.4 Untermenüs. Die *mwm*-Aktion 'f.menu' wird hier in der Definition des Hintergrundmenüs verwendet, um ein Untermenü aufzuklappen, falls die Option "Neues Fenster" betätigt wird. Als Parameter nimmt die Aktion den Namen des aufzuklappenden Untermenüs. Dieses muß ebenfalls in der *mwmrc* definiert sein.

```
Menu RootMenu
{
        "Root Menü"          f.title
        "Hilfsprogramme"     f.menu Clients
        "Nächstes"           f.circle_up
...
}
```

Auf diese Weise kann man die *mwmrc* so erweitern, daß das Hintergrundmenü zusammen mit verschiedenen Untermenüs ein effektives Mittel zur Client-Verwaltung darstellt.

Das Fenstermenü

Die Form der Definition vom Fenstermenü unterscheidet sich kaum von der des Hintergrundmenüs, sie ist lediglich mit Mnemonics und Kurzbefehlen für die einzelnen Optionen ergänzt und enthält *mwm*-Aktionen, die sich auf das jeweilige Fenster beziehen. Zur Erinnerung: Die Mnemonics sind Buchstaben, die in den Optionsbeschriftungen unterstrichen sind und als Tastaturabkürzung verwendet werden können, wenn das Menü einmal aufgeklappt ist. Die Kurzbefehle dagegen können jederzeit in einem aktivierten Fenster verwendet werden, ohne überhaupt auf das Menü zuzugreifen. Ein Abschnitt aus der Datei */usr/lib/X11/system.mwmrc* zeigt die Zusammenstellung des Standard-Fenstermenüs:

```
Menu DefaultWindowMenu
{
        "Restore"        _R       Alt<Key>F5        f.normalize
        "Move"           _M       Alt<Key>F7        f.move
        "Size"           _S       Alt<Key>F8        f.resize
        "Minimize"       _n       Alt<Key>F9        f.minimize
        "Maximize"       _x       Alt<Key>F10       f.maximize
        "Lower"          _L       Alt<Key>F3        f.lower
        no-label                                    f.separator
        "Close"          _C       Alt<Key>F4        f.kill
}
```

Die Mnemonics und Kurzbefehle sind keine Pflichtangaben der Menüdefinition, aber falls sie vorhanden sind, müssen bestimmte Regeln eingehalten werden. Ein Mnemonic sollte mit einem Buchstaben der Optionsbeschriftung übereinstimmen und muß in der Tabelle mit einem Unterstrich versehen sein. Bei einer Umstellung des Menüs auf deutsch sollten die Mnemonics ebenfalls den neuen Texten angepaßt werden. Die Kurzbefehle erscheinen in der Form *'Moderator<Key>Taste'*. Mehrere (durch Leerzeichen getrennte) oder gar keine Moderatoren ('Alt', 'Shift', 'Ctrl', usw.) können angegeben werden, aber das Stichwort '<Key>' und eine Taste sind obligatorisch. Möchte man einen neuen Kurzbefehl festlegen, sollten Befehle vermieden werden, die X-Clients oft benutzen: Bei einem Konflikt nimmt *mwm* dem X-Client seinen Kurzbefehl ab, und der X-Client kann nicht darauf reagieren.

Normalerweise greift *mwm* auf das Menü mit dem Namen 'DefaultWindowMenu' (wie gezeigt) zu, um die Beschreibung des Fenstermenüs zu finden. Es genügt dann, diese Definition in der eigenen *$HOME/$LANG/.mwmrc* umzustellen, um ein neues Fenstermenü festzulegen. Zum Beispiel kann das Menü mit deutschen Texten belegt werden (siehe Abb. 10.6).

Damit ist das Thema noch nicht abgeschlossen, denn man kann mehrere Definitionen von Fenstermenüs mit anderen Namen in der *mwmrc* zusammenstellen. Den Namen der Menübeschreibung, auf die *mwm* zugreifen soll, legt man mit der Ressource 'windowMenu' fest. Da diese Ressource *client-spezifisch* ist, können verschiedene X-Clients unterschiedliche Fenstermenüs haben. Derartige Variationen sollten in Grenzen gehalten werden, um die Einheitlichkeit der Oberfläche beizubehalten – aber folgendes wäre vorstellbar: Ein bestimmter X-Client benötigt zusätzliche Optionen in seinem Fenstermenü. Die übrigen X-Clients sollten ansonsten das normale Fenstermenü verwenden. Zuerst wird die Beschreibung des erweiterten Menüs mit dem Namen 'SpecialMenu' der bestehenden Beschreibung des Standardmenüs in der eigenen *$HOME/$LANG/.mwmrc* hinzugefügt. Dann wird die Ressourcendatei *$HOME/$LANG/Mwm* um die folgenden Einträge ergänzt (dabei ist der erste Eintrag nicht zwingend notwendig):

```
Mwm*windowMenu:                    DefaultWindowMenu
Mwm*ClientKlasse*windowMenu:       SpecialMenu
```

Mauszuordnung

Der Fensterrahmen, mit dem *mwm* jedes Client-Fenster umgibt, bildet bekanntlich die Grundfunktionalität von *mwm*. Diese Grundfunktionalität läßt sich in der *mwmrc* jedoch so ergänzen, daß *mwm* nicht nur auf die Betätigung des Rahmens reagiert, sondern auch noch auf das Anklicken von irgendwelchen anderen Komponenten am Bildschirm. In der Standardausführung wird zum Beispiel festgelegt, daß die Betätigung der rechten Maustaste im *Hintergrund* zur Ausgabe des Hintergrundmenüs führt.

Die sogenannte *Mauszuordnungstabelle* in der *mwmrc* bestimmt die verschiedenen Mausaktionen, auf die *mwm* reagieren soll. Diese Tabelle beginnt mit dem Stichwort 'Buttons' und ihrem Namen und hat die folgende allgemeine Form:

```
Buttons Name
{
        Mausaktion        angeklickte Komponente        mwm-Aktion
        Mausaktion        angeklickte Komponente        mwm-Aktion
        ...
}
```

Jede Zeile legt eine Mausinteraktion mit *mwm* fest und besteht aus den drei Feldern *Mausaktion, angewählte Komponente* und *mwm-Aktion*. Die ersten zwei Felder bestimmen *wie* und *wo* die Maus betätigt werden muß – dagegen bestimmt das letzte Feld, welche *mwm*-Aktion daraufhin ausgelöst wird. Obwohl die *mwm*-Aktionen schon behandelt worden sind, haben sowohl die Mausaktion als auch die Komponente neue Formen, die nachfolgend erläutert werden:

Die Mausaktion erscheint in spitzen Klammern und wird in der Regel mit einem der Namen '<Btn1Down>', '<Btn2Down>' oder '<Btn3Down>' jeweils für die linke, mittlere oder rechte Maustaste bezeichnet. Nach Bedarf können eine oder mehrere Moderatoren der Maustaste vorangestellt werden, so daß die Definition nur dann gilt, wenn zum Beispiel die Alt-Taste gleichzeitig gedrückt wird.

Das zweite Feld legt fest, welche Art von Fensterkomponenten eigentlich angeklickt werden muß. Dazu gibt es eine Reihe von Bezeichnern, die verwendet werden können, um bestimmte Komponenten zu identifizieren. Die wichtigsten darunter sind 'icon', 'frame', 'root' und 'window', die jeweils ein Icon, einen Fensterrahmen, den Hintergrund oder irgendeinen Fensterteil repräsentieren. Beispielsweise legt das Stichwort 'frame' fest, daß der Rahmen eines Fensters angeklickt werden muß, um die erwünschte Auswirkung zu haben. Sollte die Definition für verschiedene Komponenten gelten, können mehrere Bezeichner (durch 'I' getrennt) zusammen angegeben werden.

Die Syntax scheint kompliziert zu sein, aber in der Praxis sind Mauszuordnungstabellen von bescheidenem Umfang und leicht zu verstehen. Die Standarddefinition in der */usr/lib/X11/system.mwmrc* legt nur drei Aktionen fest und sieht wie folgt aus:

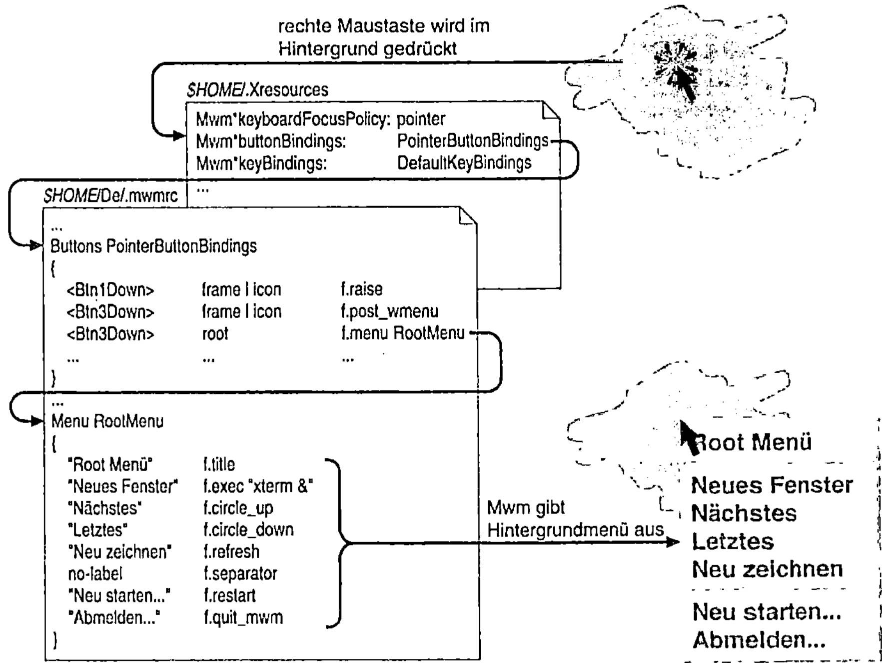

Abb. 10.5 Maustasten. Mit der Ressource 'pointerBindings' legt man fest, auf welche *mwmrc*-Tabelle von Mausaktionen *mwm* zugreift. Hier wird gezeigt, wie das Drücken der rechten Maustaste im Hintergrund zur Ausgabe des Hintergrundmenüs führt.

```
Buttons DefaultButtonBindings
{
    <Btn1Down>      icon | frame      f.raise
    <Btn3Down>      icon              f.post_wmenu
    <Btn3Down>      root              f.menu RootMenu
}
```

Die erste Zeile läßt sich leicht übersetzen: Betätigt man die linke Maustaste auf ein beliebiges Icon oder einen beliebigen Fensterrahmen, dann stellt *mwm* das Icon bzw. Fenster in den Vordergrund. In der zweiten Zeile trifft man auf eine neue *mwm*-Aktion 'f.post_wmenu', die *mwm* ausführen soll, wenn man ein Icon mit der rechten Maustaste anklickt. Diese Aktion klappt das Fenstermenü des jeweiligen Fensters automatisch auf. Die letzte Zeile legt fest, daß das Anklicken des Hintergrunds zur Ausgabe des Hintergrundmenüs 'RootMenu' mit der *mwm*-Aktion 'f.menu' führt. Diese Aktion wurde auf ähnliche Weise schon verwendet, um Untermenüs auszugeben (siehe oben).

Die Standarddatei */usr/lib/X11/system.mwmrc* stellt eigentlich zwei weitere 'Buttons' Tabellen mit den Namen 'ExplicitButtonBindings' und 'PointerButtonBindings' zur Wahl. Voreingestellt greift *mwm* auf die allgemeine

Tabelle 'DefaultButtonBindings'. Aber falls man selbst die Aktivierung von Fenstern 'keyboardFocusPolicy' auf 'explicit' oder 'pointer' setzt, ist es sinnvoll, eine der anderen Tabellen zu nehmen, da sie speziell für diese zwei Fälle optimiert sind. Zu diesem Zweck setzt man den Wert der Ressource 'buttonBindings' in der eigenen *$HOME/$LANG/Mwm* auf den Namen der gewünschten Tabelle:

```
Mwm*keyboardFocusPolicy:    pointer
Mwm*buttonBindings:         PointerButtonBindings
```

Unter Umständen entspricht keine der Standardtabellen den eigenen Vorstellungen. Dann hat man die Wahl, entweder die bestehende 'DefaultButtonBindings'-Tabelle zu editieren, oder empfehlenswerter, eine neue Tabelle mit einem eigenen Namen anzulegen und die 'buttonBindings'-Ressource passend zu setzen. Ein Beispiel zur Anregung: Die folgende Tabelle ergänzt das voreingestellte Verhalten mit Mausaktionen, um ein Fenster nach vorne bzw. hinten zu bringen und das Hintergrundmenü bei Betätigung einer beliebigen Maustaste im Hintergrund aufzuklappen:

```
Buttons MyPointerButtonBindings
{
        <Btn1Down>              icon | frame      f.raise
        <Btn3Down>              icon              f.post_wmenu
        <Btn3Down>              root              f.menu RootMenu

        Alt<Btn1Down>           window            f.raise
        Shift Alt<Btn1Down>     window            f.lower
        <Btn1Down>              root              f.menu RootMenu
        <Btn2Down>              root              f.menu RootMenu
}
```

Falls man eine eigene Tabelle zusammenstellt, ist ein wichtiger Punkt zu berücksichtigen: Der Anwender erhält keinen visuellen Hinweis darauf, welche Mausaktionen tatsächlich unterstützt werden – er muß sie eben auswendig kennen. Aus diesem Grund sollte die Tabelle möglichst klein und übersichtlich gehalten werden.

Kurzbefehle

Kurzbefehle sind schon in Zusammenhang mit Fenstermenüs besprochen worden. Dabei besteht die Möglichkeit, den einzelnen Optionen eines Fenstermenüs Tastaturkurzbefehle zuzuordnen. Aber *mwm* unterstützt ebenso allgemeine Kurzbefehle, die keinen konkreten Bezug zu Menüoptionen haben. Zum Beispiel bewirkt der Kurzbefehl 'Shift-Escape' die Ausgabe des Fenstermenüs vom aktivierten Fenster – als ob man den entsprechenden Knopf auf dem Fensterrahmen mit der Maus betätigt hätte. Solche Kurzbefehle werden in einer 'Keys'-Tabelle in der *mwmrc* festgehalten, sie hat die folgende allgemeine Form:

```
Keys Name
{
        Kurzbefehl                      aktive Komponente   mwm-Aktion
        Kurzbefehl                      aktive Komponente   mwm-Aktion

        ...

}
```

Ähnlich der Mauszuordnungstabelle besteht jede Zeile aus drei Feldern. Das erste Feld legt den einzugebenden Kurzbefehl fest, es hat dieselbe Syntax, *'Moderator<Key>Taste'*, die bei der Zusammenstellung von Menüs verwendet wurde. Das zweite Feld bestimmt die Komponenten, die zur gleichen Zeit aktiv sein müssen. Hier hat man im Vergleich zur Mauszuordnungstabelle eine etwas eingeschränkte Wahl zwischen 'window', 'icon' und 'root'. Der folgende Ausschnitt aus der Datei */usr/lib/X11/system.mwmrc* zeigt den Standardsatz von Kurzbefehlen:

```
Keys DefaultKeyBindings
{
        Shift<Key>Escape                window l icon           f.post_wmenu
        Meta<Key>space                  window l icon           f.post_wmenu
        Meta<Key>Tab                    root l icon l window    f.next_key
        Meta Shift<Key>Tab              root l icon l window    f.prev_key
        Meta<Key>Escape                 root l icon l window    f.next_key
        Meta Shift<Key>Escape           root l icon l window    f.prev_key
        Meta Shift Ctrl<Key>exclam      root l icon l window    f.set_behavior
        Meta<Key>F6                     window                  f.next_key transient
        Meta Shift<Key>F6               window                  f.prev_key transient
        <Key>F4                         icon                    f.post_wmenu
}
```

Man braucht sich nicht zu wundern, wenn man keinen einzigen der gezeigten Kurzbefehle kennt. Das liegt wahrscheinlich daran, daß die Verwendung der Maus eher der *intuitive* Weg ist, um Fenster zu aktivieren und hin und her zu schieben – und damit sind die meisten Anwender zufrieden. Trotzdem können manche der Kurzbefehle sehr nützlich sein. Ein interessantes Beispiel dafür ist der Kurzbefehl 'Meta Shift Ctrl !', der zur Ausführung der *mwm*-Aktion 'f.set_behaviour' führt. Diese Aktion bewirkt eine Umschaltung von *mwm* zwischen Einstellungen, die in der *mwmrc* enthalten sind, und Voreinstellungen, die in *mwm* selbst fest eingebaut sind. Falls man einen fehlerhaften *mwmrc* anlegt und nicht mehr vorwärts kommt, findet man mit 'Meta Shift Ctrl !' immer einen Ausweg. Mit dem gleichen Kurzbefehl läßt sich *mwm* wieder auf die *mwmrc* umstellen. (Dieser Kurzbefehl ist fest in *mwm* programmiert und wird immer unterstützt, egal welche Einträge sich in der *mwmrc* befinden.)

Die übrigen Kurzbefehle sind in erster Linie Mittel, entweder das Fenstermenü des aktiven Fensters aufzuklappen oder die Aktivierung von Fenster zu Fenster mit den Aktionen 'f.next_key' und 'f.prev_key' zu wechseln. Anwender, welche die Ressource 'keyboardFocusPolicy' auf 'pointer' gesetzt haben, werden feststellen, daß die Kurzbefehle für den Wechsel des aktiven Fenster nicht funktionieren, denn

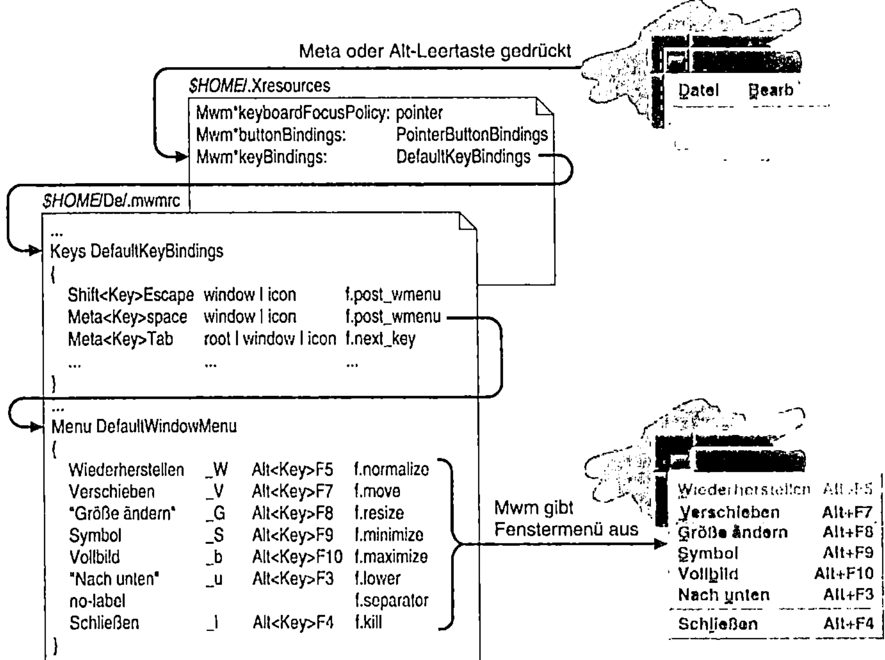

Abb. 10.6 Kurzbefehle. Mit der Ressource 'keyBindings' legt man fest, auf welche *mwmrc*-Tabelle von Kurzbefehlen *mwm* zugreift. Hier wird gezeigt, wie das Drücken der Leertaste zusammen mit der Alt-(Meta-)Taste zur Ausgabe des Fenstermenüs führt.

bei *pointer*-Fokus bleibt die aktuelle Position der *Maus* immer für die Aktivierung eines Fensters maßgebend. Unter solchen Umständen wäre es sinnvoll, eine alternative Tabelle von Kurzbefehlen für den Gebrauch bei *pointer*-Fokus in der eigenen *mwmrc* anzulegen. Die gleichen Kürzel erscheinen in der neuen Tabelle, aber die Aktionen 'f.next_key' und 'f.prev_key' werden überall durch die zwei Aktionen 'f.circle_down' und 'f.circle_up' ersetzt. Auf diese Weise wird lediglich die Reihenfolge statt der Aktivierung von Fenstern durch die gleichen Kurzbefehle verändert. Hier kann der Parameter 'window' zusätzlich angegeben werden, dann beziehen sich die Reihenfolgenänderungen ausschließlich auf offene Fenster und nicht auf Icons. Man kann auch ein paar Kurzbefehle einführen, um häufig verwendete Befehle auszuführen. Ein Ausschnitt aus der neuen Tabelle in der *$HOME/$LANG/.mwmrc* kann folgendermaßen aussehen:

```
Keys MyKeyBindings
{
        ...
        Meta<Key>Tab          root I icon I window      f.circle_down window
        Meta Shift<Key>Tab    root I icon I window      f.circle_up window
        ...
        Meta<Key>x            root I icon I window      f.exec "xterm &"
        ...
}
```

Anschließend teilt man anhand der Ressource 'keyBindings' *mwm* mit, daß er
auf die neue Tabelle zugreifen soll:

```
Mwm*keyBindings:        MyKeyBindings
```

10.4 Zusammenfassung

In diesem Kapitel wurden die wichtigsten Prinzipien der Konfigurierung von *mwm*
besprochen. Die meisten Eigenschaften, welche das reine Aussehen der Fensterrahmen oder einfachere Elemente der Arbeitsweise beeinflussen, lassen sich mit
herkömmlichen Ressourcen einstellen. Die komplizierteren Komponenten von
mwm werden dagegen in der speziellen *mwmrc*-Datei mit einer besonderen Syntax
zusammengestellt: Hier befinden sich nämlich die Beschreibungen der verschiedenen Menüs sowie die Zuordnungen von Maus- und Tastatureingaben zu bestimmten
mwm-Aktionen. Anhand der Ressourcen zusammen mit der *mwmrc* kann man *mwm*
auf verschiedenste Weise den eigenen Bedürfnissen anpassen.

11 Die anwenderspezifische Arbeitsumgebung

11.1 Einführung

Dieses Kapitel schließt 'Die X/Motif-Umgebung' mit der Beschreibung der anwenderspezifischen Umgebung ab. Bisher wurden die grundlegenden Themen der allgemeinen Umgebung erläutert – das allgemeine Ressourcenverfahren, die Arbeitsplatzverwaltung durch *xdm* und die Fensterverwaltung durch *mwm*. Dabei war zu sehen, daß Mechanismen vorhanden sind, um Anpassungen an das allgemeine Verfahren vorzunehmen, die nur einem bestimmten Anwender gelten. In der Regel handelt es sich dabei um spezielle Dateien, die in das Heimatverzeichnis eines Anwenders abgelegt werden müssen. Zusammen bestimmen diese Dateien die Arbeitsumgebung eines Anwenders. Die meisten davon wurden schon besprochen, aber vereinzelt und nicht im Rahmen einer Kennung, sondern im Rahmen eines bestimmten X-Clients wie *xdm* oder *mwm*. Jetzt wird der Schwerpunkt zur Kennung hin verlagert und die folgende Frage beantwortet: Wie stellt man eine spezielle Arbeitsumgebung für einen bestimmten Anwender zusammen?

11.2 Überblick

Aus Anwendersicht ist die Arbeitsumgebung das, was für den Anwender automatisch aufgebaut wird, wenn er sich an seinem Arbeitsplatz anmeldet. Ohne besondere Vorkehrungen beschränkt sich die Umgebung auf das Starten eines Terminalemulators und des Fensterverwalters. Ein Blick in das Heimatverzeichnis des Anwenders, um seine Kennung aus Systemsicht zu sehen, deckt keine speziellen Dateien auf:

```
$ cd
$ ls -ax
.kshrc              .profile              ...
...
$
```

Die gezeigten Dateien dienen in erster Linie der anwenderspezifischen Einrichtung der *UNIX*-Umgebung des Anwenders bei der Anmeldung an einem herkömmlichen (nicht-grafischen) Arbeitsplatz. Die Dateien für eine anwenderspezifische *X*-Umgebung fehlen dagegen, hier wird also die X-Umgebung durch die allgemeinen Steuerdateien im Ordner */usr/lib/X11/xdm* geregelt.

Um eine spezielle Umgebung für einen bestimmten Anwender einzurichten, müssen gewisse Konfigurationsdateien in sein Heimatverzeichnis angelegt werden.

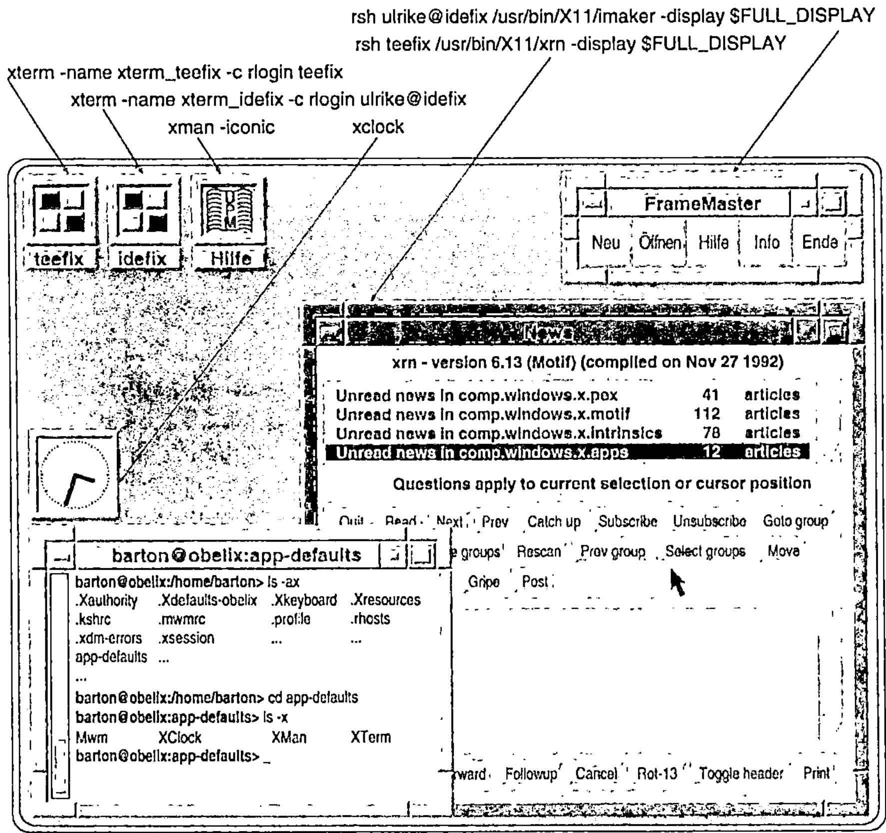

Abb. 11.1 Beispielumgebung aus Anwendersicht. Meldet sich der Anwender erfolgreich an, wird der Monitor, wie gezeigt, automatisch für ihn aufgebaut. Eingezeichnet sind die wichtigsten Befehle, die in seiner *.xsession* verwendet werden, um die einzelnen X-Clients zu starten.

Wenn sich zum Beispiel ein anderer Anwender am gleichen Arbeitsplatz anmeldet und eine maßgeschneiderte Arbeitsumgebung wie in Abb. 11.1 automatisch bekommt, liegt das an dem Inhalt seines Heimatverzeichnisses. Dieses wird wesentlich mehr enthalten als das obige Beispiel, es könnte beispielsweise so aussehen:

```
$ cd
$ ls -ax
.Xauthority     .Xdefaults-obelix   .Xkeyboard    .Xresources    .kshrc
.mwmrc          .profile            .rhosts       .xdm-errors    .xsession
app-defaults    ...
...
$ ls -ax app-defaults
Mwm             XRn                 XTerm         ...
...
$
```

Die Kennung ist diesmal eingerichtet, um die volle Flexibilität der X/Motif-Umgebung auszunutzen, und ist entsprechend umfangreich. Die Zahl der gesammelten Dateien wirkt vorerst etwas verblüffend, dennoch sind sie im einzelnen unkompliziert: Das sind alles Dateien, mit denen schon einmal Bekanntschaft gemacht wurde – Ressourcendateien, Session-Skripte, usw.

Die folgenden Ausführungen fassen die Rollen und Funktionweisen der verschiedenen Dateien, die eine anwenderspezifische Umgebung bilden, zusammen. In den nächsten zwei Abschnitten 'Session-Aufbau' und 'Ressourcenumgebung' wird speziell auf die Zusammenstellung der Umgebung in Abb. 11.1 eingegangen. Diese Umgebung wäre zum Beispiel für einen Systemverwalter geeignet. Anschließend wird eine alternative Umgebung umrissen, die sich für bescheidenere Ansprüche eignet. Zum Schluß wird erläutert, wie eine zentralisierte Verwaltung von mehreren Standardumgebungen (z.B. für Systemverwalter, Büroschreibkräfte, Buchhalter usw.) aufgebaut werden kann.

11.3 Session-Aufbau

Die maßgebende Rolle in der Beispielumgebung spielt das Session-Skript *.xsession* im Heimatverzeichnis des Anwenders. Dieses bestimmt, welche X-Clients nach der Anmeldung speziell für ihn gestartet werden und wie er sich wieder abmelden kann. Bevor man sich die Mühe macht, eine eigene *.xsession* anzulegen, sollte man prüfen, ob die eigenen Wünsche nicht schon mit dem Standard-Session-Skript zu erfüllen sind – das kann der Fall sein, wenn das Skript, wie im Kapitel 9 beschrieben, ergänzt worden ist. Dann kann es bereits genügen, eine *.xclients*-Datei oder ähnliches zusammenzustellen. In diesem Beispiel wäre das nicht sinnvoll, da zu hohe Ansprüche an die Umgebung gestellt werden.

Es folgt der Inhalt von der *.xsession* aus der Beispielumgebung. Anschließend werden die verschiedenen Aspekte des Skripts und der konkrete Bezug zu Abb. 11.1 erläutert:

```
$ cd
$ cat .xsession
#!/bin/sh
###### append my variables to environment                              ①
LANG=De_DE
XAPPLRESDIR=$HOME/app-defaults
if [ -z "`echo $DISPLAY | cut -d: -f1`" ]; then
        FULL_DISPLAY="`hostname`$DISPLAY"
else
        FULL_DISPLAY=$DISPLAY
fi
export LANG XAPPLRESDIR FULL_DISPLAY


###### allow all teefix users and ulrike on idefix to access this session   ②
xhost -
xhost +teefix
xauth extract - $DISPLAY | rsh ulrike@idefix /usr/bin/X11/xauth merge -


###### make my changes to keyboard                                     ③
if [ -f $HOME/.Xkeyboard]; then
        xmodmap $HOME/.Xkeyboard
fi
###### send my resources to server                                     ④
if [ -f $HOME/.Xresources ]; then
        xrdb -merge $HOME/.Xresources
fi
###### start my local clients                                          ⑤
xterm -name xterm_obelix &
xterm -name xterm_teefix -c rlogin teefix &
xterm -name xterm_idefix -c rlogin ulrike@idefix &
xman -iconic &
xclock &


###### start my remote clients                                         ⑥
rsh teefix /usr/bin/X11/xrn -display $FULL_DISPLAY &
rsh ulrike@idefix /usr/bin/X11/imaker -display $FULL_DISPLAY &
###### my controlling process is motif window manager                  ⑦
mwm
# session over
$
```

Das Beispielskript ist in sieben Teile gegliedert, die sich mit den folgenden
Themen befassen: Umgebungsvariablen, Sicherheit, Tastaturbelegung, Übertragung von Ressourcen zum X-Server, Aufruf von lokalen und fernen X-Clients und
Beendigung des Skripts. Das sind typische Themen für ein Session-Skript, die in den
meisten Skripten schon zu finden sind, auch wenn ein Skript auf Anhieb völlig
anders aussieht. Im folgenden werden die einzelnen Themen erläutert. Dabei kom-

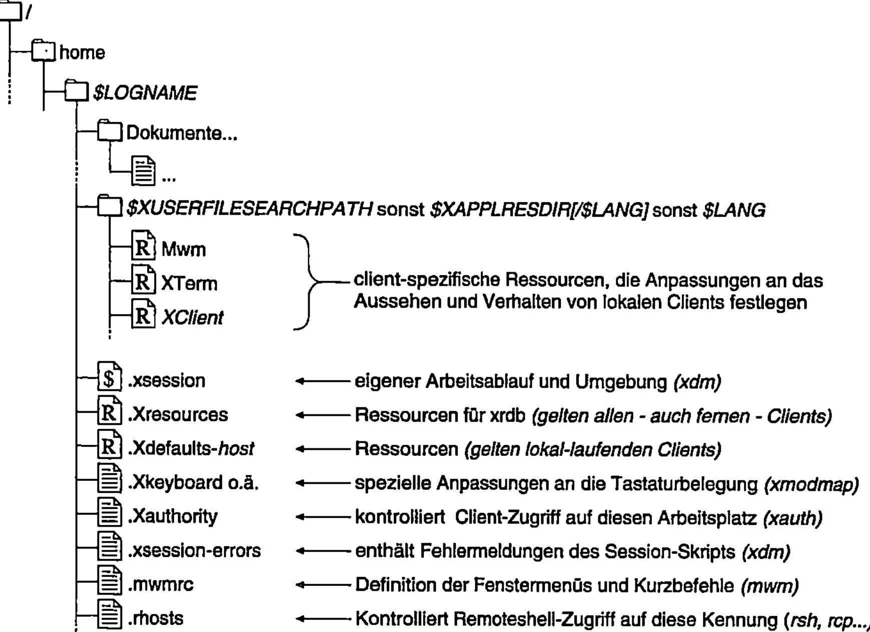

Abb. 11.2 Die anwenderspezifische X/Motif-Umgebung aus Systemsicht. Der wesentliche Ablauf und das Aussehen einer Sitzung werden durch den gezeigten Satz von Dateien bestimmt. Sie müssen nicht unbedingt alle vorhanden sein, fehlende werden durch Standardvoreinstellungen ersetzt.

men auch Dateien vor, die in der anwenderspezifischen Umgebung eine Rolle spielen können: *.Xauthority*, *.rhosts*, *.Xkeyboard*, *.Xresources* und *.kshrc*.

Umgebungsvariablen

Der erste Teil ① des Skripts setzt die UNIX-Umgebung für die nachfolgenden X-Clients. Bevor die eigentlichen Variablen erläutert werden, soll das Prinzip erklärt werden, denn dieser Bereich wird häufig nicht verstanden. Umgebungsvariablen, die auf diese Weise im Session-Skript[5] festgelegt werden, gelten nicht nur für X-Clients, die anschließend direkt im Session-Skript aufgerufen werden, sondern auch für solche, die von ihnen gestartet werden. Zum Beispiel könnte ein Skript, das viel später durch die Auswahl einer Option im Hintergrundmenü von *mwm* ausgeführt wird, auch auf die Variablen zugreifen. Genauso sind dieselben Variablen noch in der Shell eines Terminalemulators definiert.

Damit wäre das Thema abgeschlossen, aber erfahrene UNIX-Anwender neigen an dieser Stelle dazu, die Mechanismen der herkömmlichen (nicht-grafischen) Umgebung in die X-Welt zu übernehmen. Dazu ein Beispiel: Verzweifelt darüber, daß ihre vetraute *.profile* bei der Anmeldung unter X nicht automatisch ausgeführt

---

[5] Das Setzen von UNIX-Variablen könnte ohne Nebenwirkungen in eine weitere Datei *.xenv* oder ähnliches verlegt werden, die im Session-Skript mit '.' ausgeführt wird (siehe auch Kapitel 9).

wird, versuchen manche, ihre *.profile* explizit in der *.xsession* auszuführen. Das ist ein Denkfehler, denn allzuoft enthält die *.profile* Abfragen, die überhaupt nicht mit einer vollgrafischen Umgebung zu vereinbaren sind. Als nächstes Ausweichmanöver geben die Anwender ihre *.profile* auf und verlegen statt dessen das Setzen von Umgebungsvariablen in die *.kshrc*. Dieses Verfahren ist ebenfalls mit Vorsicht zu genießen, da man die *.kshrc* auf eine Weise verwendet, für die sie nicht unbedingt konzipiert ist. Mit solchen Methoden gerät man schnell in eine Sackgasse – es ist in der grafischen Umgebung empfehlenswerter, die *.profile* vollkommen durch die *.xsession* zu ersetzen und Umgebungsvariablen, wie gezeigt, explizit darin festzulegen.

Um zu den eigentlichen Variablen des Beispielskripts zurückzukehren: Hier werden die drei Umgebungsvariablen $LANG, $XAPPLRESDIR und $FULL_DISPLAY gesetzt. Mit den ersten zwei Variablen wird allen X-Clients mitgeteilt, welche Sprache man haben möchte und in welchem Ordner eigene Ressourcendefinitionen zu finden sind. Damit erscheinen X-Clients in der richtigen Sprache (sofern sie dies unterstützen) und mit den entsprechenden Anpassungen an ihr Aussehen und Verhalten.

Die letzte Variable $FULL_DISPLAY dient eher als Hilfe, falls man einen fernen X-Client auf den eigenen Arbeitsplatz umlenken möchte. Ihr Einsatz ist im Teil ⑥ des Skripts zu beobachten. Der Hintergrund ist folgender: Wenn man an einer Workstation arbeitet, fehlt die Angabe des eigenen Rechners in der $DISPLAY-Variable (sie hat nämlich den Wert ':0'). Aber gerade diese Angabe ist erforderlich, um einen fernen X-Client auf den eigenen Arbeitsplatz umlenken zu können. Da hilft die Variable $FULL_DISPLAY, da sie die $DISPLAY-Variable als Vorlage nimmt und sie mit dem lokalen Rechnernamen ergänzt, falls dieser fehlt (dann hat sie den Wert 'obelix:0').

Sicherheit

Der nächste Teil ② des Beispielskripts befaßt sich mit der Sicherheit am Arbeitsplatz. Hier wird festgelegt, welche fernen X-Clients auf den eigenen Arbeitsplatz umgelenkt werden können. Der erste Eintrag betrifft die rechnerspezifische Zugangskontrolle und ist eine reine Sicherheitsmaßnahme: Damit schließt man vorerst den Zugriff von *allen* anderen Hostrechnern auf den eigenen Arbeitsplatz aus. Der nächste Eintrag läßt als Ausnahme den Zugriff vom Hostrechner *teefix* zu. Das ist eine Voraussetzung für den Erfolg beim späteren Aufruf des fernen X-Clients *xrn* in Teil ⑥ des Skripts. Mit dem weitreichenden Aufruf von 'xhost +' ohne Angabe eines speziellen Rechners sollte man sparsam umgehen, sonst kann *jeder* im Netz auf den eigenen Arbeitplatz zugreifen und unter Umständen Böses anrichten.

Der dritte Eintrag betrifft dagegen die anwenderspezifische Zugangskontrolle. Hier möchte man keinem *beliebigen* Anwender auf dem Rechner *idefix* den Zugriff auf den eigenen Arbeitsplatz zulassen, sondern speziell dem Anwender *ulrike*. Der Befehl liest einen session-spezifischen Schlüssel aus der lokalen *.Xauthority* Datei und überträgt ihn in die *.Xauthority* im Heimatverzeichnis von *ulrike* auf dem fernen Rechner *idefix*. Dadurch kann man X-Clients, die unter der fernen Kennung aufgerufen werden, am eigenen Arbeitsplatz bedienen – wie zum Beispiel beim späteren Aufruf des fernen Prozessors *imaker*.

Es gibt jedoch einen Haken, der auftritt, weil der *xauth*-Befehl im nicht-interaktiven Kontext aufgerufen wird: Das Paßwort für den *rsh*-Zugriff auf die Kennung *ulrike* darf im Session-Skript nicht abgefragt werden. Um das sicher zu stellen, muß die eigene Kennung in der *.rhosts*-Datei am fernen Rechner eingetragen sein:

```
$ hostname
obelix
$ id
uid=201(barton) gid=50(users)
$ rsh ulrike@idefix cat .rhosts
obelix                 barton
...                    ...
$
```

Tastaturbelegung

Als nächste Aktion im Teil ③ des Skripts wird die Tastaturbelegung mit *xmodmap* ergänzt. Die Änderungen werden in der Datei *.Xkeyboard* gespeichert, und sie kann beispielsweise den folgenden Inhalt haben:

```
$ cat .Xkeyboard
! ----set backspace key to delete
keysym BackSpace = Delete
! ----set symbols for german extensions
keysym a =        a        A        adiaeresis Adiaeresis
keysym o =        o        O        odiaeresis Odiaeresis
keysym u =        u        U        udiaeresis Udiaeresis
keysym s =        s        S        ssharp
! ----set righthand Alt-Key to access alternate keys
remove Mod1 = Alt_R
keysym Alt_R = Mode_switch
add Mod5 = Mode_switch
$
```

Die Änderungen wirken erst nach dem Aufruf von *xmodmap* im Session-Skript: Damit wird die 'BackSpace'-Taste, falls vorhanden, als Löschtaste umdefiniert und die 'a', 'o', 'u' und 's'-Tasten mit 'ä', 'ö', 'ü' und 'ß' bei gleichzeitiger Betätigung der rechten Alt-Taste belegt. Diese harmlose Ergänzung zur normalen Belegung funktioniert unabhängig von der Art der angeschlossenen Tastatur. Sie setzt allerdings die Existenz der rechten Alt-Taste und eine korrekte Voreinstellung der Tastatur durch das 'Setup'-Skript voraus.

Übertragung von Ressourcen zum X-Server

In Teil ④ wird der Inhalt der *.Xresources*-Datei zum X-Server durch *xrdb* übertragen. Auf die eigentlichen Ressourcen wird erst im nächsten Abschnitt eingegangen, dennoch sollten an dieser Stelle zwei Punkte beachtet werden. Erstens müssen die Ressourcen zum X-Server mit *xrdb* übertragen werden, um wirksam zu sein – ihre bloße Anwesenheit im Heimatverzeichnis genügt nicht, denn kein X-Client greift direkt auf die *.Xresources* zu. Zweitens wird die Option '-merge' beim Aufruf von *xrdb* angegeben. Damit werden andere Ressourcen, die möglicherweise zuvor im 'Startup'-Skript zum X-Server übertragen wurden, nicht durch die eigenen überschrieben.

Damit sind die wesentlichen administrativen Aufgaben zu Ende und die interessante Phase des Skripts erreicht: Jetzt wird eine Serie von lokalen und fernen X-Clients für den Anwender gestartet.

Lokale X-Clients

Den ersten visuellen Hinweis vom Ablauf des Session-Skripts erhält der Anwender in Teil ⑤. Hier erscheinen gleich drei Terminalemulatoren, der Hilfe-Client *xman* und eine Uhr am Bildschirm. Obwohl alle drei Emulatoren *lokal* laufen, d.h. auf dem Rechner *obelix*, haben sie unterschiedliche Inhalte. Der erste Emulator enhält eine normale Shell, die ebenfalls lokal auf *obelix* läuft. Aber die anderen zwei haben eine andere Funktionalität, die durch die Angabe der '-c' Option beim Aufruf von *xterm* erfolgt. Damit legt man einen alternativen Befehl fest, der im Fenster des Emulators anstelle der üblichen Shell ausgeführt wird:

$ xterm *...andere Optionen...* -c *UNIX-Befehl* &

Hier im Session-Skript werden die Befehle 'rlogin teefix' und 'rlogin ulrike@idefix' angegeben. Auf diese Weise erscheinen Shells, die auf den *fernen* Rechnern *teefix* und *idefix* laufen, in den Emulator-Fenstern. (Wenn die eigene Kennung nicht in der *.rhosts* am fernen Rechner eingetragen ist, fragt *rlogin* zuerst das Paßwort für die ferne Kennung im Fenster ab.) Anschließend hat man einen direkten Zugriff nicht nur auf den eigenen Rechner, sondern auch noch auf die zwei fernen Rechner.

Es gibt einen weiteren Punkt, der für fortgeschrittene Anwender von Interesse ist. Ein herkömmlicher (nicht-grafischer) Monitor kann nicht nur Texte darstellen, sondern auch auf bestimmte Grafikbefehle reagieren. Solche Befehle werden als 'vt102'-Escape-Sequenzen mit *echo* oder ähnliches zum Bildschirm geschickt und können beispielsweise den Cursor bewegen oder dem Text eine andere Farbe verleihen. Der Terminalemulator *xterm* unterstützt weiterhin diese Effekte, ebenso wie spezielle Sequenzen, die nicht im 'vt102'-Standard enthalten sind. Damit läßt sich zum Beispiel die Überschrift des Emulator-Fensters einstellen. Auf die Details der erforderlichen Sequenzen wird hier nicht eingegangen, aber zur Anregung hier ein kompliziertes Beispiel für *ksh*-Anwender. Dadurch werden die Fensterüberschrift und die Eingabeaufforderung im Emulator immer auf den aktuellen Ordner gehalten (dieser Effekt ist in Abb. 11.1 zu beobachten):

```
$ cat .kshrc

...

case $- in                                    # check ksh call flags
*i*)                                          # interactive shell
        label="$LOGNAME@`hostname`:"'${PWD#$HOME/}'
        PS1='^[[2m'"$label> "'^[[0m'          # esc seq. for prompt
        if [ -n $DISPLAY ]; then              # operating in x environment
                PS1='^[]2;'"$label"'^G'"$PS1"  # append esc seq. for title
        fi
esac

...
```

Um wieder auf das Thema des Session-Skripts zu kommen: Der aufmerksame Leser wird sich vielleicht über die geringe Anzahl von Optionen bei den verschiedenen Aufrufen der X-Clients gewundert haben. Beispielsweise hätte man die Geometrie oder die Farben der einzelnen X-Clients gleich beim Aufruf mit Standardoptionen bestimmen können. In diesem Beispiel soll aber das Session-Skript weitgehend frei von Details der Oberfläche gehalten werden: Für den groben Ablauf einer Sitzung bleibt das Skript weiterhin zuständig, die eigentliche Gestaltung dagegen wird vollständig der Ressourcenumgebung überlassen. Gerade wegen dieser Trennung der Zuständigkeit zwischen Skript und Ressourcenumgebung wird die Option '-name' bei den einzelnen Aufrufen der Emulatoren angegeben. Die Namen werden später bei der Zusammenstellung von Ressourcen verwendet, um spezielle Definitionen einem bestimmten Emulator zuzuordnen (siehe unten).

Ferne X-Clients

Als nächstes startet das Session-Skript im Teil ⑥ die zwei fernen X-Clients *xrn* (News) und *imaker* (FrameMaster). Für das ferne Starten der X-Clients kann es eine Reihe von Gründen geben: So sind sie vielleicht nicht am eigenen Arbeitsplatz installiert oder dort nicht lauffähig. Das ist eben ein Vorteil der X-Umgebung – man läßt sie statt dessen an einem fernen Rechner laufen und lenkt deren Bedienung auf den eigenen Arbeitsplatz um. Dazu gibt man die eigene Adresse gleich beim Aufruf mit der Standardoption '-display' wie gezeigt an. Hier wird die Variable $FULL_DISPLAY zum ersten Mal eingesetzt, um sicher zu gehen, daß eine vollständige Adresse, nämlich 'obelix:0', übergeben wird. Durch die Erweiterung der Sicherheitskontrollen im Teil ② des Skripts ist ja bereits festgelegt, daß die anschließende Verbindungsaufnahme der zwei X-Clients zum lokalen X-Server nicht abgelehnt wird.

Beendigung des Skripts – Abmeldung

In diesem Skript dient der Fensterverwalter *mwm* als kontrollierender Prozeß: Da er im Vordergrund gestartet wird, verhindert *mwm* die Beendigung des Skripts, bis er selbst beendet wird. Das liegt wiederum in den Händen des Anwenders – er muß dazu die entsprechende Option 'Abmeldung' im Hintergrundmenü selektieren.

Allerdings kommt eine Schwäche des Beispielskripts jetzt zum Vorschein, die durch den späten Aufruf von *mwm* auftritt. Je nach System kann es passieren, daß die Fenster der zuvor gestarteten X-Clients auftauchen, bevor *mwm* in der Lage ist, sie zu verwalten. Das hat zur Folge, daß der Bildschirm für ein paar Sekunden 'flimmern' kann, bis *mwm* alles unter Kontrolle hat. Wenn das unvertretbar ist, darf *mwm* nicht als kontrollierender Prozeß genommen werden – statt dessen kann man den lokalen Terminalemulator dafür verwenden. Dadurch ist es möglich, *mwm* vor den übrigen X-Clients im Skript zu starten und der Aufruf, falls erforderlich, kann von einer kurzen Wartezeit durch 'pause' oder ähnliches gefolgt werden.

11.4 Ressourcenumgebung

Der letzte Abschnitt beschrieb den groben Aufbau durch das Session-Skript einer Anwenderumgebung nach der Anmeldung. Die Ressourcenumgebung dagegen ist für die Feinarbeit zuständig: Hier werden die Details der Gestaltung und der Handhabung festgelegt. Würde die Ressourcenumgebung im Beispiel vollständig fehlen, könnte man sich zwar erfolgreich anmelden, jedoch hätte der Bildschirm gewiß kein ordentliches Aussehen wie in Abb. 11.1!

Dieser Abschnitt erläutert die Zusammenstellung einer geeigneten Ressourcenumgebung, um das Beispiel abzurunden. Wie immer mit Ressourcen – und dieses Beispiel ist keine Ausnahme – treten gleich zwei Probleme auf. Erstens gibt es eine unübersehbare Menge von verfügbaren Ressourcen, um verschiedene X-Clients den eigenen Bedürfnissen anzupassen. Zweitens ist manchmal unklar, an welchem Ort zusammengestellte Ressourcen abgelegt werden sollen, damit sie auch wirken. Man sollte sich davon aber nicht abschrecken lassen, denn zum einen sollte man eher wenig Ressourcen setzen, um nicht zu weit vom Standard abzuweichen, und zum anderen ist die Zahl von *nützlichen* Ablageorten gering. In der Beispielumgebung besteht die Ressourcenumgebung im wesentlichen aus nur drei kleinen Dateien: *.Xresources, .Xdefaults-obelix* und *app-defaults/Mwm.* Ihr Inhalt und ihre Funktion werden in den folgenden Ausführungen gezeigt, ohne zu tief auf die eigentlichen Ressourcen einzugehen.

.Xresources

In der Regel bildet die *.Xresources*-Datei den wichtigsten Baustein der anwenderspezifischen Ressourcenumgebung.[6] Bekanntlich greift kein X-Client direkt auf diese Datei zu, dennoch wird ihr Inhalt durch den Aufruf von *xrdb* im Session-Skript zum X-Server übertragen und dient dort jedem X-Client als Ressourcenquelle. Hier kann man zum Beispiel Ressourcen setzen, auf die nicht nur lokale, sondern auch ferne X-Clients, die am eigenen Arbeitsplatz bedient werden, zugreifen können. Um einen Eindruck des üblichen Umfangs zu bekommen, folgt ein Abzug der *.Xresources* aus der Beispielumgebung. Die einzelnen Definitionen sollten mit dem Erscheinungsbild des Monitors in Abb. 11.1 verglichen werden:

---

[6] In älteren Systemen spielte noch die *.Xdefaults* die Hauptrolle. Sie wird in neueren Systemen durch die *.Xresources* ersetzt und sollte nicht weiter verwendet werden.

```
$ cat .Xresources
! ----specific settings for session xterms
xterm_obelix*iconic:          false
xterm_teefix*iconic:          true
xterm_idefix*iconic:          true
xterm_obelix*title:           obelix
xterm_teefix*title:           teefix
xterm_idefix*title:           idefix
xterm_obelix*iconName:        obelix
xterm_teefix*iconName:        teefix
xterm_idefix*iconName:        idefix
#if WIDTH < 800
xterm_obelix*geometry:        80x25+10-10
xterm_teefix*geometry:        80x25-10-10
xterm_idefix*geometry:        80x25-10+10
#else
xterm_obelix*geometry:        80x40+10-10
xterm_teefix*geometry:        80x40-10-10
xterm_idefix*geometry:        80x40-10+10
#endif
! ----xman settings
Xman*title:                   Hilfe
Xman*bothShown:               true
Xman*topBox:                  false
Xman*geometry:                -10+10
! ----others
XClock*geometry:              +10+320
! ferne Clients
XRn*geometry:                 -10-10
Maker*geometry:               -10+10
! ----general xterm ressources
XTerm*visualBell:             true
XTerm*scrollBar:              true
XTerm*saveLines:              200
XTerm*ttyModes:               erase ^?
#if WIDTH < 800
XTerm*geometry:               80x25
#else
XTerm*geometry:               80x40
#endif
$
```

Man sieht, daß sich der Umfang der *.Xresources* in Grenzen hält. Der Großteil der Definitionen befaßt sich mit der räumlichen Aufteilung des Bildschirms gleich nach der Anmeldung. Da bestimmen die Ressourcen 'geometry', 'title' und 'iconic' die Geometrien, die Überschriften und den iconisierten Stand der einzelnen X-Clients, die im Session-Skript gestartet wurden. Wie zuvor erwähnt, werden die Namen, die beim Aufruf der verschiedenen Terminalemulatoren angegeben wurden, hier wieder verwendet, um ihnen spezifische Werte zuzuordnen. Durch den Einsatz von *cpp* Anweisungen ('#if ...'), richten sich die Geometrien nach der Größe des jeweiligen Bildschirms.

Am Ende der session-skript-spezifischen Ressourcen erscheint ein Satz von Einstellungen, die sich auf alle *xterms* beziehen, egal ob sie lokal oder fern laufen. Beispielsweise wird festgelegt, daß Scrollbalken immer erwünscht sind ('scrollBar'). Etwas interessanter ist das Setzen der Ressource 'ttyModes': Mit ihr lassen sich bestimmte Eigenschaften der Emulation definieren, statt den UNIX-Befehl *stty* jedes Mal explizit aufrufen zu müssen. Hier wird festgelegt, daß das Löschen ('erase') eines eingetippten Zeichens durch das Drücken der Löschtaste ('^?') erfolgt.

Auffallend in diesem Beispiel ist, daß Angaben von Farben und *mwm*-Ressourcen in der *.Xresources* fehlen. Sie befinden sich dagegen in der *.Xdefaults-obelix* bzw. *app-defaults/Mwm* und werden in den nächsten zwei Abschnitten vorgestellt.

.Xdefaults-obelix

Obwohl die *.Xresources* der zentrale und wichtigste Ablageort für anwenderspezifische Ressourcen ist, gibt es dennoch bestimmte Fälle, für die sie nicht geeignet ist. Insbesondere ist es nicht möglich, in ihr Ressourcen abzulegen, die sich auf bestimmte Client-Rechner beziehen. Aber häufig werden gleichzeitig X-Clients bedient, die an verschiedenen Hostrechnern laufen – es wäre denkbar, daß man ihnen unterschiedliche Farben zuordnen möchte, um ihre jeweilige Herkunft hervorzuheben. Für solche *client-rechnerspezifische* Einstellungen eignet sich die *.Xdefaults-'host'*. Ein konkretes Beispiel: In der Beispielumgebung sollen alle *lokalen* Clients blau, alle *teefix*-Clients grün und alle *idefix*-Clients grau erscheinen (leider nicht in Abb. 11.1 ersichtlich). Dazu befinden sich die Datei *.Xdefaults-obelix* und ihre Gegenstücke *.Xdefaults-teefix* und *.Xdefaults-idefix* auf den entsprechenden Rechnern:

```
$ hostname
obelix
$ cat .Xdefaults-obelix
! ----clients running on obelix are black on light blue by default
*foreground:                    Black
*background:                    LightBlue
$ rsh teefix cat .Xdefaults-teefix
! ----clients running on teefix are black on light green by default
*foreground:                    Black
*background:                    LightGreen
$ rsh ulrike@idefix cat .Xdefaults-idefix
! ----clients running on idefix are black on light gray by default
*foreground:                    Black
*background:                    LightGray
$
```

app-defaults/Mwm

Die anderen Ressourcen, die in der *.Xresources* fehlen, sind die *mwm*-Ressourcen. Da der Fensterverwalter in der Regel an dem Rechner läuft, an dem man sich anmeldet, besteht keine Notwendigkeit, die betreffenden Ressourcen vorerst mit *xrdb* zu bearbeiten: Statt dessen werden sie einfach lokal in einer *mwm-spezifische* Datei abgelegt. In der Beispielumgebung wird dafür die *app-defaults/Mwm* genommen – durch das entsprechende Setzen der Variable $XAPPLRESDIR im Session-Skript greift *mwm* auf diese Datei zu, um Einstellungen zu erfahren. Ressourcen für andere lokale X-Clients können ebenfalls hier in Dateien mit den Klassennamen der entsprechenden X-Clients gespeichert werden.

Die Ressourcen, die für *mwm* in der Beispielumgebung gesetzt werden, stimmen weitgehend mit dem Beispiel vom Kapitel 10 überein und bedürfen wenig zusätzlicher Erklärung. Manche der Einstellungen lassen sich in Abb. 11.1 nachvollziehen, aber der Einfluß auf die Handhabung der Umgebung, den man damit ausübt, ist leider nicht ersichtlich. Der Inhalt der Ressourcendatei *Mwm* sieht wie folgt aus:

```
$ echo $XAPPLRESDIR
/home/barton/app-defaults
$ cat app-defaults/Mwm
! ----window appearance
Mwm*fontList:                      -*-helvetica-*-bold-*-14-*
Mwm*activeForeground:              black
Mwm*activeBackground:              red
Mwm*resizeBorderWidth:             8
! ----icon handling
Mwm*iconPlacement:                 left top
Mwm*iconPlacementMargin:           10
! ----mwm behaviour
Mwm*interactivePlacement:          true
Mwm*showFeedback:                  all
Mwm*positionIsFrame:               false
Mwm*keyboardFocusPolicy:           pointer
! ----my menus, key and button bindings
Mwm*windowMenu:                    MyWindowMenu
Mwm*buttonBindings:                MyButtonBindings
Mwm*keyBindings:                   MyKeyBindings
! ----client specific settings
Mwm*XClock*clientdecoration:       border
```

Aber die Einstellung von *mwm* erfolgt nicht nur mit Ressourcen, sondern auch mit der speziellen *mwmrc*-Konfigurationsdatei. Zur Erinnerung: Darin sind verschiedene Definitionen für Menüs und den Umgang mit Fenstern durch Maus- und Tastatureingaben enthalten. Mit den Ressourcen 'windowMenu', 'buttonBindings' und 'keyBindings' steuert man lediglich, welche der enthaltenen Definitionen *mwm* verwendet. Für die Beispielumgebung sind keine der Definitionen in der Standarddatei */usr/lib/X11/system.mwmrc* geeignet und es wurde statt dessen eine eigene *.mwmrc* angelegt, die die passenden Definitionen für 'MyWindowMenu', 'MyButtonBindings' und 'MyKeyBindings' enthält. Der folgende Abschnitt aus der *.mwmrc* zeigt die Zusammenstellung der Datei:

```
$ cat .mwmrc
Menu MyWindowMenu
{
        "Wiederherstellen"    _W      Alt<Key>F5        f.normalize
        "Verschieben"         _V      Alt<Key>F7        f.move
        "Größe ändern"        _G      Alt<Key>F8        f.resize
        "Symbol"              _y      Alt<Key>F9        f.minimize
        "Vollbild"            _b      Alt<Key>F10       f.maximize
        "Nach unten"          _u      Alt<Key>F3        f.lower
        no-label                                        f.separator
        "Schließen"           _S      Alt<Key>F4        f.kill
}
Buttons MyButtonBindings
{
        <Btn1Down>                    icon | frame      f.raise
        <Btn1Down>                    root              f.menu MyRootMenu
        Alt<Btn1Down>                 window            f.raise
        Shift Alt<Btn1Down>           window            f.lower
}
Keys MyKeyBindings
{
        Shift<Key>Escape              window | icon          f.post_wmenu
        Meta<Key>space                window | icon          f.post_wmenu
        Meta<Key>Tab                  root | icon | window   f.circle_down window
        Meta Shift<Key>Tab            root | icon | window   f.circle_up window
        Meta Shift Ctrl<Key>exclam    root | icon | window   f.set_behavior
}
...
```

Das Fenstermenü 'MyWindowMenu' entsprich bis auf seine Übersetzung ins deutsche dem Standardfenstermenü. Die zwei Tabellen 'MyButtonBindings' und 'MyKeyBindings' haben ihre Gegenstücke ebenfalls in der */usr/lib/X11/system.mwmrc*. Sie wurden etwas vereinfacht und für den Einsatz mit 'Pointerfokus' nach eigenem Geschmack optimiert.

Die Definition des Hintergrundmenüs 'MyRootMenu' befindet sich in dem darauffolgenden Teil der *mwmrc*. Das Menü hat eine gegliederte Struktur, um das Starten von lokalen und fernen X-Clients in verschiedenen Untermenüs zu ermöglichen:

```
$ cat .mwmrc
...
Menu MyRootMenu
{
        "Root Menü" ·            f.title
        "Lokale Clients"         f.menu LocalClients
        "Ferne Clients"          f.menu RemoteHosts
        no-label                 f.separator
        "Abmelden..."            f.quit_mwm
}
Menu LocalClients
{
        "Emulatoren"             f.menu LocalXterms
        "Hilfe"                  f.exec "xman &"
        "Uhr"                    f.exec "xclock &"
        "Taschenrechner"         f.exec "xcalc &"
}
Menu LocalXterms
{
        "Lokale Shell"           f.exec "xterm &"
        "rlogin teefix"          f.exec "xterm -c rlogin teefix &"
        "rlogin ulrike@idefix"   f.exec "xterm -c rlogin ulrike@idefix &"
}
Menu RemoteHosts
{
        "teefix"                 f.menu TeefixClients
        "idefix"                 f.menu IdefixClients
}
Menu TeefixClients
{
        "News"   f.exec    "rsh teefix /usr/bin/X11/xrn -display $FULL_DISPLAY &"
        "Load"   f.exec    "rsh teefix /usr/bin/X11/xload -display $FULL_DISPLAY &"
}
Menu IdefixClients
{
        "Frame"  f.exec    "rsh ulrike@idefix /usr/bin/X11/imaker -display $FULL_DISPLAY&"
        "Hilfe"  f.exec    "rsh ulrike@idefix /usr/bin/X11/xman -display $FULL_DISPLAY &"
}
```

Zu beachten sind die Menüoptionen, um ferne X-Clients zu starten. Falls man sich immer am gleichen Arbeitsplatz anmeldet, kann man den Arbeitsplatzbezeichner ('obelix:0') mit der '-display' Option direkt in der *mwmrc* angeben. Das hat aber den Nachteil, daß die *mwmrc* nur für den Arbeitsplatz ordungsgemäß funktionieren würde. Aber *mwm* läßt 'f.exec' Befehle von einer UNIX-Shell ausführen: Daher besteht die Möglichkeit, Variablen wie $FULL_DISPLAY in der *mwmrc* zu

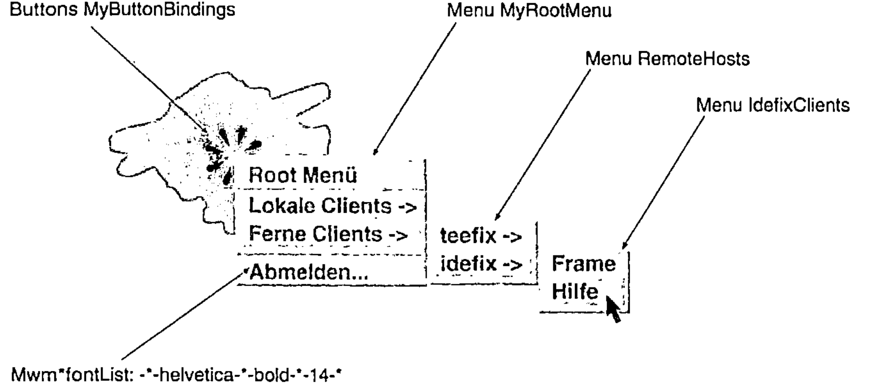

Abb. 11.3   Beispiel Hintergrundmenü. Der Anwender selektiert gerade eine Option, um den X-Client *xman* (Hilfe) auf dem fernen Rechner *idefix* zu starten. Die eigentliche Definition des Menüs und die auszuführenden Befehle befinden sich in der anwenderspezifischen *mwmrc* (siehe Text).

verwenden. Beim Aufruf werden sie dann von der Shell entsprechend ausgewertet. Auf diese Weise wird die *.mwmrc* unabhängig vom jeweiligen Arbeitsplatz gehalten.

Damit ist die Beschreibung der Beispielumgebung abgeschlossen. Andere Umgebungen können aus Anwendersicht völlig unterschiedlich aussehen, dennoch bleiben die Zusammensetzung der Umgebung und die Rollen der verschiedenen Dateien aus Systemsicht weitgehend unverändert.

11.5   Alternativen

Nicht jeder benötigt eine individualisierte Umgebung wie im obigen Beispiel. Diese ist für Systemverwalter oder ähnliche Anwender mit fundierten UNIX-Kenntnissen gedacht. Büroschreibkräfte zum Beispiel hätten weit bescheidenere Ansprüche und würden die Flexiblität und den Umfang der Umgebung bestenfalls als lästig empfinden. In solchen Fällen empfiehlt es sich, die Umgebung auf folgende Weise einzuschränken. Erstens wird eine *.xsession* angelegt, welche die normale Struktur hat, aber sich darauf beschränkt, nur die erforderlichen X-Clients für den Anwender zu starten. Der Emulator *xterm* wird zum Beispiel nicht gestartet, da es wenige Anwender gibt, die damit umgehen können. Zweitens wird die *xterm*-Option aus dem Hintergrundmenü entfernt und das Menü ausschließlich mit Optionen besetzt, um die X-Clients, die in der *.xsession* gestartet werden, erneut aufrufen zu können.

Auf diese Weise kann man eine Umgebung zusammenstellen, die bequemer für den jeweiligen Anwender und etwas sicherer für das System ist. Man sollte sich aber darüber im klaren sein, daß man den Aufruf eines Emulators nur mit Mühe ausschließen kann. Ein Anwender kann zum Beispiel jederzeit *mwm* durch

Ctrl-Alt-! auf die eingebauten Vorgaben umstellen und das Standard-Hintergrundmenü verwenden, um einen Emulator zu starten.

11.6 Eine zentrale Verwaltung

In der Beispielumgebung wurde gezeigt, daß die Zahl der Dateien, die zusammen eine anwenderspezifische Umgebung bilden, nicht gerade gering ist. Das führt in Systemen mit einer größeren Zahl von Anwendern möglicherweise zu Verwaltungsproblemen. Der folgende Vorschlag zeigt, wie eine zentralisierte Verwaltung zur Linderung der Probleme beitragen kann.

Meistens richtet sich die Umgebung, die für einen bestimmten Anwender geeignet ist, nach dessen Beschäftigung. Für jede Beschäftigungsart läßt sich eine Standardumgebung zusammenstellen, indem man einen kompletten Satz von X-Steuerdateien (*.xsession*, *.Xresources*, *.Xkeyboard*, ...) in einem entsprechend bezeichneten Unterordner von */usr/lib/X11/xdm* anlegt:

```
$ ls -x /usr/lib/X11/xdm
...
administrator      secretary            accountant           manager ...
...
$ ls -ax /usr/lib/X11/xdm/accountant
.Xdefaults-obelix    .Xkeyboard        .Xresources        .mwmrc   .xsession
             app-defaults
$
```

Um die X-Umgebung für eine neue Kennung einzurichten, können symbolische Links auf die zentralen Dateien ins Heimatverzeichnis abgelegt werden. Daß die Dateien nicht *kopiert* werden, hat bei späteren Änderungen gewisse Vorteile. Ein konkretes Beispiel: Falls ein neuer X-Client für Büroschreibkräfte verfügbar wird, genügt es, den Aufruf des X-Clients in die zentrale *secretary/.xsession* hinzuzufügen – dann gilt die Änderung gleich für alle Büroschreibkräfte.

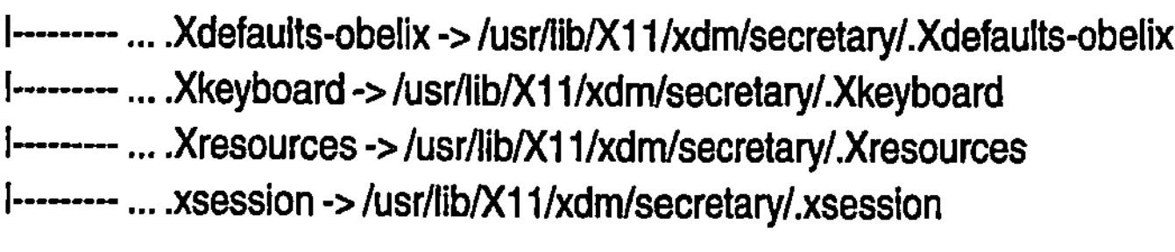

```
$ ls -al /home/ulrike
...
l--------- ... .Xdefaults-obelix -> /usr/lib/X11/xdm/secretary/.Xdefaults-obelix
l--------- ... .Xkeyboard -> /usr/lib/X11/xdm/secretary/.Xkeyboard
l--------- ... .Xresources -> /usr/lib/X11/xdm/secretary/.Xresources
l--------- ... .xsession -> /usr/lib/X11/xdm/secretary/.xsession
...
```

Damit befindet sich unter */usr/lib/X11* eine zentrale Umgebungsverwaltung für *alle* Anwender eines Systems.

11.7 Zusammenfassung

Die Zusammenstellung einer anwenderspezifischen Umgebung besteht darin, einen Satz von Steuerdateien in die Kennung des betreffenden Anwenders abzulegen. Dieser Satz setzt sich aus Skripten und Ressourcendateien, allem voran die *.xsession*, *.Xresources*, *app-defaults/Mwm* und *.mwmrc* zusammen: Sie werden von den X-Clients, die zur Sitzung beitragen, gelesen und bestimmen dadurch einerseits den Ablauf einer Sitzung und andererseits die Gestaltung am Monitor.

Nachwort

In diesem Buch wurden die wichtigsten Aspekte der X/Motif-Umgebung vorgestellt: Mit ihrer grundlegenden Architektur, der Arbeitsweise in der Umgebung sowie ihrer Einrichtung und Verwaltung dürfte man jetzt vertraut sein. Nun empfiehlt es sich, erneut einen Blick auf die zwei Abbildungen 1.1 und 1.2 zu werfen – sie fassen die wesentlichen Punkte der Umgebung aus Anwender- und Systemsicht zusammen.

Es bleibt jedoch ein weiterer Punkt zu beachten: Die X/Motif-Umgebung ist äußerst flexibel und kann hier nicht in jeder Hinsicht beschrieben werden. Dieses Buch ist speziell auf die Standard-Clients *xdm* und *mwm* eingegangen, aber je nach Ausführung können auch andere Clients für die Arbeitsplatz- bzw. Fensterverwaltung eingesetzt werden. Durch die erlernten Kenntnisse sollte man mit diesen alternativen Clients ebenfalls zurechtkommen.

Anhang – Die system.mwmrc

Es folgt der gesamte Inhalt der *system.mwmrc*. Diese Datei befindet sich im Ordner */usr/lib/X11* und legt das Standardverhalten vom Fensterverwalter *mwm* fest.

```
$ cat /usr/lib/X11/system.mwmrc

#### root and window menus ####

Menu RootMenu
{
        "Root Menu"             f.title
        "New Window"            f.exec "xterm &"
        "Shuffle Up"            f.circle_up
        "Shuffle Down"          f.circle_down
        "Refresh"               f.refresh
        no-label                f.separator
        "Restart..."            f.restart
}
Menu DefaultWindowMenu
{
        Restore     _R    Alt<Key>F5     f.normalize
        Move        _M    Alt<Key>F7     f.move
        Size        _S    Alt<Key>F8     f.resize
        Minimize    _n    Alt<Key>F9     f.minimize
        Maximize    _x    Alt<Key>F10    f.maximize
        Lower       _L    Alt<Key>F3     f.lower
        no-label                         f.separator
        Close       _C    Alt<Key>F4     f.kill
}
```

```
#### button bindings ####

Buttons DefaultButtonBindings
{
        <Btn1Down>              icon | frame         f.raise
        <Btn3Down>              icon                 f.post_wmenu
        <Btn3Down>              root                 f.menu  RootMenu
}
Buttons ExplicitButtonBindings
{
        <Btn1Down>              frame | icon         f.raise
        <Btn3Down>              frame | icon         f.post_wmenu
        <Btn3Down>              root                 f.menu  RootMenu
        Meta<Btn1Down>          window | icon        f.lower
        Meta<Btn2Down>          window | icon        f.resize
        Meta<Btn3Down>          window | icon        f.move
}
Buttons PointerButtonBindings
{
        <Btn1Down>              frame | icon         f.raise
        <Btn3Down>              frame | icon         f.post_wmenu
        <Btn3Down>              root                 f.menu  RootMenu
        <Btn1Down>              window               f.raise
        Meta<Btn1Down>          window | icon        f.lower
        Meta<Btn2Down>          window | icon        f.resize
        Meta<Btn3Down>          window | icon        f.move
}


#### key bindings ####

Keys DefaultKeyBindings
{
        Shift<Key>Escape        window | icon        f.post_wmenu
        Meta<Key>space          window | icon        f.post_wmenu
        Meta<Key>Tab            root | icon | window f.next_key
        Meta Shift<Key>Tab      root | icon | window f.prev_key
        Meta<Key>Escape         root | icon | window f.next_key
        Meta Shift<Key>Escape   root | icon | window f.prev_key
        Meta Shift Ctrl<Key>exclam  root | icon | window f.set_behavior
        Meta<Key>F6             window               f.next_key transient
        Meta Shift<Key>F6       window               f.prev_key transient
        <Key>F4                 icon                 f.post_wmenu
}
```

Index